FutureGlobe
［フューチャーグローブ］

表現のための英文法・語法問題

長田哲文／Sue Fraser 共著
瓜生 豊 監修

桐原書店

はじめに

本書は，大学入試共通テストや英語資格試験の対策に加え，実際に「英語を使う」ということを視野に入れて作られた英文法・語法問題集です。そのため，文法項目別ではなく，「言語機能」と「使用場面」に分け，様々な重要表現を最も適した項目に分類しています。このことにより，それぞれの表現が実際にどのように使用されるかが具体的に理解でき，かつ覚えやすくなることをねらっています。また，解説にも，「英語を使う」という視点から，それぞれの英語表現をどのような場面で使用するのが適切であるか，という説明をできるだけ盛り込んでいます。これらによって，文法・語法の定着を図りながら，「どのような場面で，どのように使うのか」を同時に理解し，英語の運用力を無理なく身につけることができます。

文法・語法の項目については，より重要性の高いものを先に学べるように配置し，基礎から徐々に応用へと難易度をあげていくことで，学習しやすい構成になっています。また，問題形式については，記述式の問題を中心に，できるだけ考え，表現を自力で紡いでいく訓練に適した問題を揃え，その先にあるスピーキングやライティング等のアウトプット作業につながるようにしています。特に，論理的な文章が求められる自由英作文の際に必要となる表現を，わかりやすい例文を使って体系的に学ぶことができるのも特長となっています。

問題数については，重要な項目をしっかりと身につけることを目標として絞り込んだ570題としています。本書で取り上げた項目は，最新の共通テストや資格試験の傾向に対応したものを揃えており，また今後出題されやすいテーマを予測し，そこで重要となってくる項目も多く取り入れています。

最後に，入試問題の英文法・語法問題の中には，文法的には正しくても，ネイティブ・スピーカーからは不自然に感じられる英文も多く見られます。本書では，言語学を専門とするネイティブ・スピーカーの英文監修により，自然な英文や，出来る限りコンテクストを明確にした英文を使用しています。

本書を活用し，大学入試に向けた英文法・語法の力を身につけながら，自分の日常や思考の中に英語を取り入れ，積極的に英語を「発信」「受信」していく表現力を養ってください。

本書の構成と利用法

Future Globe

本書は，表現の使用頻度や文法の難易度などによって大きく３つのStageから構成されています。また，各Stageを構成するUNITは，前半が「機能別表現」，後半が「場面別表現」の２つに分かれています。

機能別表現・場面別表現について

「気持ちを伝える」「考えや意図を伝える」といった**機能別表現**と，「買い物」「電話での会話」といった**場面別表現**で分類することによって，文法・語法の項目がどのような言語機能を持ち，またどのような場面で使用されるかを知りながら学習することが可能になります。それぞれが扱う項目については，UNITの見出しに表示されています。

各Stageの特徴について

- **Stage 1**：基本的な会話やメール等でのやり取りで使用する，基本的で重要な表現を中心に扱っています。
- **Stage 2**：やや発展的な会話やメール等でのやり取りで使用する表現や，英語で文章を書く際に重要となる表現を扱っています。
- **Stage 3**：さらに発展的な会話や，様々な場面での聞き取りで使用される可能性の高い表現，そして読解でポイントとなりやすい項目を扱っています。

問題について

「発信」へとつながりやすくするために，空所に入る語句や表現を自分で考える問題を多くし，選択肢形式の問題を少なくしています。本書で使用している主な問題形式は次の通りです。

- **選択空所補充問題**：空所に入る適切な語句を選択肢から選びます。
- **適語補充問題**：英文中の空所に入る適切な語（句）を自分で考えて入れます。日本語が示されていたり，語の最初の文字が与えられていたりする場合もあります。
- **語句整序問題**：英文の（　）内に複数の語句がある場合には，語句を並べ替えて，正しい英文を作ります。
- **正誤指摘問題**：英文に下線①～④が引かれているものに関しては，誤った箇所を指摘し，正しい形に直します。

- **連立完成問題**：(a) と (b) の英文がほぼ同意になるように空所に適語を入れます。
- **同意語句選択問題**：英文の下線部と同じ意味の表現を選択肢から選びます。

上記以外の形式の問題の場合は，個別に問題指示文を示しています。

解答・解説について

解答と解説は右ページに示しています。解説は文法用語を多用せず，学習者が表現の習得に集中できるよう簡潔なものにしています。日本語訳は，必要な場合のみ参照するように，左ページ下にあります。

本書で使用している記号について

- » その問題や表現について特に重要なポイントの解説です。
- ＋ その問題や表現に関連する追加的な情報についての解説です。
- ! 特に注意を喚起すべきことを解説しています。
- ✖ 誤りやすい解答例や，選択問題の場合は他の選択肢がなぜ誤りであるかについて解説しています。
- (　) 省略することができきる。
- [　] 言い換えができる。
- × 文法・語法的な誤り。

コラムについて

3種類のコラムでさらに情報を提供しています。

4技能 Tips 2：4技能（Reading, Listening, Writing, Speaking）の観点から，役立つ情報を紹介しています。特にどの技能に関わるものかを，コラムの囲みの右上に，それぞれの頭文字（R=Reading，L=Listening，W=Writing，S=Speaking）を使って示しています。

Further Expressions：関連性の高い別の重要表現や，発展的な表現を紹介しています。問題を十分理解したあとに，このコラムを使うと，さらに表現を増やすことができます。

ポイント整理：文法・語法に関連する重要なポイントを，具体的な例文や用法を示して掲載。知識の整理のために表も多く使用しています。

本書での学習の進め方

1 表現・場面をイメージして問題を解く

各UNITの見出しをヒントに，「このような場合はどのように表現するか」を自分でイメージして解いていきます。問題の多くが，自分で語句を導き出す記述式となっています。選択肢が与えられている問題でも，最初はできるだけ選択肢を見ないで答えを考えてみましょう。問題を解いている際に目に入らないように，解答を隠せる赤のチェックシートを活用すると効果的です。機能や場面の項目はStageに渡って重複するものもありますが，例えばStage 1でシンプルな「依頼」表現を学習した後に，Stage 2では対話相手や状況によってまた別の「依頼」

表現を学習することになります。段階を踏んで学習し，表現のバリエーションを徐々に，確実に増やしていきましょう。

2 実践問題に取り組む

各Stageの間に，実用的な場面設定での英作文・リスニング問題がReview問題として用意されています。それぞれのStageで学んだ知識を使って，実践問題を解いてみましょう。Stage 3では，発展的な読解問題も用意されています。

3 弱点を整理する

各Stageの最後のページに掲載されている「文法リスト」には，文法項目ごとに問題番号が振り分けられています。自分の間違えた問題番号をチェックして，誤りが集中している文法項目があれば，その文法項目を文法参考書などで復習するようにしてみましょう。

4 音声を活用する

音声を使うと，リスニング力を高めることもできるので，ぜひ問題文を使ってディクテーションやシャドーイングをしてみましょう。本書の設問文は自然な英語・実用的な英語を揃えているので，これを繰り返すことで，実際のコミュニケーションの場で「発信」する英語をより自然な英語に近づけることができます。特に，Stage 1・Stage 2は会話やメールなど自己表現するのに重要な項目を扱っているので，重点的に行うと効果的です。問題文の音声は専用サイトにて無料で提供しています。

www.kirihara.co.jp/download/

5 学習アプリを利用する

本書の内容を学習できるアプリ「きりはらの森」や速度調整ができるリスニングアプリ「LISTENING PRACTICE」を無料で提供しています。

本書のページ構成

▶ 学習テーマ

「Function　機能別表現」のセクションでは言語機能を，「Situation 場面別表現」のセクションでは表現を使用する場面の項目を挙げています。

すべて見開き2ページ構成で，左ページに問題，右ページに解答・解説が入っています。Review のリスニング問題では，右ページにスクリプトも掲載されています。

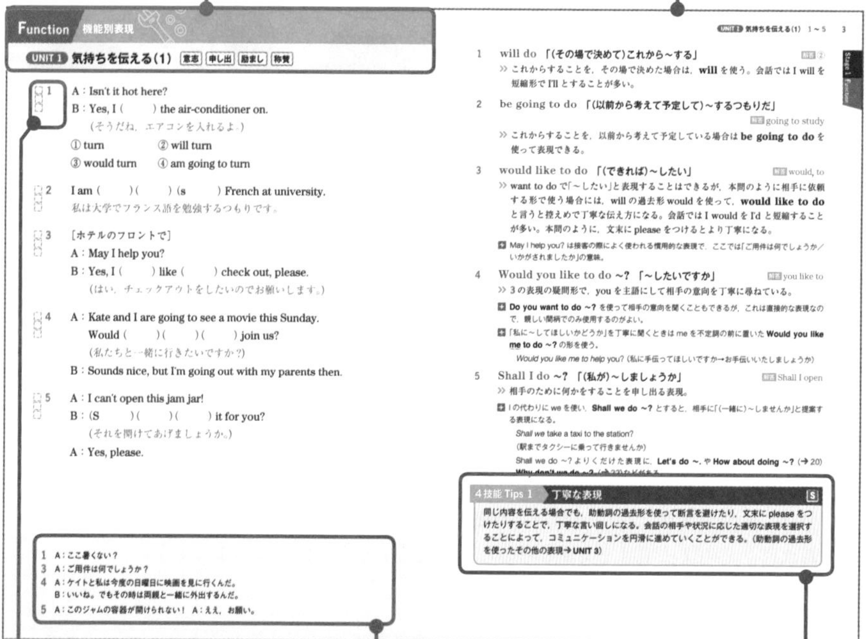

Function　機能別表現

UNIT 1　気持ちを伝える(1)　意志　申し出　励まし　称賛

1　A : Isn't it hot here?
B : Yes, I (　　) the air-conditioner on.
(そうだね，エアコンを入れるよ。)
① turn　② will turn
③ would turn　④ am going to turn

2　I am (　　)(　　)(s　　) French at university.
私は大学でフランス語を勉強するつもりです。

3　[ホテルのフロントで]
A : May I help you?
B : Yes, I (　　) like (　　) check out, please.
(はい，チェックアウトをしたいのでお願いします。)

4　A : Kate and I are going to see a movie this Sunday.
Would (　　)(　　)(　　) join us?
(私たちと一緒に行きたいですか？)
B : Sounds nice, but I'm going out with my parents then.

5　A : I can't open this jam jar!
B : (S　　)(　　)(　　) it for you?
(それを開けてあげましょうか。)
A : Yes, please.

1 A：ここ暑くない？
3 A：ご用件は何でしょうか？
4 A：ケイトと私は今度の日曜日に映画を見に行くんだ。
B：いいね。でもその時は両親と一緒に外出するんだ。
5 A：このジャムの容器が開けられない！ A：ええ，お願い。

UNIT 1 気持ちを伝える(1)　1～5　3

1　will do 「(その場で決めて)これから～する」　解答 ②
≫ これからすることを，その場で決めた場合は，**will** を使う。会話では I will を短縮形で I'll とすることが多い。

2　be going to do 「(以前から考えて予定して)～するつもりだ」　解答 going to study
≫ これからすることを，以前から考えて予定している場合は **be going to do** を使って表現できる。

3　would like to do 「(できれば)～したい」　解答 would, to
≫ want to do で「～したい」と表現することはできるが，本問のように相手に依頼する形で使う場合には，will の過去形 would を使って，**would like to do** と言うと控えめで丁寧な伝え方になる。会話では I would を I'd と短縮することが多い。本問のように，文末に please をつけるとより丁寧になる。
＋ May I help you? は接客の際によく使われる慣用的な表現で，ここでは「ご用件は何でしょうか／いかがされましたか」の意味。

4　Would you like to do ～? 「～したいですか」　解答 you like to
≫ 3の表現の疑問形で，you を主語にして相手の意向を丁寧に尋ねている。
＋ **Do you want to do ～?** を使って相手の意向を聞くこともできるが，これは直接的な表現なので，親しい間柄でのみ使用するのがよい。
＋ 「私に～してほしいかどうか」を丁寧に聞くときは me を不定詞の前に置いた **Would you like me to do ～?** の形を使う。
Would you like me to help you? (私に手伝ってほしいですか→お手伝いいたしましょうか)

5　Shall I do ～? 「(私が)～しましょうか」　解答 Shall I open
≫ 相手のために何かをすることを申し出る表現。
＋ I の代わりに we を使い，**Shall we do ～?** とすると，相手に「(一緒に)～しませんか」と提案する表現になる。
Shall we take a taxi to the station?
(駅までタクシーに乗って行きませんか)
Shall we do ～? よりくだけた表現に，**Let's do ～.** や **How about doing ～?** (→ 20)

4技能 Tips 1　丁寧な表現　S
同じ内容を伝える場合でも，助動詞の過去形を使って断言を避けたり，文末に please をつけたりすることで，丁寧な言い回しになる。会話の相手や状況に応じた適切な表現を選択することによって，コミュニケーションを円滑に進めていくことができる。(助動詞の過去形を使ったその他の表現→ UNIT 3)

▶ チェックボックス

学習進度の確認に活用できます。また，間違えた問題をチェックし，復習に利用することもできます。

▶ 日本語訳

問題文に示されている日本語以外の訳を示しています。

▶ コラム

扱っている項目に関連した重要事項や追加情報，まとめて覚えておくとよい知識などを扱った「4技能 Tips」，「ポイント整理」，「Further Expressions」の3種類のコラムを掲載しています。

Contents

Situation 場面別表現

Stage 2 発信に役立つ表現 応用編 …… 101

Function 機能別表現

Stage 1 発信に役立つ表現 基本編

ここでは最も基本的で重要な表現を学びます。特に話す際によく使用しますが，同時にメールや手紙などの文字によるコミュニケーションでも大いに役立つものです。

Function 機能別表現

Situation 場面別表現

UNIT 1 気持ちを伝える(1) 意志 申し出 励まし 称賛

□□□ 1 A：Isn't it hot here?
B：Yes, I (　　　) the air-conditioner on.
(そうだね，エアコンを入れるよ。)
① turn　② will turn
③ would turn　④ am going to turn

□□□ 2 I am (　　　)(　　　)(s　　　) French at university.
私は大学でフランス語を勉強するつもりです。

□□□ 3 [ホテルのフロントで]
A：May I help you?
B：Yes, I (　　　) like (　　　) check out, please.
(はい，チェックアウトをしたいのでお願いします。)

□□□ 4 A：Kate and I are going to see a movie this Sunday.
Would (　　　)(　　　)(　　　) join us?
(私たちと一緒に行きたいですか？)
B：Sounds nice, but I'm going out with my parents then.

□□□ 5 A：I can't open this jam jar!
B：(S　　　)(　　　)(　　　) it for you?
(それを開けてあげましょうか。)
A：Yes, please.

1 A：ここ暑くない？
3 A：ご用件は何でしょうか？
4 A：ケイトと私は今度の日曜日に映画を見に行くんだ。
B：いいね。でもその時は両親と一緒に外出するんだ。
5 A：このジャムの容器が開けられない！　A：ええ，お願い。

1　will do 「(その場で決めて)これから～する」　解答 ②

≫ これからすることを，その場で決めた場合は，**will** を使う。会話では I will を短縮形で I'll とすることが多い。

2　be going to do 「(以前から考えて予定して)～するつもりだ」　解答 going to study

≫ これからすることを，以前から考えて予定している場合は **be going to do** を使って表現できる。

3　would like to do 「(できれば)～したい」　解答 would, to

≫ want to do で「～したい」と表現することはできるが，本問のように相手に依頼する形で使う場合には，will の過去形 would を使って，**would like to do** と言うと控えめで丁寧な伝え方になる。会話では I would を I'd と短縮することが多い。本問のように，文末に please をつけるとより丁寧になる。

➕ May I help you? は接客の際によく使われる慣用的な表現で，ここでは「ご用件は何でしょうか／いかがされましたか」の意味。

4　Would you like to do ～? 「～したいですか」　解答 you like to

≫ 3 の表現の疑問形で，you を主語にして相手の意向を丁寧に尋ねている。

➕ **Do you want to do ～?** を使って相手の意向を聞くこともできるが，これは直接的な表現なので，親しい間柄でのみ使用するのがよい。

➕ 「私に～してほしいかどうか」を丁寧に聞くときは me を不定詞の前に置いた **Would you like me to do ～?** の形を使う。

Would you like me to help you? (私に手伝ってほしいですか→お手伝いいたしましょうか)

5　Shall I do ～? 「(私が)～しましょうか」　解答 Shall I open

≫ 相手のために何かをすることを申し出る表現。

➕ I の代わりに we を使い，**Shall we do ～?** とすると，相手に「(一緒に)～しませんか」と提案する表現になる。

Shall we take a taxi to the station?
(駅までタクシーに乗って行きませんか)

Shall we do ～? よりくだけた表現に，**Let's do ～.** や **How about doing ～?** (➔ 20) **Why don't we do ～?** (➔ 22)などがある。

4技能 Tips 1　丁寧な表現　S

同じ内容を伝える場合でも，助動詞の過去形を使って断言を避けたり，文末に please をつけたりすることで，丁寧な言い回しになる。会話の相手や状況に応じた適切な表現を選択することによって，コミュニケーションを円滑に進めていくことができる。(助動詞の過去形を使ったその他の表現➔ **UNIT 3**)

☐☐☐ 6　A：I'm going back to Japan next week.
B：I (　　　) we will meet again soon.
(近いうちにまた会いたいな。)
A：I'll be back in the summer, so let's meet then.

☐☐☐ 7　A：I (　　　) (　　　) (　　　) (　　　) German.
(ドイツ語が話せたらなあ。)
B：You should buy a book and start learning it today, then.

☐☐☐ 8　I'm (　　　) (　　　) (　　　) going to New Zealand on our school trip.
私は修学旅行でニュージーランドへ行くことを楽しみにしています。

☐☐☐ 9　A：Look at this one. My grandmother gave it to me.
B：(　　　) (　　　) (　　　) ring it is!
(なんて美しい指輪でしょう！)

☐☐☐ 10　A：(　　　), Aki!　(よくやった，アキ！)
B：Thank you. I wasn't sure I could pass the test.
① Not at all　　② Well done
③ Keep it up　　④ Move on

Further Expressions ❶ | hope を使った表現

- **hope (that) ～「～ということを望む／願う」(➔6)**
  ▶似た意味の want は×want (that)～の形はない。hope の後は現在時制と will のどちらも可能。
- **hope to do「～することを望む」**
  I *hope to see* you soon.（あなたに近いうちに会いたいです）
  ▶ want to do よりも控えめな気持ちを表す。
  ▶ ×hope A to do の形はない。hope for A to do, want A to do とすることはできる。
- **hope for A「A を望む」**
  I *hope for* good weather this weekend.（今週末はよい天気になるように願っています）

6　A：来週日本に帰るよ。A：夏に戻るからその時に会おう。
7　B：それじゃあ本を買って今日からドイツ語の勉強を始めたらいいよ。
9　A：これを見て。私の祖母が私にくれたの。
10　B：ありがとう。試験に受かるか自信がなかったの。

6 hope (that) A (will) do 「Aが~ということを望む／願う」 解答 hope

» 「~したい」と何かを望む表現を使う場合，現実に起きる可能性が十分あることを望んだり期待したりする時には **hope** を用いる。現実的にそうではないことや可能性の低いことには，**7** のように wish を用いる。(➔ Further Expressions **1**)

❗ この表現での使い方を wish と混同して，**6** を ✕ I wish we will meet again soon. とする誤りがよく見られるので注意しよう。

7 wish (that) A＋仮定法 「Aが(今)~ならいいのにと思う」

解答 wish I could speak

» 「今話せたらいいのだが，現実的には無理だ」という気持ちを，**仮定法**を使って表現する。(➔ Further Expressions **2**)

Further Expressions ❷ | wish を使った表現

- **wish (that) ~「~ならいいのにと思う」(➔7)**

wish の後は仮定法がくる。次の2つの wish には仮定法としての意味はない。

- **wish to do「~したいと思う」**

If you *wish to* use your phone, please go outside.
(もし携帯をお使いになりたければ外に出てください)
▶相手の意向を聞くときに使うと丁寧な表現になる。

- **wish A B「A〈人〉のためにB〈幸運や成功など〉を祈る」(➔384)**

I *wish* you a Merry Christmas. (楽しいクリスマスをお過ごしください)
(A = you, B = a Merry Christmas)

8 look forward to A[doing] 「A[~すること]を楽しみにする」

解答 looking forward to

» 慣用的な表現。**forward** は「(時間的に)先へ」の意味で，「楽しみにして先を見る」と覚えておくとよい。また会話では be looking と進行形にすることが多い。to は不定詞を作る to ではなく前置詞なので，後の A には動名詞か名詞がくる。

❗ 「とても楽しみにしている」とさらに強調したい時には I'm really looking forward to ... などと表現できる。形容詞や副詞を修飾する very を使用する誤りが多いので注意。

9 What で始まる感嘆文 「なんて~なのだろう」 解答 What a beautiful

» 「なんて~なのだろう」と感動を表す感嘆文で，強調する語が名詞(ここでは ring)の場合は〈**What＋(a[an])＋形容詞＋名詞＋S＋V!**〉で表す。感嘆文の後ろの S＋V は，しばしば省略される。本問も What a beautiful ring! としてもよい。

➕ 強調する語が形容詞・副詞の場合は〈**How＋形容詞[副詞]＋S＋V!**〉を使う。
"Look at this ring." "*How beautiful* (it is)!" (「この指輪を見て」「なんて美しいの！」)

10 Well done! 「よくやった」 解答 ②

» 何かを達成した相手を褒める慣用的な表現。**You have done well.** や **That was done well.** を短くした形とされる。

➕ 同様な意味で **Good job! / You did it! / Good for you!** などの表現もある。

✕ ③ **Keep it up** は「その調子でがんばって」，④ **Move on** は「(気持ちを切り替えて)先に進もう」の意味。

UNIT 2 気持ちを伝える(2) 感謝 謝罪 心配

□□□ **11** A：①Thank you ②to ③the present for my birthday. It was very nice.
B：④I'm very glad you like it.

□□□ **12** (a) I'm sorry I was late for school today.
(b) I'm sorry for (　　　) late for school today.

□□□ **13** A：I'm (　　　) to hear your grandfather has died.
(あなたのおじい様が亡くなられたことを聞いて気の毒に思います。)
B：Thanks, but he was 95 and passed away peacefully.

□□□ **14** A：Did you go to the World Figure Skating Championships in Tokyo?
B：Yes, I did. I (see / so / happy / was / to) many world-famous skaters.

□□□ **15** A：Shall we go shopping on Sunday?
B：I think I should study at home. I (　　　) our exams next week.
① am worry on　② am worried on
③ am worry about　④ am worried about

Further Expressions ❸ | 感情を表す主な形容詞

以下の形容詞は，後ろに不定詞を置いて，その感情の原因を表すことができる。

- **excited**「興奮している」
- **glad / happy**「うれしい」→ 14
- **pleased**「うれしい・満足だ」
- **surprised**「驚いている」
- **sad**「悲しい」
- **sorry**「残念だ」→ 13

I was so *sad to hear* about the accident.
(私はその事故について聞いてとても悲しかった)

11 A：私の誕生日のプレゼントありがとう。とてもすてきでした。B：気に入ってくれてとてもうれしいです。
12 (a)(b)今日学校に遅刻してごめんなさい。
13 B：ありがとう。でも祖父は95歳で安らかに息をひきとりました。
14 A：東京での世界フィギュアスケート選手権大会へは行ったの？
B：ええ，行ったわ。世界的に有名なスケーターたちをたくさん見てすごくうれしかったわ。
15 A：日曜日にショッピングに行きませんか。
B：私は家で勉強すべきだと思うわ。来週のテストが心配なの。

11 thank you for A 「A をありがとう」 解答 ② to → for

» **thank you** の後に **for** を続けて，**感謝**することの内容や理由を表すことができる。

＋ for の後には動名詞が続く場合も多い。

Thank you for *helping* me with my homework.
(私の宿題を手伝ってくれてありがとう)

12 I'm sorry for A 「A のことですまなく思う」 解答 being

» I'm sorry を使って**謝罪**する表現は，〈**I'm sorry for**［**about**］**A**〉の形がある。A には動名詞，名詞がくる。

＋〈I'm sorry (that) S＋V〉の形もある。

13 I'm sorry to hear (that) S＋V 「～だと聞いて気の毒に思う／残念に思う」 解答 sorry

» I'm sorry は，相手の不幸や不運に対する**同情**を表す場合にも使われる。不定詞以下は，相手を気の毒に思う根拠や理由を表す。(➔ Further Expressions 3)

＋ 12 の〈for＋A〉，〈that S＋V〉の形を用いた同情の表現もある。(➔ 4 技能 Tips 2)

I'm sorry for your loss.（大切な人を亡くされ気の毒に思います）
＊家族や友人など大切な人を亡くした相手に用いる表現。

4技能 Tips 2 それは「謝罪」？「同情」？ L

I'm sorry が「謝罪」と「同情」のどちらを表しているかは，後に続く文脈に注意して判断しよう。

- *I'm sorry* (*that*) I was late for the meeting.（会議に遅れてすみません）
- *I'm sorry* (*that*) you couldn't come to Misa's wedding. She looked so beautiful.
（あなたがミサの結婚式に来られなかったのは残念です。彼女はすごくきれいでした）

14 be happy to do 「～してうれしい」 解答 was so happy to see

» 13 と同様に，**感情を表す形容詞**の後に，その**原因を表す不定詞**を置いた形。ここでは to see many world-famous skaters「世界的に有名なスケーターたちをたくさん見ることができたこと」が，うれしかった理由となる。

(➔ Further Expressions 3)

＋ be happy to do には「**喜んで～します**」という申し出の意味もある。

I would *be happy to help* you.（喜んでお手伝いいたします）

15 be worried about A 「A を心配している」 解答 ④

» 自動詞の用法で I worry about ... の表現もあるが，これは日常的に心配している場合に使われ，今現在，**一時的に心配**している場合には **be worried about A** が使われることが多い。

＋「心配するな」の意味では **Don't worry**. が慣用的な表現で使用される。

＋ 似た表現に **be anxious about A** がある。

He *is anxious about* his son's health.（彼は息子の健康を心配している）

UNIT 3 相手の行動を促す(1) 許可 依頼 提案 助言

□□□ **16** A：Do you understand the story so far?

B：Mostly, but (I / a question / could / ask)?

(ほぼわかるのですが 1 つ質問してもよろしいですか ?)

A：Of course.

□□□ **17** (　　　) you move your car from here? You can park over there.

(車をここから移動していただけますか。)

① Should　② Could　③ Shall　④ May

□□□ **18** A：Would (　　　) (m　　　) (　　　) I sat here?

(ここに座ってもかまいませんか ?)

B：No, not at all.

□□□ **19** A：Would (　　　) (m　　　) (　　　) outside?

(外で待っていただいてもかまいませんか ?)

B：No problem.

16 A：この話はここまでのところ理解できますか。A：もちろんです。
17 向こうに駐車できます。
18 B：まったくかまいません (どうぞ)。
19 B：問題ありません。

16 Could I do ~? 「~してもよろしいですか」

解答 could I ask a question

» **「許可」**を表す助動詞 can の過去形 **could** を使うことで**相手の許可を丁寧に求める表現**になる。親しい関係や家族間では Can I do ~? が使われることが多い。

➕ may を使った **May I do ~?** も許可を求める丁寧な表現で，フォーマルな場でよく使われる。

17 Could you do ~? 「~していただけませんか」

解答 ②

» **「依頼」**を表す助動詞 can の過去形 **could** を使った**丁寧な表現**。can を使うとややくだけた表現となる。

❗ 「依頼」を表す助動詞 will の過去形 would を使った **Would you do ~?** を使うこともできるが，will を使った Will you ~? は，やや命令的な響きがあるので，注意したい。また，would を使った I would like you to do ~も命令的に響くので，目上の人などに依頼をする場合の表現としては適していない。

18 Would you mind if I ~? 「~してもかまわないでしょうか」

解答 you mind if

» **相手に丁寧に許可を求める表現**。mind は「~を気にする」の意味で，直訳すると「もし私が~すれば，あなたはそれを気にされますか」になる。一種の仮定法なので，if 節の動詞は過去形(ここでは sat)とするのが正式な用法だが，現在形(sit)を使ってもよい。

➕ 「かまいません(いいですよ／どうぞ)」と答える場合は，**No, not at all.** / **No problem.** などと**否定形**を使う。

19 Would you mind doing ~? 「~していただけないでしょうか」

解答 you mind waiting

» **相手に丁寧に依頼する表現**。「あなたは~することを気にしますか」が文字通りの意味で，婉曲的に相手に依頼している。本問は mind の後に目的語として動名詞を使った形である。

➕ この質問に答えるとき，問題がなければ，**No, not at all.** / **No, not a problem.** / **No problem.** などと答える。Would の代わりに Do を使うとくだけた表現となる。

➕ **Would you mind my[me] doing ~?** は，my[me]が動名詞の意味上の主語(➔ **484**)になり，「私が~することを気にされますか」から「私が~してもかまわないでしょうか」という，**相手の許可を求める**意味になる。

Would you mind my[*me*] *opening* the window?
(窓を開けてもかまわないでしょうか)

□□□ **20** A：The weather for Saturday will probably be nice. What shall we do?

B：How (　　　) (　　　) to Shinjuku Gyoen for a picnic?

(新宿御苑にピクニックに行くのはどう？)

A：Yes, that's a very nice place for picnicking.

□□□ **21** A：I'm always tired in the morning.

B：Then, (　　　) don't you go to bed earlier?

(それならもっと早く寝たらどう？)

□□□ **22** A：(　　　) don't we go to the Castle Museum tomorrow?

(明日キャッスルミュージアムに行かない？)

B：Yes. I wanted to see the new exhibition!

□□□ **23** A：I'm going to Scotland in August.

B：Perhaps you (　　　) take warm clothing with you.

(おそらく暖かい服を持っていった方がよいですよ。)

① should　② have to　③ may　④ must

20 A：おそらく土曜の天気はいいよ。何をする？
A：そうだね，そこはピクニックにはとてもよい場所だ。

21 A：ぼくは朝いつも疲れているよ。

22 B：うん。新しい展示を見に行きたかったんだ！

23 A：私は８月にスコットランドへ行きます。

20　How[What] about A?　「A はどうですか」　解答 about going

» **相手に提案したり誘ったりする**ややくだけた表現。A には名詞・代名詞・動名詞がくる。

➕ **how** の代わりに **what** を使用してもよい。また，**What do you say to A?** とも表現できる。

➕ How[What] about ～の後に S+V の形をとることもある。

How[What] about you go first? I'm coming soon.
(あなたが先に行くのはどう？　私もすぐに行くから)

21　Why don't you do ～?　「(あなたは)～してはどうですか」　解答 why

» 「あなたはなぜ～しないのか → ～してはどうか」と**相手に行動を促したり提案をしたりする表現**。くだけた表現で，目上の人には使用しない。

➕ 同意表現に **20** の形を使った **How[What] about doing ～?** がある。

22　Why don't we do ～?　「(私たちは)～しませんか」　解答 Why

» 「私たちはなぜ～しないのか → ～したらどうか」と**提案をする表現**。くだけた表現で，目上の人には使用しない。

➕ 同意表現に **Shall we do ～?** がある。(➔ **5**)

23　should do　「～すべきだ／～するのがよい」　解答 ①

» **相手にアドバイスする**際によく使われる表現。

✖ ②は「～しなければならない」，③は「～してもよい」，④は「～しなければならない」の意味で，②や④はアドバイスよりも義務や命令になる。

4技能 Tips 3　助言の語調を和らげる　S

通常，should だけではやや直接的な表現になるので，**23** のように **perhaps** などを伴い断定を避ける。間接的に言うことで丁寧になり「～する方がよいですよ」というニュアンスになる。perhaps の他にも **I think** や **maybe** などを使うことも多い。また，「～する方がよい」の意味では had better do (➔ **235**)の形もあるが，これは you を主語にした場合は命令的で，時に高圧的な印象を与えることもあるため使用には注意を要する表現である。

UNIT 4 相手の行動を促す(2) 義務 禁止 使役

□□□ 24 A：Can I watch TV now?

B：No, you (　　) (　　) (　　) your homework first.

(いいえ，あなたはまず宿題をやらなければいけません。)

□□□ 25 A：You (　　) (　　) (　　) finish your report soon. The deadline is Friday next week.

(レポートをすぐに書き終える必要はありません。)

B：Really? I thought the deadline was this Friday.

□□□ 26 適切な方を選びなさい。

You (mustn't / don't have to) sleep during class.

授業中に眠ってはいけません。

□□□ 27 My mother often (me / the dishes / makes / wash).

母はよく私にお皿を洗わせる。

□□□ 28 A：Did you go to Canada during the summer vacation?

B：Yes. My parents (l　　) (　　) (s　　) English there for a month.(両親は私にそこでひと月英語の勉強をさせてくれたの。)

A：Wow. I envy you.

ポイント整理 1 have to do と must do の使い方

	have to	must
肯定文(現在形)	You have to do「～しなければならない」→24	You must do「～しなければならない」
否定文(現在形)	You don't have to do「～する必要はない」→25	You mustn't do「～してはいけない」→26
疑問文	Do I have to do?「～しなければなりませんか」	Must I do?「～しなければなりませんか」
過去形	I had to do「～しなければならなかった」	
未来を表す形	I will have to do「～しなければならないだろう」	

24 A：今テレビを見てもいい？

25 A：締め切りは来週の金曜です。B：本当ですか。締め切りは今週の金曜だと思っていました。

28 A：夏休みにカナダへ行ったの？　B：うん。A：わあ。うらやましいな。

24　have to do　「～しなければならない」　解答 have to do

≫「～しなければならない」は **have to do** を使って表現できる。have to は主語や時制に応じて has to(3 単現)，had to(過去形)と変化する。

❗ have to は[hǽftə]，has to は[hǽstə]，had to は[hǽttə]と発音する。

➕ 本問は空欄の数から have to が入るが，**must** を使って you must do your homework first と言うことも可能。must は語形変化がなく，現在時制でしか使わない。(➔ ポイント整理 1)

➕ have got to do も同じ意味を表すが，くだけた会話で使われる。

25　don't have to do　「～する必要はない」　解答 don't have[need] to

≫ have to do の否定形 **don't have to do** は「～する必要がない」の意味になる。(➔ ポイント整理 1)動詞 need を使った don't need to do も使われる。

➕ 同意表現に **needn't**[**need not**]**do** がある。この need は助動詞。(➔ **422**)

26　mustn't do　「～してはいけない」　解答 mustn't

≫「～してはいけない」は must の否定形 **mustn't**[**must not**] **do** で表す。mustn't は[mʌ́snt]と発音する。

❗ don't have to do は「**～する必要はない**」の意味で「～してはいけない」の意味ではないので注意。(➔ ポイント整理 1)

27　make A do　「A に～させる」　解答 makes me wash the dishes

≫ **make A do** は人が主語の場合，「強制的に何かをさせる」の意味になる。

4 技能 Tips 4　使役の make の使用場面　S

make は 27 のように「親が子にさせる」という意味で使われるのはよいが，次の例を見てみよう。

△ I'll make my friend do that. (私はそれを友達にさせます)

この文のように対等な友人関係で使った場合は，友達に対してかなり威圧的な態度をとる印象を与える可能性があるので，次のように表現する方が適切である。

I'll **ask** my friend **to do** that. (それをするように友達に頼みます)(➔ p.109 ポイント整理 27)

28　let A do　「A に～させてやる」　解答 let me study

≫ **let A do** で，make のように人に強制的に何かをさせるのではなく「(本人の望みどおりに)～させてやる」の意味で用いる。

問題 27 と 28 の動詞は「A に～させる」という意味を表す「使役動詞」と呼ばれ，S+V+A+do(原形不定詞)の形をとる。A と原形不定詞の間には能動関係が成立している。

UNIT 5 報告・説明・描写する(1) 状態 行動

□□□ 29 A：Who is this woman in the photo?

B：Oh, she's my aunt. She (　　)(　　) in Paris (　　) fifteen years.(彼女はパリに15年間住んでいます〈今も住んでいる〉。)

□□□ 30 A：(　　)(　　)(w　　) your report (　　)?
(レポートはもう書いてしまいましたか？)

B：No, not yet, but the deadline is next week, isn't it?

□□□ 31 A：My grandfather said, "I (　　)(　　) Mt. Fuji ten times."
(祖父は「富士山に10回登ったことがある」と言いました。)

B：Really?

□□□ 32 次の文で誤りがあるものを選びなさい。(**32, 33**)

(a) I have seen this movie when I was in junior high school.

(b) I visited Australia two years ago.

(c) I have never been abroad.

□□□ 33 (a) These old chairs belonged to my grandmother.

(b) This soap is smelling good.

(c) My parents understand me very well.

ポイント整理 2 現在完了形とともによく使用する語

(a)〈継続〉「ずっと～している」 ——	**since**「～以来，～から」/ **for**「～の間」
(b)〈完了・結果〉「～してしまった」 —	**already**「すでに」/ **just**「～したばかりだ」/ **yet**「〈疑問文で〉もう～したか，〈否定文で〉まだ～ない」
(c)〈経験〉「～したことがある」 ——	**ever**「〈疑問文で〉今までに」/ **never**「一度も～ない」/ **before**「以前に」/ **once**「一度」

29 A：写真のこの女性は誰？　B：ああ，私のおばです。

30 B：いいえ，まだだけど締め切りは来週ですよね。

31 B：本当ですか。

32 (a)私は中学生の時にこの映画を見た。(b)私は２年前にオーストラリアを訪れた。
(c)私は一度も外国に行ったことはない。

33 (a)これらの古い椅子は私の祖母のものだった。(b)この石鹸はいいにおいがする。
(c)両親は私のことをとてもよく理解している。

29　現在完了形 — 継続　「ずっと～している」　解答 has lived, for

» 「今も住んでいる」という〈**状態の継続**〉を表す現在完了形(**have done**)を使う。期間を表すには for を用いる。(➔ ポイント整理 2)

+ 「今はそうではないが過去において～だった」ということは過去形で表す。
She *lived* in Los Angeles for three years but she is in Seattle now.
(彼女はロサンゼルスに3年住んだが今はシアトルにいる)

30　現在完了形 — 完了　「～してしまった」　解答 Have you written, yet

» ある状態や行為が今の時点で〈**完了**〉していることは現在完了形で表す。

+ yet は疑問文では「もう」の意味。否定文では「まだ」の意味になる。
(➔ ポイント整理 2)

31　現在完了形 — 経験　「～したことがある」　解答 have climbed

» 今までに「～したことがある」という〈**経験**〉は現在完了形を用いて表す。
(➔ ポイント整理 2)

32　過去を示す語(句)があれば過去形　解答 (a) I saw this movie when ...

» 現在完了形は，明確に過去を表す語句と一緒に使うことはできない。(a)では when が「過去の時」を示している。よって現在完了形を使用することはできず，過去形を用いる。

ポイント整理 3　現在完了形とともに使うことができない表現

yesterday「昨日」，**... ago**「…前」，**just now**「今しがた / たった今」，**last ...**「この前の…」/「昨…」，**then**「その時に」，**when ...**「…したとき」，**When ...?**「いつ…したか」

33　状態動詞は進行形にしない　解答 (b) This soap smells good.

» 状態を表す動詞は原則として進行形にしない。(a)belong to A は「A に属している／～のものである」という状態を表す。(b)smell は「においがする」という状態を表す。(c)understand は「理解している」という状態を表す。したがって(b)は進行形にしない。

ポイント整理 4　原則として進行形にしない動詞

心理状態を表す動詞

believe「～を信じる」 **like**「～を好む」 **know**「～を知っている」 **understand**「～を理解する」 **want**「～が欲しい」 **remember**「～を覚えている」

知覚状態を表す動詞

see「～が見える」 **feel**「～を感じる」 **hear**「～が聞こえる」 **smell**「～のにおいがする」 **taste**「～の味がする」

状態を表すその他の動詞

belong to「～に所属する」 **contain**「～を含んでいる」 **resemble**「～に似ている」 **have**「～を持っている」

□□□ **34** A：While we lived in London, we (　　　) often walk along the Thames.
(私たちがロンドンに住んでいたとき，よくテムズ川沿いを歩いたものです。)
B：How long did you live there?

□□□ **35** A：Our family live in Tokyo now, but we (u　　　) (　　　) (　　　) in Hokkaido.
(私たち家族は今東京に住んでいますが，以前は北海道に住んでいました。)
B：Really? I'm from Hakodate.

□□□ **36** A：Are you (u　　　) (　　　) (　　　) emails in English?
(あなたは英語でメールを書くのに慣れていますか。)
B：Yes, because I have some friends in other countries.

34 B：そこにどのくらい長く住んでいましたか。
35 B：本当ですか？　私は函館の出身です。
36 B：はい，外国に何人か友人がいるからです。

34 would do 「以前は～したものだった」

解答 would

» 助動詞 **would** には過去において習慣的に繰り返された動作を表す用法がある。**often**「よく」や，**always**「いつも」，**sometimes**「ときどき」などの頻度を表す語を伴うことが多い。

35 used to do 「以前は～したものだ[～だった]」

解答 used to live

» 助動詞 **used to** は「(今はそうではないが)以前はよく～したものだった」という，過去に繰り返ししたことや，「以前は～だった」という今とは異なる状況や状態を表す。特に現在との対比に重点を置いている。

+ この used は[jú:st]と発音する。

+ **There used to be A.**「以前 A があった(今はない)」の形でもよく用いる。

There used to be a post office near my house.
(以前私の家の近くに郵便局があった)

36 be used to doing 「～するのに慣れている」

解答 used to writing

» **be used to doing** で「～するのに慣れている」の意味を表す。この used は「慣れている」の意味の形容詞なのでその前に be 動詞が必要。この to は不定詞を作る to ではなく前置詞なので，後ろに動詞を置くときは動名詞 doing の形になる。

+ 「慣れている」という状態ではなく「慣れる」という動作を表す時は **get used to doing** とする。

I'm *getting used to using* computers.（私はコンピュータを使うことに慣れてきている）

+ be used to doing の同意表現に **be accustomed to doing** があり，こちらはフォーマルな表現。

ポイント整理 5 used の使い方のまとめ

- **used to do「以前は～したものだ[だった]」(→ 35)**
  ▶ used の発音は[jú:st]
- **be used to doing「～するのに慣れている」(→ 36)**
  ▶ used の発音は[jú:st]
- **used　動詞 use の過去分詞**
  ▶ used の発音は[jú:zd]
  Recycled wood was *used* to make this table.
  (このテーブルを作るのにリサイクル木材が使われた)

他に次の用法がある。

- **used　形容詞で「中古の」**
  ▶ used の発音は[jú:zd]
  used car「中古車」

UNIT 6 報告・説明・描写する(2) 様子 状況

□□□ 37 (a) The police arrested the man for stealing money.

(b) The man ______________ the police for stealing money.

□□□ 38 A：How old is this church?

B：It ______________ in the 15th century.

(それは 15 世紀に建てられました。)

□□□ 39 A：Should we buy some (　　　) food?

(冷凍食品を買ったほうがいいかな？)

B：No, there is still enough in the freezer.

□□□ 40 A：Did you hear the news?

B：Yes, I was so (s　　　). (はい，私はとても驚きました。)

□□□ 41 Learning foreign languages is (　　　) to me.

外国語の勉強は私にはおもしろい。

① interestingly　② interested　③ interesting　④ interests

Further Expressions ④ ｜ 分詞形容詞

現在分詞や過去分詞が形容詞化したものを分詞形容詞と言う。多くは感情を表す他動詞から生じている。

現在分詞から派生した分詞形容詞	過去分詞から派生した分詞形容詞
amazing「驚くべき」	amazed「驚いて」
boring「退屈な」	bored「退屈して」
confusing「まぎらわしい」	confused「困惑して」
disappointing「期待外れの」	disappointed「失望して」
exciting「刺激的な」	excited「わくわくして」
interesting「おもしろい」	interested「興味があって」
surprising「驚くべき」	surprised「驚いて」
tiring「疲れさせる」	tired「疲れて」

37 (a) 警察はお金を盗んだことでその男を逮捕した。
(b) お金を盗んだことでその男は警察に逮捕された。

38 A：この教会はどのくらい古いのですか。

39 B：ううん，冷凍庫にまだ十分あるよ。

40 A：そのニュースを聞きましたか。

37　**受動態 be done by A「A によって～される」**　解答 was arrested by

» the man（その男）を主語にするので受動態 **be done** にする。そして「誰によって…された」のかを示すのに **by** を用いる。

38　**受動態 by A の省略**　解答 was built

» 受動態 be done の表現では，「誰によってなされるのか」を by によって示すが，ここでは「教会を建てた人」が不明または重要でないことから by 以下を示さない。

39　**過去分詞＋名詞**　解答 frozen

» 分詞 1 語が名詞を修飾する場合，原則として名詞の前に置く（後ろに置く場合 ➜ **53**）。修飾される名詞と分詞が能動関係「～している，～しつつある」なら現在分詞で，受動関係「～された，～され（てい）る」なら過去分詞を使う。ここでは「冷凍された食品」の意味なので過去分詞 **frozen** を用いる。

4 技能 Tips 5　boiling water と boiled water　S R

「熱湯」は「沸騰している水」ということから boil「沸騰する」の現在分詞を使って boiling water と表現するが，いったん沸騰させて冷ました白湯は「沸騰させる」の意味の boil の過去分詞を使って boiled water と言う。特に生水を飲むのを避けるべき国ではホテルの部屋などに Drink boiled water only.（沸かした水だけを飲んでください）などと書いてあることがある。

40　**surprised「〈人が〉驚いた」**　解答 surprised

» 「感情を表す形容詞」の中には，感情を表す他動詞の現在分詞や過去分詞から派生したものがある。他動詞の過去分詞は受動的な意味を表すので，「私は驚いた（驚かされた）」を表すには surprise を過去分詞形の **surprised** にする。

（➜ Further Expressions 4）

＋ 感情を表す他動詞の過去分詞から派生した分詞形容詞が用いられるのは，原則として主語が〈人〉の時である。

41　**interesting「〈物事が〉おもしろい」**　解答 ③

» 主語が「外国語の勉強」なので，「〈物事〉が人に興味を持たせる（＝おもしろい）」の意味を表す **interesting** を使う。（➜ Further Expressions 4）

＋ 現在分詞型の分詞形容詞は，原則として主語が人ではなく〈物事〉のときに使う。

＋ 「人が〈物事〉に興味を持つ（＝〈物事に〉興味を持たされる）」の意味では，過去分詞形（interested）をとる。「A の中のことに興味を持つ」の意味から，前置詞は in を用いる。

I'm *interested* in learning foreign languages.
（私は外国語の勉強に興味がある）

□□□ **42** ①There is my school near my house, so ②I can walk to school. ③It takes only ten minutes, but ④I'm sometimes late.

私の学校は私の家の近くなので，学校まで歩いて行けます。10 分しかかかりませんが，ときどき遅刻してしまいます。

□□□ **43** Please remember ________________ some milk on your way home.

帰りに牛乳を買うことを覚えていてね。

□□□ **44** A：Do you (　　　) dinner together in that restaurant?

B：Of course. You proposed to me there.

① remember to have　　② remember having

③ forget to have　　④ forget having

ポイント整理 6 不定詞と動名詞の基本的な意味の違い

不定詞は「これから行う動作」を表し，また動名詞は「現在(習慣的に)していること・過去にしたこと」を表すことが多い。次の２つの文でどちらを使ったらよいか考えてみよう。

(1) My hobby is (to play golf / playing golf).
(私の趣味はゴルフをすることです)

(2) My dream is (to live in Vienna / living in Vienna).
(私の夢はウイーンに住むことです)

〈解答〉 (1) playing golf　(2) to live in Vienna

44 A：一緒にあのレストランで食事をしたことを覚えてる?
B：もちろんよ。そこであなたが私にプロポーズしたのだから。

42 「~がある」で There is 構文を使うか使わないか

解答 There is my school near my house → My school is near my house

» There is[are] A の形は「A がある」という意味を表すが，この構文は，「相手にとって新情報となる人や物の存在」を知らせる文である。よって，A が my / your / its などの代名詞の所有格や定冠詞(the)がつく「相手がすでに知っているもの」の場合は，原則として There is 構文は使わず，A を主語にした語順にする。

➕ there is 構文に続く A には，a や some, a lot of など不特定を表すものが付く。

43 remember to do 「(これから)~することを覚えておく／忘れずに~する」

解答 to buy[get]

» 「(これから)~することを覚えておく」の意味を表すには，「これから行うこと」を表す不定詞を目的語にとった **remember to do** を使う。remember は目的語に不定詞も動名詞もとるが，それぞれ意味が異なるので注意する。

(→ ポイント整理 6)

➕ 動詞 **forget**「忘れる」は不定詞を目的語にとると「~し忘れる」となるので，**43** の文は次のようにも表すことができる。

Please *don't forget to buy* some milk on your way home.
(帰りに牛乳を買うことを忘れないでね)

44 remember doing 「~したことを覚えている」 解答 ②

» 「(過去に)~したことを覚えている」の意味を表すには，目的語に動名詞をとった **remember having** を使う。(→ ポイント整理 6)

➕ **forget doing** の形は「(過去に)~したことを忘れる」の意味になり，I'll never forget doing ~「私は~したことを決して忘れない」の形で使う。

I'll never *forget having* dinner together in that restaurant.
(私はあのレストランで一緒に食事したことを決して忘れない)

UNIT 7 情報を伝える(1) 補足 修飾

45 適切な関係詞を入れなさい。(45 ~ 48, 50, 51)
When I was in Italy, I stayed at a hotel (　　　) was almost 400 years old.

46 I have a cousin (　　　) lives in Switzerland.

47 I go to the school (　　　) my mother went to when she was young.

48 In my class, there is a student (　　　) father is a teacher at our school.

49 A : The book (you / very interesting / borrowed / is / from / I).
B : I'm glad you like it.

50 When I traveled through Britain this summer, I visited the house (　　　) Shakespeare was born.
私はこの夏イギリスじゅうを旅行したとき，シェイクスピアが生まれた家を訪れた。

ポイント整理 7 基本的な関係詞

関係代名詞

先行詞	主格(~は)	所有格(~の)	目的格(~に・を)
人	who[that]	whose	who(m)[that]
人以外	which[that]	whose*	which[that]

* 人以外に whose を使うのはフォーマルな文体であるため会話ではあまり使用されない。
他に what(~であること)がある。(➔ 52)

関係副詞

先行詞	関係副詞	先行詞の例
場所を示す語	where	the country, the place, the city, the house など
時を示す語	when	the time, the day, the year など

他に why と how がある。(➔ 261, 262)

45 私はイタリアにいたとき，築 400 年近いホテルに泊まった。
46 私にはスイスに住むいとこがいる。
47 私は母が若い時に行った学校に通っている。
48 私のクラスにはお父さんが私たちの学校の先生をしている生徒がいる。
49 A : あなたから借りた本はとても面白い。B : 気に入ってもらえてうれしいよ。

45 **which[that](主格の関係代名詞) — 先行詞が「人以外」** 解答 which[that]

» 泊まったホテルについての情報を，関係詞を使って追加する。先行詞(hotel)が追加する情報の中の主語にあたるので，主格の関係代名詞を使う。先行詞が「人」以外なので，which[that]が入る。話し言葉ではwhichよりもthatが好まれる。

46 **who (主格の関係代名詞) — 先行詞が「人」** 解答 who[that]

» 先行詞(cousin)が追加情報の主語にあたるので，主格の関係代名詞を使う。先行詞が「人」なので，whoが入るが，thatを使うことも可能。

47 **which[that](目的格の関係代名詞) — 先行詞が「人以外」** 解答 which[that]

» 先行詞(school)が，追加情報では「母が行った学校」というtoの目的語にあたるので，「人」以外の目的格の関係代名詞which[that]を入れる。

48 **whose(所有格の関係代名詞)** 解答 whose

» 先行詞(student)が，追加情報では「その生徒の父親」という意味となるため，所有格の関係代名詞whoseを入れる。

49 **目的格の関係代名詞の省略** 解答 I borrowed from you is very interesting

» 「私があなたから借りた本」は関係代名詞を使って表すとthe book which[that] I borrowed from youとなるが，目的格の関係代名詞は省略することができる。特に話し言葉では省略するのが普通。

50 **A where S+V 「Sが～するA〈場所〉」** 解答 where

» 先行詞(the house)は後に続く「シェイクスピアがそこで生まれた」(Shakespeare was born there)という節の中の「場所を表す副詞」を受けるので，関係副詞はwhereを用いる。

❗ 先行詞が場所を表していても，45のように関係代名詞whichが使われる場合がある。後に続く節内で先行詞が果たしているのが名詞の役割か副詞の役割かに注意して関係詞を使おう。

➕ 本問の関係副詞whereは，書き言葉では**前置詞と関係代名詞**を使って次のように表すことができる。(➔ p.208 Further Expressions 63)

① I visited the house **in which** Shakespeare was born.

② I visited the house **which[that]** Shakespeare was born **in**.

①の方が②よりもフォーマルな用法である。また，口語では②の形で関係代名詞を省略した I visited the house Shakespeare was born **in**. が使われる。

□□□ **51** A：I still remember the day（　　　）I first met you.

B：So do I! You were wearing a bright red shirt!

□□□ **52** A：An old friend of mine has just written a book.

B：What is it about?

A：It's about（　　　）she experienced while living in Spain.

① which　② that　③ what　④ whom

□□□ **53** A：Do you have any friends abroad?

B：Yes, I have a friend（　　　）in Ireland. I'm going to see her this summer.

〈live を適切な形にして〉

□□□ **54** A：What book are you reading?

B：*Gone with the Wind*. It's a（　　　）（　　　）by Margaret Mitchell.

（それはマーガレット・ミッチェルによって書かれた小説〈novel〉です。）

〈関係詞を使わずに〉

51 A：私はいまだにあなたに初めて会った日を覚えているよ。
B：私だって！ あなたは派手な赤いシャツを着ていたわ。

52 A：私の昔からの友達の一人がつい最近本を書いたわ。
B：それは何についてなの？　A：彼女がスペインで暮らしていた間に経験したことについてなの。

53 A：海外に誰か友達はいる？
B：うん，アイルランドに住む友人がいるよ。今度の夏に彼女に会いに行くんだ。

54 A：何の本を読んでいるの。B：『風と共に去りぬ』だよ。

51 A when S+V 「Sが～するA〈時〉」

解答 when

» 先行詞(the day)が後に続く「私が初めてあなたに会ったその日」という「時を表す副詞(句)」(I first met you on the day)を受けるので，関係副詞の when を入れる。

+ 先行詞と関係副詞が離れた形も多く使われる。
The time will soon come when we can enjoy space travel.
(宇宙旅行を楽しめる時代はすぐに訪れるでしょう)

52 what S+V 「Sが～すること」

解答 ③

» what は先行詞を含む関係代名詞で，the thing(s) which[that] ...「～するもの[こと]」の意味を表す。本問では，「彼女がスペインで暮らしている間に経験したこと」を表すものが入るが，先行詞がないので，what が入る。

53 現在分詞句の後置修飾

解答 living

» 関係詞を使わずに，分詞句(分詞で始まる語句)を使って名詞(先行詞)に情報を追加する。本問では「アイルランドに住んでいる」と能動関係なので，現在分詞 living が入る。分詞が2語以上(ここでは living in Ireland)で名詞を修飾する場合，原則として名詞の後に置く。このように名詞を後ろから修飾することを後置修飾と呼ぶ。

+ 関係代名詞を使った場合，I have a friend who lives in Ireland となるが，会話では関係詞を使わない方が好まれる。

54 過去分詞の後置修飾

解答 novel written

» 関係詞を使わずにという指示なので，「(～によって)書かれた小説」を分詞で表す。修飾される名詞と受動関係なので，過去分詞 written を使う。

+ 関係代名詞を使った場合，a novel which[that] was written by となるが，会話では関係詞を使わない方が好まれる。

4技能 Tips 6 話し言葉と関係代名詞のまとめ S

関係代名詞を使った文はやや硬い文になりがちなので，話し言葉では関係代名詞を省略したり，with を使ったりして表すことが多い。

● 目的格の関係代名詞の省略

The book (which / that) you lent me is very interesting.
(あなたが貸してくれた本はとてもおもしろい)

The woman (whom) we saw at the party is an English teacher.
(私たちがパーティーで見かけた女性は英語の先生です)

● 〈whose + 名詞〉の代わりに with を使った表現

The girl whose hair is long is Mary.
(髪の長い少女はメアリーです)

→ The girl with the long hair is Mary.
(あの長い髪の少女はメアリーです)

UNIT 8 情報を伝える(2) 伝聞 代用 否定

□□□ 55 My uncle (　　　) me that he studied Spanish in college.
おじは大学でスペイン語を勉強したと私に話した。

□□□ 56 A：We often (　　　) that AI will do a lot of jobs for us in the future.
(AI は将来私たちのために多くの仕事をするだろうとよく耳にするね。)
B：Well, I think AI might take a lot of jobs away from us.

□□□ 57 I saw Jane using a robot vacuum cleaner. I want (　　　), too!
(私も 1 つ欲しい！)

□□□ 58 A：These cookies are very good. I really like them.
B：Would you like (　　　)?（もう 1 ついかがですか？)
① one　② others　③ another　④ the other

□□□ 59 A：I'm going to Taiwan next month. Could I borrow your suitcase, please?
B：Sure. I have two that are different sizes. One is much bigger than (　　　).
① another　② other　③ others　④ the other

56 B：うーん，AI は私たちからたくさんの仕事を奪う可能性があると思うよ。
57 ジェーンがロボット掃除機を使っているのを見たよ。
58 A：このクッキーはとてもおいしい。すごく好きです。
59 A：来月台湾へ行きます。スーツケースを貸してくださいませんか。
B：もちろんいいですよ。大きさの異なる 2 つがあります。1 つはもう 1 つよりずっと大きいです。

55 tell A that S+V 「A〈人〉に～だと言う」 解答 told

» 「私」に「大学でスペイン語を勉強した」と言った，は，**tell A that ...** を使って表現できる。say も他動詞で that 節をとるが，人を目的語にとらない。
(➜ ポイント整理 8)

56 hear that S+V 「～だと聞く[耳にする]」 解答 hear

» うわさや知らせなどを耳にする，という表現は，**hear that ...** で表すことができる。hear は基本的には音や声が「聞こうとしなくても自然に耳に入る」意味で使われる。listen (to)は注意して聞く意味の自動詞なのでここでは不適。

57 one 「不特定の 1 つ[1 人]」 解答 one

» one はここでは a robot vacuum cleaner（ある 1 つのロボット掃除機)を表す。**one** は前に出た不特定の単数名詞の繰り返しを避けるために使われており，ジェーンの使っているロボット掃除機と同じタイプの「(別の)1 つのロボット掃除機」を意味する。

❗ one の代わりに it にすると「相手の持つそのロボット掃除機」が欲しいことになる。

58 another 「不特定の別の 1 つ」 解答 ③

» まだ残っているクッキーの中の不特定の 1 つをすすめているので，「いくつかのうち別の 1 つ」を表す **another** を使う。

➕ another は，もともとは「an＋other(別の 1 つ)」だったのが 1 語になってできた語である。

59 one ～ the other 「2 つのうち 1 つは one，もう 1 つは the other」 解答 ④

» 対象が 2 つの場合は，1 つを **one** で表すと，残りは 1 つと特定されるので，定冠詞のついた **the other** となる。(➜ p.28 ポイント整理 9)

ポイント整理 8 〈話す／言う〉を意味する動詞

say 「言う」	基本的には他動詞。目的語に「人」をとらないことに注意。 • say that S + V
tell 「伝える」	基本的には他動詞。 • tell A that S + V（A〈人〉に～だと言う） • tell A B（A〈人〉に B を語る） • tell A to do（A〈人〉に～するように言う）
talk 「話す／しゃべる」	基本的には自動詞。 • talk to[with] A（A〈人〉と話す） • talk about A（A について話し合う）
speak 「話す／演説をする」	基本的には自動詞。 • speak to [with] A（A〈人〉に話しかける） • speak about A（A について話す） ＊ speak English(英語を話す)のように「ある言語を話す」の意味の場合は他動詞。

60 In Japan, white and gray cars are very popular. Look at the cars here. Some are gray and (　　　) are all white.

① other　② another　③ others　④ the others

61 Some people like cats, while (　　　) like dogs.

① other　② the other　③ others　④ the others

62 Not (　　　) sharks are dangerous to humans.

すべてのサメが人間にとって危険というわけではありません。

63 It is (　　　) sports outside for a long time this summer. It may be because of global warming.

① very hot to play　② too hot playing

③ too hot play　④ too hot to play

64 My father cooks a lot for our family now, but he said he (r　　　) cooked when he was young.

父は今ではよく家族のために料理をしますが，若い時めったに料理しなかったと言いました。

ポイント整理 9 one, another, some, other の基本的な使い方

(a) another (→ 58)

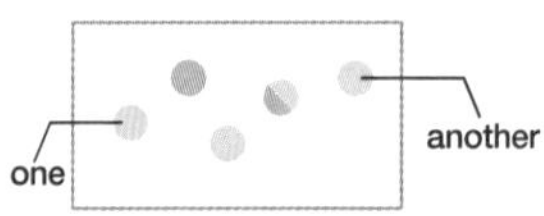

(b) one ～ the other ... (→ 59)

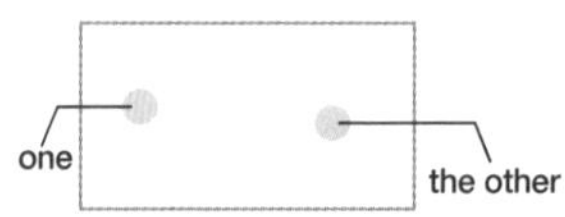

(c) one ～ the others ... (→ 60)

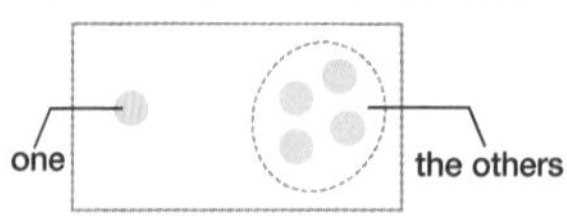

(d) some ～ the others ... (→ 60)

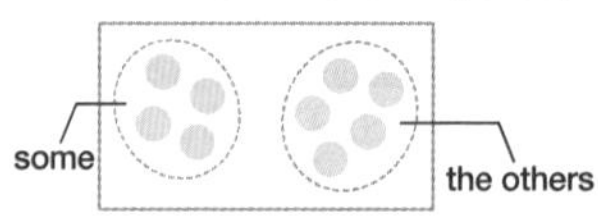

(e) some ～ others ... (→ 61)

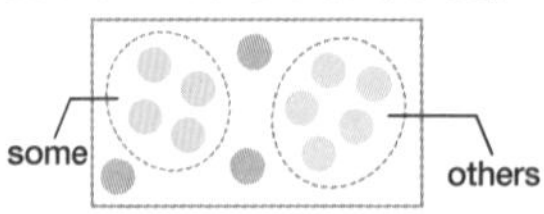

60 日本では白やグレーの車がとても人気です。ここにある車を見て。何台かはグレーで，残りはみんな白だよ。

61 猫が好きな人もいれば，一方で犬が好きな人もいる。

63 今年の夏は暑すぎて外で長い時間スポーツができない。地球温暖化のせいかもしれません。

60 the others 「残りすべては the others」 解答 ④

» 3つ以上の中から one「ひとつ」または some「いくつか」を選び出した後の「残りすべて」は **the others** で表す。「特定される複数のもの」なので the がつく。

(➔ ポイント整理 9)

61 some ~ others ... 「~なものもあれば…なものもある」 解答 ③

» 「~なものもあれば, …なものもある」の意味を表す。この場合の **others** は「他の不特定の複数のもの」を表しているので, the はつけない。

62 not all 「すべてが~というわけではない」 解答 all

» **not で all を否定**すると, 「すべてが~ではない」と, 例外があることを伝える**部分否定**の表現になる。not all の後には複数名詞が続く。

63 too ~ to do 「~すぎて…できない」 解答 ④

» **too** は形容詞を修飾すると「~すぎる」の意味になり, 不定詞と合わせて使うと「…するのに~すぎる=~すぎて…できない」という否定表現になる。

64 rarely 「めったに~ない」 解答 rarely

» **rarely** は「めったに~ない」の意味で頻度が低いことを表す語である。このように弱い否定を表す語を**準否定語**という。(➔ Further Expressions 5)

Further Expressions ⑤ | 準否定語

never, no(not)などのように完全な否定を表す「否定語」に対して, 大部分を否定しても完全には否定しない時に「**準否定語**」を使用する。次はその主なものである。

- **rarely / seldom**「めったに~ない」 頻度を表す準否定語 (➔ 64)
  It *rarely* snows here. (ここではめったに雪は降らない)
  ▶会話では rarely が好まれる。
- **hardly / scarcely** 「ほとんど~ない」 程度を表す準否定語 (➔ 556)
  I could *hardly* sleep last night. (昨晩ほとんど眠れなかった)
  ▶会話では hardly が最も好まれる。また scarcely はかなり硬い書き言葉。
- **few / little**「ほとんどない」 数や量を表す準否定語 (➔ 274)
  There were *few* girls in my school. (私の学校には女子はほとんどいなかった)
  ▶不定冠詞の a を用いて a few / a little とすると「少しある」の意味になる。

*準否定語に否定の意味があるので, ×I could not hardly sleep last night. のように not などの否定語と一緒に使用しないように注意したい。

UNIT 9 情報を伝える(3) 相違 対比 比較

□□□ 65 I've just bought (　　　)(　　　) bike (　　　) yours.
私はあなたと同じ自転車を買ったところだ。

□□□ 66 Italian is (　　　)(　　　) Spanish.
イタリア語とスペイン語は似ている。

□□□ 67 A：This typhoon is (　　　)(　　　)(　　　) the previous one.
(この台風はその前の台風と同じくらい大型〈powerful〉だ。)
B：I hope it's not coming this way.

□□□ 68 A：I (books / many / as / as / he / has / have).
(私は彼と同じくらいの数の本を持っている。)
B：But, you usually don't read books, do you?

□□□ 69 Tokyo Skytree is almost (　　　)(　　　) tall (　　　) the Eiffel Tower.
東京スカイツリーはエッフェル塔のおよそ２倍の高さです。

4技能 Tips 7　比べる対象は対等な形にする　S W

比べている対象に注意して，次の英文を見てみよう。

(×) My English is not as good as you.（私の英語はあなたほど上手ではない）

A is not as good as B の比較の文において，比べる対象の A と B は対等な形にするのが原則である。上の英文では，A の「私の英語(my English)」を B の「あなた(you)」と比較することになってしまう。そこで次のようにするとよい。

○ My English is not as good as your English.

your English（あなたの英語）を yours に置き換えると簡潔になってさらによい。

○ My English is not as good as yours.

Further Expressions ❻ ｜「似ている」を表す言葉

- **similar**：主に性質が似ている
- **look like**：見た目が似ている
- **take after**：親族に似ている（血縁関係があるときにのみ使われる表現）
- **resemble**：フォーマルな表現

67 B：こっちに来ないでほしいね。
68 B：でも，あなたは普段本を読まないでしょ。

65　the same A as B 「B と同じ A」

解答 the same, as

» **the same** は「同一[同じ種類]の～」，**as B** は「B のような[に]」の意味。

❗ same はふつう the なしでは使わない。不定冠詞 a もつけない。

➕ the same は「同じもの[こと]」という意味の代名詞としても使える。

"I'll have a chicken sandwich." "I'll have *the same*."
(「私はチキンサンドにします」「僕も同じものにします」)

66　be similar to A 「A に似ている」

解答 similar to

» A と同一ではないが似ていることを表す。**similar** は「似ている」の意味の形容詞。(➔ Further Expressions 6)

➕ A と異なることを表す場合は，**be different from A** を使う。

Many people say British culture *is* very *different from* American culture.
(多くの人が，イギリス文化とアメリカ文化はとても異なると言う)

67　A ～ as＋原級＋as B 「A は B と同じくらい～」

解答 as powerful as

» A と B が同じ程度であることを表す場合，〈**A ～ as＋形容詞または副詞の原級＋as B**〉の形にする。

❗ 名詞に不定冠詞 a / an がつく場合は語順が〈**形容詞＋a / an＋名詞**〉の順になるので注意する。

Communication is just as *valuable a skill* as computing.
(コミュニケーションはコンピュータを使うことと同じくらい有益な能力だ)

➕ 否定文は〈**not as[so]＋原級＋as ...**〉の形で，「…ほど～でない」の意味になる。

My English is *not as*[*so*] *good as* my brother's. He lived in Canada for three years.
(私の英語は兄ほど上手ではありません。彼は 3 年間カナダに住んでいました。)

68　as many＋A＋as 「同じくらいの数の A」

解答 have as many books as he has

» **as ～ as** で比較する内容は，形容詞・副詞の 1 語に限られず，本問のように「持っている本の数」について，〈数量を表す形容詞＋名詞〉(ここでは many books) を使って比較することもできる。

➕ 「同じくらいの量の A」を表す場合には，**much** を使う。

My baby brother eats *as much rice as* me.
(私の年の離れた弟は私と同じくらいの量の米を食べる)

69　twice as＋原級＋as A 「A の 2 倍～」

解答 twice as, as

» 倍数表現は，一般に〈**X(数詞) times＋as＋原級＋as A**〉「**A の X 倍～**」で表すが，本問のように「**2 倍**」の場合は two times ではなく **twice** を使う。

➕ 〈**X(数詞) times＋比較級＋than A**〉「**A よりも X 倍～**」の形の表現も可。この場合，「2 倍」は **two times** を使う。(➔ 517)

Tokyo Skytree is almost *two times taller than* the Eiffel Tower.

➕ 〈**half as＋原級＋as A**〉「**A の半分～**」の表現もある。(➔ 518)

The Eiffel Tower is almost *half as tall as* Tokyo Skytree.
(エッフェル塔は東京スカイツリーのおよそ半分の高さだ)

□□□ 70 A：People (　　　) (　　　) in Japan than before.
(日本では人々は以前よりも長く生きます。)
B：Is it because of the better medical care now?

□□□ 71 A：If you want a pet, I think dogs are (　　　) (　　　) cats.
(もしペットが欲しいなら犬の方が猫よりもよいと思うな。)
B：I don't think so. Cats are easier to look after.

□□□ 72 A：There are (　　　) people in Japan (　　　) in France.
(日本の方がフランスより多くの人がいます。)
B：But France is larger in area, isn't it?

□□□ 73 Nobeyama is (　　　) (　　　) station in Japan. It's 1,346 meters above sea level. (野辺山は日本で最も高い(所にある)駅です。)

□□□ 74 A：I wonder what is (　　　) (　　　) (　　　) to reduce plastic garbage?
(プラスチックごみを減らす最善の方法〈way〉は何だと思いますか。)
B：I think we should take our own bags when we go shopping.

ポイント整理⑩ 不規則に変化する比較級・最上級

比較級や最上級の形が原級と大きく変わる形容詞や副詞の中で，特に基本的な語をまとめておこう。

原級	比較級	最上級
many / much	more	most
good / well	better	best
bad / ill	worse	worst
little	less	least

70 B：それは今の医療がよくなっているからですか。
71 B：僕はそうは思わないな。猫の方が世話しやすいよ。
72 B：でも面積はフランスの方が日本より大きいですよね。
73 海抜 1,346 メートルです。
74 B：買い物に行くときに自分の袋を持っていくべきだと思います。

70 A ~ 比較級+than B 「A は B よりも~だ」 解答 live longer

» A と B を比べて「A は B よりも~だ」と言いたい場合は〈**A ~比較級+than B**〉で表す。

➕ 2 音節の語の多くと，3 音節以上の形容詞・副詞は，その単語の前に more をつけて比較級にする。

This sofa is *more comfortable* than the old one.
(このソファは古いものよりも快適だ)

4技能 Tips 8 than の後の形は主格？ 目的格？ S W

「私の兄は私より背が高い」を表した 2 つの例文を見てみよう。
(a) My brother is taller than I.
(b) My brother is taller than me.
(a)は，本来は My brother is taller than I am. の最後の am が省略された形である。ただし，最近では(b)の me（目的格）を使うのが普通である。特に日常会話では(a)はあまり使用されない。

71 A ~ better than B 「A は B よりよい」 解答 better than

» 不規則変化する比較級の例。A と B を比較してどちらがよりよいかを表すには good の比較級 **better** を用いる。(➔ ポイント整理 10)

72 more A than B 「B より多くの数(量)の A」 解答 more, than

» 数や量について比較してどちらかが多いと述べる場合は，many や much の比較級である **more** を用いる。(➔ ポイント整理 10)

➕ 「人口」を比較する場合，会話などでは本問のように people を使って表すが，やや硬い表現では population「人口」を使って表すこともできる。ただし，その場合は「多い／少ない」を more / less ではなく large / small を使って表す点に注意。

Which country has *a larger population*, France or Japan?
(フランスと日本ではどちらの方が人口が多いですか)

73 the 最上級+A 「最も~な A」 解答 the highest

» 「最も~」であることを形容詞や副詞の**最上級**を用いて表すことができる。

➕ 原則として 3 音節以上の長い語はその単語の前に the most をつけて最上級にする。

74 the best A 「最善の A」 解答 the best way

» 不規則変化する最上級の例。good「よい」の比較級は better，最上級は best である。ここでは「最善の・最高の」の意味なので **best** を用いる。(➔ ポイント整理 10)

UNIT 10 考えや意図を伝える(1) 意見 評価 賛否

75 A：Oh, no! Did you put salt in this cake?
B：I'm (s　　　) I didn't.（入れてないことは確かだよ。）

76 A：It (to / lucky / able / see / were / was / that / we) Mt. Fuji from the plane.
（飛行機から富士山を見ることができて，私たちは幸運でした。）
B：Really? I have never seen Mt. Fuji from a plane.

77 A：Are you going abroad again this summer?
B：Yes, of course. It is (experience / different cultures / very / interesting / to).

78 It (Charlie / careless / his homework / leave / was / to / of) on the train.
宿題を電車の中に置き忘れるなんてチャーリーは不注意だった。

ポイント整理 11 形式主語構文で使われる主な形容詞

(a)〈It is ~ that S＋V〉「S が…する[である]ことは~だ」

good / bad「よい／悪い」，**clear**「明らかだ」，**(un)fortunate**「幸運な(不運な)」，**(un)lucky**「幸運だ(不運だ)」

▶形容詞以外に，名詞を置くこともある。

It's a *pity* that you can't stay longer.（あなたがもっと長くいられないのは残念だ）

(b)〈It is ~ (for A) to do〉「(A にとって)…するのは~だ」

difficult / hard「難しい」，**easy**「やさしい」，**(im)possible**「可能な(不可能な)」，**interesting**「おもしろい」，**important**「重要な」，**necessary**「必要な」

▶形容詞以外に，名詞を置くこともある。

It is *fun* for children to play in snow.（子どもたちにとって雪の中で遊ぶことは楽しい）

(c)〈It is ＋人の性質を表す形容詞＋ of ＋ A ＋ to do〉「A が…するとは~だ」

brave「勇敢な」，**kind**「親切な」，**clever / smart**「利口な」，**careless**「不注意な」，**childish**「子どもっぽい」，**impolite / rude**「無作法な」，**foolish**「愚かな」，**wise**「賢い」

75 A：なんてこと！　このケーキに塩を入れたの？
76 B：本当？　ぼくは飛行機から富士山を見たことがないよ。
77 A：今年の夏また外国に行きますか。
B：もちろんです。異なる文化を体験するのはとてもおもしろいよ。

75 I'm sure (that) S+V 「確かに～だと思う」 解答 sure

» 自分の考えを述べる際に，単にI think (that) ～「～だと思う」とするよりも強い確信を伝える表現。

- 同じ意味を表す表現にI'm certain (that) ～もあるが，sureの方が幅広く使用される。
- that節の代わりに〈of＋名詞〉の形を使うこともできる。

  I was sure of my success in the exam, because I had studied very hard.
  （私は一生懸命勉強したので，試験での自分の成功を確信していた）
- 「必ず～する」という表現として，be sure to do がある。

  Be sure to turn off all the lights.（必ずすべての電気を消すように）

76 形式主語〈It is ～ that S+V〉 解答 was lucky that we were able to see

» 主語の内容を後から説明する形式主語の構文。Itは仮主語で**that以下**が真の主語になり，「Sが…する[である]ことは～だ」という表現になる。thatは会話では省略するのが普通。(➔ ポイント整理 11 **(a)**)

- 〈It is ～ that ...〉の形は，「…なのは～だ」という強調構文の表現でも使われる。

  (➔ p.254 4技能 Tips 47)

  It was in February *that* we first had snow this year.
  （今年初雪が降ったのは2月だった）

77 形式主語〈It is ～ to do〉 解答 very interesting to experience different cultures

» **不定詞以下**が真の主語になる形式主語構文。「…するのは～だ」という意味になる。(➔ ポイント整理 11 **(b)**)

- 〈It is ～ for A to do〉のように，不定詞の前に意味上の主語〈**for＋A**〉を置いて「Aにとって…するのは～だ」とすることもできる。意味上の主語は，一般の人である場合や，文脈上明らかな場合は省略されることが多い。

  It is very interesting *for me* to experience different cultures.
  （私にとって，異なる文化を体験するのはとてもおもしろい）

78 形式主語〈It is＋人の性質を表す形容詞＋of＋A＋to do〉

解答 was careless of Charlie to leave his homework

» 「A(人)が…するとは～だ」という表現。It is ～ to doの形を用いた形式主語の構文だが，人の性質・性格を表す形容詞を使う場合は，意味上の主語を〈**of＋A**〉で表す。(➔ ポイント整理 11 **(c)**)

- 一般的に，この形はA is ～ to doの形に言い換えることができる。

  → *Charlie was careless to leave* his homework on the train.
- 「～するなんて彼らしい」を表現するときにはこの形を使うとよい。

  It is typical of him to be late for school.
  （学校に遅刻するのはいかにも彼らしい）

□□□ 79 A：Will it be sunny tomorrow?

B：I (　　　) (　　　). I'm going hiking with my family.

(そう願います。)

□□□ 80 A：Is there any cake left for me?

B：I'm (　　　) (　　　).

(残念だけどケーキは残っていません。)

A：Did you eat it all?

□□□ 81 A：I love traveling abroad.

B：(　　　) (　　　) I. Where have you been recently?

(私もそうです。)

A：Taiwan and Korea.

□□□ 82 A：I've never been to Kamakura.

B：(　　　) (　　　) I. (私もありません。)

A：Why don't we go there together during Golden Week?

□□□ 83 A：Masaki says he doesn't like noisy TV commercials.

B：I don't like them, (　　　). (私もそれらは好きではありません。)

79 A：明日は晴れますか。B：家族とハイキングに行く予定なので。
80 A：私にケーキは残っているかな？　A：全部食べちゃったの？
81 A：私は外国旅行が大好きです。B：最近はどこへ行かれましたか。A：台湾と韓国です。
82 A：私は鎌倉へ行ったことがありません。A：ゴールデンウィークにそこに一緒に行くのはどう？
83 A：マサキはうるさいテレビコマーシャルが好きではないと言います。

79 that 節の代用をする so — I hope so. 解答 hope so

» **so** を hope の後に置き，**肯定する内容の that 節の代わり**にすることができる。本問の I hope so.「そうであってほしい」の so は that it will be sunny tomorrow を受けている。

＋ hope の他にも **think**「思う」，**expect** / **guess** / **suppose**「思う／予想[予測]する」，**be afraid**「残念ながら～と思う」などの後ろでは，この形が使える。

"Will it be very hot tomorrow?" " I'*m afraid so*."

（「明日はとても暑くなるのかな？」「残念ながらそうだろうね」）

80 否定の that 節の代用をする not — I'm afraid not. 解答 afraid not

» 79 の so を肯定の内容の that 節の代わりにすることができるのに対し，**not** を特定の動詞の後ろに置き，**否定の内容の that 節の代わり**にすることができる。本問では，I'm afraid not.「(残念ながら)そうではない」の not は I'm afraid that there isn't any cake left. の下線部の代用と考える。

＋ 79 の hope を使って **I hope not.** とすると，「そうでないことを願う」という意味になる。

81 肯定文に対する同意 — So do I. 「私もそうです」 解答 So do

» 相手の**肯定する内容**の発言について自分も賛成，または同じ立場であることを伝える表現。語順は〈So＋(助)動詞＋S〉の**倒置**になる。同意する文の動詞・助動詞は前の文にそろえる。本問のように一般動詞(love)を受ける場合には do / does / did の形を使う。

＋ be 動詞を使って「私もです」と同意したい場合は So am I. となる。

"I'm really hungry." "So *am* I." （「おなかがすごくすいたよ」「私もです」）

＋ くだけた会話では，**Me, too.** も使える。

4技能 Tips 9 Me, too. を使うときには注意！ S

"I love you."「あなたを愛しています」の言葉に思わず Me, too. や So do I. で返答してしまうと，「私も自分自身を愛しています」の意味になってしまうので注意しよう。「私もあなたを愛しています」と言いたければ "I love you, too." または I love を省略して簡単に "You, too." と言えばよい。

82 否定文に対する同意 — Neither have I.「私もありません」 解答 Neither have

» 相手の**否定する内容**の発言について同意する場合は語順は〈Neither＋(助)動詞＋S〉の**倒置**になる。同意する文の動詞・助動詞は前の文にそろえる。本問では，前の文の完了形の中で使用している助動詞 have を使って Neither have I. と言う。

＋ くだけた会話では，**Me, neither.** も使える。

83 否定文に対する同意 — 否定文, either.「～もまた…ない」 解答 either

» 肯定文で「～もまた…だ」の意味を表す場合は**肯定文(,) too.** とするが，否定文で「～もまた…ない」と言いたいときは**否定文 , either.** を用いる。either の前には原則としてカンマが必要。

UNIT 11 考えや意図を伝える（2） 推量 条件 仮定

□□□ 84 A：It (　　) (　　) this afternoon, so take an umbrella with you.
（今日の午後は雨が降るかもしれないから傘を持っていきなさい。）
B：I will. Thanks.

□□□ 85 A：Who is that girl with Satomi?
B：She (　　) her sister, because she looks like Satomi in many ways.
① must　② must be　③ can't　④ can't be

□□□ 86 A：Isn't that Keiko over there?
B：No! She (　　) be here. She moved to Osaka last week.
（彼女がここにいるはずがないよ。）

□□□ 87 A：Do you know where Matt is? I've been trying to call him all morning.
B：He left the office three hours ago. He (　　) arrive in Tokyo soon.
① can't　② must be　③ should　④ has to

□□□ 88 A：Look! That cloud (　　) (　　) a rabbit.
（あの雲はウサギのように見える。）
B：Yes, it does.

□□□ 89 (a) Smartphones seem to be necessary for many people now.
(b) It (　　) (　　) smartphones are necessary for many people now.

84 B：そうするね。ありがとう。
85 A：サトミと一緒にいる女の子は誰？
B：彼女はサトミの姉に違いないよ。いろいろな点でサトミに似ているから。
86 A：向こうにいるのはケイコじゃない？　B：いいえ。彼女は先週大阪に引っ越したよ。
87 A：マットがどこにいるか知っていますか？　今朝からずっと電話で連絡をとろうとしているんです。
B：彼はオフィスを３時間前に出ました。まもなく東京に着くはずです。
88 A：見て！　B：うん，そうだね。
89 (a)(b)今やスマートフォンは多くの人にとって欠かせないようだ。

84 **may 「～かもしれない」** 解答 may[might] rain

» 助動詞 **may** には「**～かもしれない**」という推量の意味がある。過去形の might を使っても同じ推量の意味になるが，確信の度合いがやや低くなる。

85 **must 「～に違いない」** 解答 ②

» 助動詞 **must** には「**～に違いない**」という強い確信のある推量の意味がある。

➕ この意味では must の後は be 動詞または状態を表す動詞の原形がくる。

❗ この推量の意味の must では，否定形 mustn't はあまり使用せず，「～のはずがない」と否定を表すときは can't[cannot] を使うのが普通。

✖ ④は「～のはずがない」の意味。

86 **can't[cannot] 「～のはずがない」** 解答 can't[cannot]

» 助動詞 can には「できる」の他に「ありうる」の意味があり，**can't**[**cannot**]は「**ありえない**」の意味になる。

87 **should 「～のはずだ」** 解答 ③

» 助動詞 **should** には「**～のはずだ**」の意味がある。確信の度合いは，must よりは低く，may よりは高い。

➕ ought to（➔ **236**）も同じ意味を持つが，会話では普通 should を使う。

88 **look like A 「A のように見える，A に似ている」** 解答 looks like

» **look** には「（～に）見える」の意味があり，それに前置詞 **like**「～のように」を組み合わせることで「～のようだ」とする。断定を避けながらも，目に見えるものを（主観的にとらえて）何かに例えて表す方法で，特に会話でよく使われる。

（➔ p.30 Further Expressions **6**）

➕ **taste**, **smell**, **feel**, **sound** など五感を表す動詞でこの形が使える。

This chocolate *tastes like* coffee.
（このチョコレートはコーヒーのような味がする）

➕ like は前置詞なので A には名詞がくる。A に形容詞がくる場合はこの形は使えないので，〈look＋形容詞〉で表す。

Your new dress *looks wonderful*.（あなたの新しいドレスは素晴らしい）
He *looks tired*.（彼は疲れているように見える）

89 **it seems that S+V 「S は～のようだ」** 解答 seems that

» **seem**「～のように思われる」を使って，主観的な判断を表す表現。(a)は不定詞を使った表現で，誰(何)が「そう思われる(見える)のか」を最初に置く形。(b)は It が仮主語で，that 以下に判断した内容を示す。

➕ seem の代わりに **appear**「～のように見える」を使ってもほぼ同じ意味を表す。

□□□ **90** A：If we (　a　) a train about ten, we (　b　) arrive at Sendai before noon.

B：Good! Then we can have lunch.

① (a) take　(b) will　② (a) will take　(b) would
③ (a) took　(b) will　④ (a) would take　(b) would

□□□ **91** If I (　　　) a mansion, I (　　　) invite all my friends and have a party.

ぼくが大邸宅を持っていたら，友達をみんな招いてパーティーを開くんだがなあ。

□□□ **92** A：If I (　　　) (　　　), I wouldn't buy this car. I would choose a more economical one.

(もし私があなたならこの車は買いません。)

B：Perhaps you are right. I'll look for a smaller car.

ポイント整理⑫ 時や条件を表す節での動詞の時制

時や条件を表す語句で始まる節の中では，未来の内容でも現在形で表す。

- **after / before**「～の後 / 前に」
- **when**「～するとき」
- **while**「～の間」
- **as soon as**「～するとすぐに」
- **until[till]**「～まで」
- **if**「もし～なら」
- **unless**「～しない限り」
- **in case**「～するといけないから」

When you *go* to work tomorrow, please drive me to the station.
(明日仕事に行くときに，駅まで乗せていってください)

90 A：もし私たちが 10 時ごろの電車に乗れば，仙台(駅)にお昼前に着きますよ。
B：いいね。そしたらお昼を食べられる。

92 A：私はもっと経済的な車を選びます。
B：おそらくあなたは正しいです。もっと小さな車を探します。

90 Ifの直説法 ― if+S+V 「もし～すれば」

解答 ①

>> **「もし～なら」という〈条件〉を表す if 節**の中では，未来の内容であっても will は使わず現在形を使う。(➔ ポイント整理 12) 本問の if 節は「もし私たちが 10 時ごろの電車に乗れば」という条件を表しているので，will take とせずに現在形 take を使う。主節の内容は，これから起こる未来のことなので，will が使われる。

＋ 仮定法と区別してこの形を直説法と呼ぶ。

ポイント整理 ⑬ if 節と when 節で will が使われるのは？

次の意味で使われる場合は，未来のことであれば will を使う。

- **if＋will 「～するかどうか」(この場合 if = whether)**

I don't know *if*[whether] Henry *will* go to Jacob's wedding.
(私はヘンリーがジェイコブの結婚式に行くかどうか知りません)
▶ will go の代わりに is going を使うことも可能。

- **when ＋ will 「いつ…するか」(when は疑問詞)**

Do you know *when* Naomi *will* come back from New York?
(いつナオミがニューヨークから戻るか知っていますか)
▶ will come の代わりに is coming を使うことも可能。

91 仮定法過去 ― If＋S＋動詞の過去形…, S'＋would [could / might / should]＋動詞の原形～ 「もし S が…するなら，S'は～するだろう」

解答 had, would

>> **現在の事実と反対の仮定や実現の可能性の低い仮定**を表す形。本問は，「実際には大邸宅はないが，もし持っていたら」という，現在の事実と異なる仮定を意味する。したがって**仮定法**を用いる。if 節の動詞は過去形の had，そして主節の動詞は〈would＋動詞の原形〉となる。

92 仮定法過去 ― If I were you 「私がもしあなただったら」

解答 were you

>> 「もし自分が相手の立場であれば」という仮定を表す表現。仮定法過去では，if 節の be 動詞は主語の人称・数にかかわらず原則として **were** を用いる。

＋ 会話では単数扱いの主語の場合，was も使われる。

＋ 他に **If I were in your place**「私があなたの立場なら」や **If I were in your shoes**「私があなたの靴をはいていたら→私があなたなら」などとも言う。

UNIT 12 さまざまな質問をする(1)

□□□ 93　A：(　　　) is the capital of New Zealand?
(ニュージーランドの首都はどこですか。)
B：Wellington.

□□□ 94　A：(　　　) do you prefer, coffee (　　　) tea?
(あなたはコーヒーと紅茶のどちらの方が好きですか。)
B：I like both. How about you?

□□□ 95　A：Where (　　　) (　　　) (　　　)?
(どちらのご出身ですか。)
B：Wales in the U.K.

□□□ 96　A：(　　　) (　　　) (　　　) this on the desk?
(机の上のこれは誰の本ですか。)
B：It's mine.

□□□ 97　A：In Seattle, there is a tall tower called the Space Needle.
B：(　　　) (　　　) (　　　) the Space Needle?
(スペースニードルの高さはどのくらいですか。)
A：It's 184 meters.

ポイント整理⑭ 疑問詞で始まる疑問文の特徴

① 返答は，Yes や No では答えない
疑問詞は具体的な内容を尋ねているので，単に Yes や No で答えるものではない。このポイントを押さえておくと間接疑問文をつくる時に役立つ。(➔312)

② イントネーションは文末を下げる
疑問詞で始まる文はすべて文末を下げる。(選択疑問文の場合，途中上げる部分はあるが，文末は下げる ➔94)

93 B：ウェリントンです。
94 B：両方好きです。あなたは？
95 B：イギリスのウェールズです。
96 B：私のです。
97 A：シアトルにはスペースニードルと呼ばれる高い塔があります。A：184 メートルです。

93 **What is the capital of A? — 地名は what でたずねる** 解答 What

≫ 日本語の「~はどこですか」を英語にする際は，地名を聞いているか位置を聞いているかで疑問詞が異なるので注意したい。本問は B の返答から，首都の位置ではなく都市名を聞いていることが明らかなので，where ではなく **what** を用いる。

➕ 首都の場所を尋ねるのであれば，誤解のないように次のように言うとよい。
"*Where* is the capital of New Zealand located?" "It's on the North Island."
(「ニュージーランドの首都はどこにありますか」「北島にあります」)

94 **Which ~, A or B? 「A と B のどちらが~か」** 解答 Which, or

≫ 2 つのうちから 1 つを選ぶ選択疑問文。**which** を使い，選択肢の A と B を列挙するが，その前にはカンマが必要。

➕ 選択疑問文のイントネーションに注意しよう。カンマの前で下げて，A の最後を上げて B の最後で下げる。
Which do you prefer, coffee or tea?
(↘) (↗) (↘)

95 **Where are you from? 「どちらの出身ですか」** 解答 are you from

≫ 相手の**出身地**を聞く表現。答える際には I'm from Japan.「日本の出身です」のように国名を答えるか，I'm Japanese.「日本人です」のように国籍を言う。

➕ Where do you come from? も可能だが，Where did you come from? とすると「(今)どこから来ましたか」と直前までいた場所を問う質問になる。

➕ 出身国がわかっていて，その国のどの地域の出身かを聞くときは次のように言う。
Where are you from in Canada? / Where in Canada are you from?
(カナダのどちらの出身ですか)

96 **Whose A is this? 「これは誰の A ですか」** 解答 Whose book is

≫ **物の所有者**を問う表現。〈whose + 名詞〉の形で使い，ここでは「誰の本」なので whose book とする。

➕ Whose is this book on the desk? と言うことも可能だが，あまり使わない。

97 **How tall[high] is A? 「A はどのくらいの高さか」** 解答 How tall[high] is

≫ 高さを尋ねる文は，tall や high など高さを表す語の前に **how** を置く。

➕ tall は一般に人の身長や木や建物などに使う。一方 high は山や壁，塀などに使う。

➕ この形は large, far, long, soon などさまざまな形容詞や副詞をとる。(➔ Further Expressions 7)

Further Expressions ⑦ | 〈how+形容詞[副詞]〉の表現

〈how +形容詞[副詞]〉で「どのくらい~」の意味を表す。

- **how small**「どのくらい小さい」
- **how big[large]**「どのくらい大きい」
- **how long**「どのくらい長い」
- **how far**「どのくらい遠い」
- **how deep**「どのくらい深い」
- **how soon**「どのくらい早く」

"*How soon* will our train arrive?" "In about five minutes."
(「私たちの列車はあとどのくらいで到着しますか」「5 分ほどです」)

□□□ 98　A：(　　　)(　　　)(　　　) think about using a smartphone as a dictionary?
(スマートフォンを辞書として使うことについてあなたはどう思いますか。)
B：I think it is a good idea, but a paper dictionary is also very useful.

□□□ 99　A：What is *okonomiyaki* (　　　)?
(お好み焼きはどのようなものですか。)
B：It's a Japanese-style pancake. I'll show you a photo of it.

□□□ 100　A：(　　　)(　　　) you (　　　) *butsuri* in English?
〈call を使って〉
(英語で「物理」を何と言いますか。)
B："Physics."

□□□ 101　A：(　　　)(　　　) you (　　　) *arigato* in French?
〈say を使って〉
(「ありがとう」をフランス語でどのように言いますか。)
B："Merci."

□□□ 102　A：Who (go shopping / you / with / did)?
(あなたは誰と一緒に買い物に行ったのですか。)
B：My sister.

Further Expressions ❽ ｜ 物の名前を尋ねる表現

英語で物の名前を何と言うかわからないときは次のような表現が使われる。

- **What do you call ～ in English?** 「～を英語で何と言いますか」
- **What is the word for ～ in English?** 「英語で～にあたる語は何ですか」
- **What is ～ in English?** 「英語で～は何ですか」

98 B：よい考えだと思いますが，紙の辞書もまたとても役立ちます。
99 B：それは日本風パンケーキです。その写真をお見せします。
100 「physics」です。
101 「merci」です。
102 B：妹(姉)です。

98 What do you think about[of] A? 「A についてどう思うか」

解答 What do you

≫ 相手の意見や感想を聞くときに使う表現。

❗ 日本語の「~についてどのように思うか」につられ, × How do you think ...? とする誤りが多い。how は方法を尋ねるので, 「どういう方法であなたは考えるのか」の意味になってしまい, この場合は不適。

99 What is S like? 「S はどのようなものか」

解答 like

≫ 物事の様子を尋ねる文。**前置詞 like** は「**~のような**」の意味で, 疑問詞 what を使うことで「S(名詞)はどのようなものであるか」の意味になる。

➕ 動詞 look を使えば「~はどのように見えるか」の意味になる。

“*What* does that rock *look like*?” “It looks like a crocodile.”

(「あの岩はどのように見えますか」「それはワニのように見えます」)(➔ **88**)

100 What do you call A? 「A を何と言うか」

解答 What do, call

≫ ある単語を, 他の言語で何と言うか問うときに使う表現。具体的な A の名前(呼び方)を聞いているので what と call を使う。「~語で」という表現は, 手段を表す前置詞 in を使って〈in + 言語名〉で表す。(➔ Further Expressions **8**)

➕ 受動態を使って次のように言ってもよい。

What is *butsuri* called in English? (「物理」は英語で何と言いますか)

❗ × How do you call *butsuri* in English? とする誤りが多いので注意。

101 How do you say A? 「A はどのように言うか/表すか」

解答 How do, say

≫ **100** と比較すると, how は say と組み合わせて使うことで, A の表現の方法を尋ね「どのように言うか」の意味になる。

➕ **100** と同じように使うこともできるが, 特に発音の仕方や, 表現方法などを聞くときに使われる。

102 疑問詞で始まり前置詞で終わる疑問文 — Who ~ with?

解答 did you go shopping with

≫ 「誰と~しましたか」を英語にするときなどに使う, 疑問詞で始まり, 前置詞で終わる疑問文の形がある。

➕ 前置詞を文頭に置いて *With whom* did you ~ ? と言うこともできるが, やや硬い表現なので会話では whom のかわりに who を使い with は最後に置くことが多い。

➕ 前置詞で終わる疑問文には次のようなものがある。

What are you listening *to*? (何を聞いているの?)

Who are you waiting *for*? (誰を待っているの?)

UNIT 13 コミュニケーションを円滑にする(1) 挨拶 応答 相づち

□□□ 103 A：How are you (　　　)?（お元気ですか。）
B：Not bad. How about you?

□□□ 104 A：Shall we go to Kyoto to see the autumn leaves?
B：That (s　　　) great.

□□□ 105 A：I visited Neuschwanstein Castle last summer.
B：(P　　　)?（もう一度おっしゃってください。）

□□□ 106 A：Could you (　　　) that (　　　), please?
（もう一度言っていただけますか。）
B：Sure. No problem.

□□□ 107 A：If you don't mind, could you (s　　　) (　　　) (　　　)?
（もし構わなければ，もっとゆっくり話してもらえませんか。）
B：Oh, I'm sorry.

□□□ 108 A：May I (h　　　) your name, please?
（お名前をいただけますか。）
B：My name is Jacob Durham.

103 B：悪くはないです。あなたはどうですか。
104 A：京都に紅葉を見に行きませんか。B：それはいいね。
105 A：私は去年の夏，ノイシュヴァンシュタイン城を訪ねました。
106 B：もちろんいいですよ。問題ありません。
107 B：あ，ごめんなさい。
108 B：私の名前はジェイコブ・ダーラムです。

103 How are you doing? 「お元気ですか」 解答 doing

» 相手の様子を聞く表現の1つ。これはややくだけた表現で，友人の間などでよく用いる。How are you? の方が幅広く使われる。

Further Expressions ⑨ | 「お元気ですか」を表すその他の表現

- **How is it going?**：ややくだけた表現
- **How is everything?**：「すべての調子はどうですか」が直訳(➔203)
- **What's up?**：くだけた表現で主に〈米〉で使われる。〈英〉などでは「どうしたの(何かあったの)?」の意味。

104 That sounds great. 「(相手の話を聞いて)それはすてきです」 解答 sounds

» 相手の提案に賛成するときの表現で，sound を用いるのは，ここでは相手が言うことを耳で聞くことによる。

＋ **That would be great.** とも言う。また great の代わりに interesting, fun, nice なども使われる。

105 Pardon? 「もう一度言っていただけますか」 解答 Pardon

» Pardon? は I beg your pardon? を省略した表現。語尾を上げて発音する。

＋ **Sorry?** も同じ意味で使われる。こちらも語尾を上げて発音する。親しい間柄では，**What did you say?** なども使われる。

＋ I beg your pardon? は語気を強めて言うと「何ですって？」や「もう一度言ってみろ！」の意味にもなることから，あまり使用しない人もいる。

106 Could you say that again? 「もう一度おっしゃっていただけますか」

解答 say, again

» 相手の言ったことが聞き取れなかった場合に丁寧に聞き直す表現。

＋ Could の他に Would，またくだけた会話なら Can を使ってもよい。

＋ repeat「繰り返す」を使って，**Could you repeat that again?**「繰り返していただけますか」と言うこともできる。

107 Could you speak more slowly? 「もっとゆっくり話してもらえますか」

解答 speak more slowly

» 相手にもっとゆっくり話してほしいときに用いる表現。話す内容ではなく発声に関する頼みなので speak を用いる。(➔ p.27 ポイント整理 8)

＋ Would や，くだけた場面なら Can を使ってもよい。

108 May I have your name? 「お名前をいただけますか」 解答 have

» 相手の名前を聞くときの丁寧な表現。ask を使って May I **ask** your name? と言っても丁寧な聞き方になる。

＋ May の代わりに Could を使うこともあるが，May を使った表現の方がフォーマルなのでビジネス場面でよく使用される。

＋ くだけた状況なら What is your name, please? でよい。ただし please を落とすと失礼な印象を与えることがある。

□□□ **109** A：If you want to go to Kyoto from here, go to Nagoya first and change trains.

B：I (s　　　). How long does it take?

(わかりました。)

□□□ **110** A：Can we make a cake today?

B：(　　　) me (　　　). We have enough eggs and flour, but we don't have any butter. (ええと。)

□□□ **111** A：My father designs buildings.

B：You (m　　　) he is an architect?

(つまり，)

□□□ **112** A：I think I'll buy this jacket.

B：Are you (　　　)? I don't think white jackets are very practical.

① there　② sure　③ ready　④ happy

109 A：ここから京都に行きたければ，最初に名古屋へ行って，それから電車を乗り換えてください。
B：どれくらいかかりますか。

110 A：今日はケーキを作れるかな？ B：卵と小麦粉は十分あるけど，バターがないね。

111 A：私の父は建物をデザインします。B：彼は建築家ということですか。

112 A：僕はこのジャケットを買おうと思うんだ。
B：本気？ 白いジャケットはあまり実用的じゃないと思うよ。

109 I see. 「わかりました」 解答 see

» see には「理解する，わかる」の意味がある。相手の考えや説明などが理解できた時に使用する。I understand. と言ってもよい。

❗ get にも「理解する」の意味があり，くだけた場面では **I've got it.** などと言う。さらにくだけた表現に **Got it.** もある。

❗ 単なる相づちとしての働きはないので，相手に「わかりました」のメッセージを伝える時のみ使用する。次は誤った使い方の例。

"I went to Nikko yesterday." ✕ "I see."

ここでは相手の「昨日日光へ行きました」という発言に対して **Oh, really?**「え，そうなんですか」や **That's nice.**「すてきですね」などと言うとよい。

110 Let me see. 「ええと／そうですね」 解答 Let, see

» すぐに答えが出てこない場合に使う表現で，このように反応することで相手に対する「(今考えていますから)少し待ってください」というメッセージにもなる。ここでの see は「考える，調べる」の意味。

➕ **Let's see.** を使うこともある。

111 You mean ～. 「つまり～という意味ですね」 解答 mean

» 通常肯定文の前に置いて，相手の言ったことを確認するのに用いる。文の語尾を上げて相手に答えを促す場合と，下げてそのように理解したことを伝えるだけの場合がある。

112 Are you sure? 「本気ですか」 解答 ②

» sure は「確信している」の意味で，Are you sure? は自分が疑いを持っていることを相手に再確認するのに使用する。ここでは「(私がよくないと思っている)ジャケットを買おうとするのは本気なのか」と聞いている。

➕ 似た表現に **Are you serious?** がある。

✕ ① Are you there? は電話で相手の声が聞き取りにくいときに用いる表現で，「もしもし，聞こえますか？」の意味になる。

UNIT 14 時・時間を表す

□□□ 113 It (　　　) 30 minutes (　　　) (　　　) to school from home.
家から学校まで歩いて30分かかります。

□□□ 114 A : It is (　　　) (　　　) (　　　) he moved to Brazil.
(彼がブラジルへ行ってから5年になります。)
B : Do you think he'll ever return to Japan?

□□□ 115 A : (　　　) (　　　) have you lived in Japan?
(日本に住んでどのくらいになりますか。)
B : For more than twenty years.

□□□ 116 A : Do I have to check out (a) 10 o'clock tomorrow morning?
B : No, you can stay in your room (b) 11.
① (a) before (b) to　② (a) on (b) in
③ (a) by (b) until　④ (a) at (b) from

□□□ 117 A : Is that clock correct?
B : No, it's ten minutes (　　　). (いいえ，10分進んでいます。)
① quick　② early　③ fast　④ before

ポイント整理 15 時を表す前置詞

- **at**：時の一点を表す。
  School starts *at* 8:40. (学校は8時40分に始まる)
- **on**：特定の日や曜日を表す。
  We celebrate Children's Day *on* May 5th. (私たちは5月5日に子どもの日を祝います)
- **in**：幅のある時間帯を表す。
  I was reading a book *in* the morning. (午前中私は本を読んでいた)
- **for**：時間の範囲を表す。
  I lived in New York *for* two years when I was young. (私は若い時にニューヨークで2年間暮らした)
- **during**：特定の期間のある時，または間じゅうを表す。
  I went to Taiwan with my family *during* Golden Week. (ゴールデンウィーク中に家族と一緒に台湾に行った)

114 B：彼が日本に戻ることがあると思いますか。
115 B：20年以上になります。
116 A：明日の朝10時までにはチェックアウトしなくてはなりませんか。
B：いいえ，11時までお部屋にいられます。
117 A：あの時計は正しいですか。

113 It takes(+A)+時間+to do 「(A〈人〉が)～するのに…〈時間〉がかかる」 解答 takes, to walk

» この take は「(時間など)を要する」の意味。it を主語にし，何をするのに時間を要するのかを不定詞を使って表す。

＋ 次の例のように to do は省略することも多い。

It takes eight hours (to fly) from Tokyo to Sydney.
(東京からシドニーまで(飛行機で)8時間かかります)
ここでは飛行機で行くことは明らかなので，to fly を省略できる。

＋ 一般的な話の場合には A〈人〉は省略されるが，「私には…かかった」と個人的な場合について表現したいときには It takes me ... と A を入れて言うことができる。

It took *me* three weeks to write this report.
(このレポートを書き終えるのに私には3週間かかった)

114 It is[has been]+時間+since ... 「…してから～になる」 解答 five years since

» since「…して以来」を使った表現。It の後の時制は例文のように現在時制か，または It *has been* five years since he moved to Brazil. のように現在完了形でもよい。since の後は過去形になる。

＋ *Five years have passed* since he moved to Brazil. とすることもできるが，会話では it で始める文の方が好まれる。

Further Expressions ⑩ | 〈It is[has been]+時間+ since ...〉で時の長さを表す語句

It is[has been]の後には具体的な年数だけでなく，次のような語句も入る。

- **(quite) a long time** 「〈結構〉長い間」
- **so long** 「とても長い間」
- **a while** 「しばらくの間」
- **not long** 「長くない間」
- **only a short time** 「ほんの短い時間」

115 How long have you done ...? 「どのくらい長い間～しているか」 解答 How long

» How long は物理的な長さだけでなく，時間の長さを尋ねる場合も使用される。

＋ 動作を表す動詞の場合は現在完了進行形(➔ **242**)を使う。

How long have you been studying Korean?
(どのくらい長い間韓国語を勉強していますか)

116 until A と by A の区別 — until「～まで(ずっと)」と by「～までには」 解答 ③

» 前置詞 until[till]はある時までその状況が続くことを，また by はある時までに行為や状態が完了していることを意味する。(a)では10時までに部屋のチェックアウトを完了するかどうかが焦点であり，(b)では部屋にいてよい状況は11時まで続くことを意味する。

117 ten minutes fast 「〈時計が〉10分進んでいる」 解答 ③

» 時計が進んでいる時は **fast** を，遅れているには **slow** を用いる。

＋ 「進んでいる」の意味で ahead を，また「遅れている」の意味で behind を使うこともあるが，一般的にこれらは次のように時差を表すのに使う。

Japan is eight hours *ahead* of France now.
(日本(の時刻)は現在フランスよりも8時間進んでいる)

□□□ 118 A：How long is this film?

B：It's one and (　　　) (　　　) (　　　).

(1時間半です。)

□□□ 119 I think I will have some chances to go abroad in (　　　) (　　　), so I want to be able to speak English.

将来外国に行く機会があると思うので，英語を話せるようになりたいのです。

□□□ 120 A：I want to make a quick call before we leave.

B：Please (　　　) your time. We're not in a hurry.

(ゆっくりでいいですよ。)

□□□ 121 As (　　　) as we got on the train, it started to move.

私たちが列車に乗るとすぐに，それは動き始めた。

□□□ 122 A：I visited New York this summer (　　　) (　　　) (　　　) time.

(私はこの夏ニューヨークを初めて訪れました。)

B：What did you do there?

Further Expressions ⑪ | time を含む慣用表現

- **have a good time**「楽しい時を過ごす」(→ 159)
- **in one's spare [free] time**「暇なときに」
  I usually read books *in my spare* [*free*] *time.*
  (私は暇なときはたいてい本を読みます)
- **Time's up.**「(試験などで)時間です」　＊ Time's = Time is
  ▶ up は「(時間が)終了して」の意味。
- **Long time no see.**「お久しぶりです」
  ▶くだけた慣用表現で，long time「長い間」，と no see「会わない」から，この意味になる。

118 A：この映画はどのくらいの長さですか。

120 A：出かける前にちょっと電話をかけたいのですが。

B：急いでいませんから。

122 B：そこで何をしましたか。

118 one and a half hours 「1時間半」 解答 a half hours

≫「1時間半」を表すには，**one and a half hours / an[one] hour and a half** などの表現がある。本問では，one と a half が時間(hour)にかかっているので，hours と複数形になる。

＋ 30分は **half an hour** と言う。また2時間半は two and a half hours または two hours and a half と言う。

Further Expressions ⑫ ｜「～半」を表す

- 1週間半　a week and a half
- 半年　half a year
- ひと月半　a month and a half
- 1年半　a year and a half
- 半月　half a month（単に two weeks と言うこともある）

119 in the future 「将来(に)」 解答 the future

≫ future は「未来・将来」の意味で，前置詞は時間的に長い期間を意味する in を用いる。

＋ 反対の意味では **in the past**(過去には)，また「現在・現代」の意味では **at present, today, now** などを用いる。

120 take one's time 「時間を十分かける」 解答 take

≫ take は「時間をかける」の意味。慣用的な表現で，one's(ここでは your)を落とさないように注意。

！ one's を用いず **take time** なら **113** の「時間がかかる」の意味。

It *takes time* to recover. ((風邪などから)回復するのに時間がかかります)

121 as soon as S+V 「Sが～するとすぐに」 解答 soon

≫ 3語から成るこの語句は1つの接続詞として働く。「～するとすぐに」の意味で会話から書き言葉まで頻繁に使用する。

＋ **Soon after S+V**, もほぼ同じ意味を表す。

Soon after we got on the train, it started to move.

122 for the first time 「初めて」 解答 for the first

≫「初めて(～する)」の意味で使用する慣用的な表現。**the first time** は「(～をする)最初の機会」の意味。(➔ **331**)

＋ **for the second time** を使えば，「2度目に(～する)」の意味になる。

When I visited New York for the second time, I watched several musicals.

(私はニューヨークを2度目に訪れたとき，何本かミュージカルを観た)

UNIT 15 数・量・費用・頻度を表す

□□□ 123 A：We had a (　　　) (　　　) rain this summer.
(今年の夏はたくさん雨が降りました。)
B：Really? We had a very dry summer in Europe.

□□□ 124 A：How long did you study for the exams?
B：I studied for (　　　) (　　　) ten hours.
(私は 10 時間より多く[10 時間を超えて]勉強しました。)

□□□ 125 A：If we stay at a hotel near Tokyo Station, we'll have to pay (a　　　) (　　　) 20,000 yen.
(もし私たちが東京駅近くのホテルに宿泊すれば少なくとも 2 万円払わなくてはならないでしょう。)
B：No, I've found a much cheaper hotel.

□□□ 126 A：My water bottle seems to be leaking in my backpack again.
B：Why don't you get a new one? It's (a　　　) (　　　) 3,000 yen.
(どんなに高くても[せいぜい]3 千円くらいですよ。)

□□□ 127 (　　　) (　　　) people gathered in the park for the charity concert.
数千人の人々がそのチャリティーコンサートのために公園に集まった。

ポイント整理 16 数や量を表す基本表現

数えられる名詞の前で	many「多くの」/ a few「少しの」 several「いくつかの」	a lot of[lots of]「多くの」
数えられない名詞の前で	much「多くの」/ a little「少しの」	

＊ a few と a little はそれぞれ a を取ると「ほとんどない」の意味になる。

123 B：本当ですか。ヨーロッパはとても雨が少ない夏でしたよ。
124 A：試験のためにどのくらいの時間勉強しましたか。
125 B：いや，ずっと安いホテルを見つけたよ。
126 A：私の水筒がまたリュックの中で漏れているみたい。B：新しいのを買ったら？

123 a lot of A 「たくさんの A」　解答 lot of

» **a lot of** は much や many と同じ意味だが，肯定文では a lot of を使うのが普通。

+ a lot of の代わりに会話では **lots of** を使うこともある。
We had *lots of* rain this summer.

+ その後に名詞を伴わないなら **a lot** とする。
It rained *a lot* this summer.（今年の夏は雨がたくさん降った）

+ **much** は主に**疑問文と否定文**で使用する。（→ ポイント整理 16 ）
We *didn't* have *much* rain this summer.（今年の夏はあまり雨が降らなかった）

124 more than＋数字 「～より多い／～を超えて」　解答 more than

» 数字が「～より上」を表すのに用いる。原則として over に置き換えられる。

! 日本語で「～以上」と言う時はその数字を含むが，〈more than＋数字〉では含まないため，厳密に訳す際には「～を超えて」とする方がよい。

+ 「～より少ない／～足らずの」は〈**less than＋数字**〉で表す。
The boy finished reading the book in *less than three* days.
（その少年はその本を 3 日足らずで読み終えた）

ポイント整理 17 more than の意味

- We need more than four people to move this table.
この文では厳密には 4 は含まないため，実際に必要な人数は「5 人またはそれ以上」ということになるので「このテーブルを動かすのに私たちは 5 人以上必要だ」の意味になる。したがって，「4 人以上」と言うときは次のようになる。
- We need more than three people to move this table.
次のように言うこともできる。
- We need four or more people to move this table.
▶ここでは「4 人またはそれ以上」の意味である。

125 at (the) least 「少なくとも」　解答 at least

» 数や量について「少なくとも～」の意味を表す。冠詞の the を入れることもあるが，使用しないのが一般的。

126 at (the) most 「多くても／せいぜい」　解答 at most

» 数や量，程度に関して「せいぜい」の意味を表す。冠詞の the を入れることもある。125 の at least と対にして覚えておきたい。

127 thousands of A 「何千もの A」　解答 Thousands of

» 正確な数字ではなく漠然と「何千もの～」を表す表現。1,000（a thousand）が複数あることから thousands とする。（→ Further Expressions 13）

Further Expressions ⑬ | 漠然とした数を表す

- **dozens of people**「何十（人）もの人々」＊dozen は 12 の意味で，tens の代わりにこちらを使用する。
- **hundreds of people**「数百もの人々」
- **thousands of people**「何千もの人々」
- **millions of people**「数百万もの人々」

☐☐☐ 128 A：My school is the biggest in the city.
B：(　　　)(　　　)(　　　) are there at your school?
(あなたの学校には何人の生徒がいますか。)

☐☐☐ 129 A：(　　　)(　　　) coffee do you usually drink every day?
(あなたはいつもどれだけの量のコーヒーを毎日飲みますか。)
B：A lot. Perhaps ten cups. I really like coffee.

☐☐☐ 130 A：I'm going to Taiwan again this year.
B：(　　　)(　　　)(　　　) have you been to Taiwan ?
(今までに台湾へは何回行ったことがありますか。)

☐☐☐ 131 A：(　　　)(　　　) do you go to Tokyo?
(どのくらい頻繁に東京へ行きますか。)
B：Once or twice a month.

☐☐☐ 132 It (　　　) me 5,000 yen (　　　) repair my bicycle.
自転車を直すのに 5,000 円かかった。

Further Expressions ⑭ | 大きな数を覚えよう！

大きな数字は次の表の A ＋ B の組み合わせで表す。

A	B	A + B	意味
one	thousand	one thousand	1 千
ten		ten thousand	1 万(1 千の 10 倍)
one hundred		one hundred thousand	十万(1 千の 100 倍)
one	million	one million	百万
ten		ten million	1 千万(百万の 10 倍)
one hundred		one hundred million	1 億(百万の 100 倍)

There are over 100 million people in Japan.（日本には 1 億人を超える人がいる）
▶ one thousand などでは one の代わりに a を使うことも可能だが，1,300 のような場合は a ではなく one を使用して one thousand three hundred と言う。

128 A：私の学校は市内で最も大きいです。
129 B：たくさんです。多分 10 杯くらい。コーヒーが大好きです。
130 A：私は今年また台湾に行きます。
131 B：月に 1，2 回です。

128 How many＋A(数えられる名詞) ～? 「どれくらいの(数の)A か」

解答 How many students

» **how many** の後に数えられる名詞を置き，数を聞く表現。疑問文なので there are が are there の語順になる。

＋ 会話では A(名詞)は省略することもある。
"Could you buy some eggs?" "How many (eggs) do you need?"
(「いくつか卵を買ってきてくれない」「いくつ必要なの」)
＊返答では名詞は繰り返さず省略することが多い。

129 How much＋A(数えられない名詞) ～? 「どのくらいの(量の)A か」

解答 How much

» 数えられない名詞の量を聞く時は，**how much** を用いる。

＋ cups of coffee とすれば，How many を使って次のように言うことができる。(➔ **341**)
How many cups of coffee do you usually drink every day?
(あなたはたいてい何杯のコーヒーを毎日飲みますか)

130 回数を尋ねる How many times ～?

解答 How many times

» time はここでは複数形で「～の機会」の意味を表し，**how many** と結びついて，回数を尋ねるのに使われる。また，「今まで何回行ったことがあるのか」という〈経験〉を尋ねているので，現在完了形を使っている。

131 頻度を尋ねる How often ～?

解答 How often

» 頻度を尋ねる時は **how often** を用いる。答える時は **130** とは異なり，回数ではなく once a month(ひと月に 1 回)などと答える。

＋ often は〈米〉では[ɔ́:fən]と t を発音しないのが普通だが，〈英〉では[ɔ́:ftən]と t を発音することも多い。

ポイント整理 18 頻度を表す表現

once / twice / three times と日，週，月，年などを表す語を組み合わせて次のような表現ができる。

- **once a week**「週 1 回」
- **three times a year**「1 年に 3 回」
- **twice a month**「ひと月に 2 回」

132 it costs(＋A)＋金額＋to do 「(A〈人〉が)～するのに〈金額〉がかかる」

解答 cost, to

» 「(人に)〈金額・費用〉がかかる」の意味の cost (《活用》cost-cost-cost)はこの文のように人と金額の 2 つの目的語をとる。文は it で始め to 以下で費用のかかる内容を述べる。この文の構造は take を使った「(人が)～するのに〈時間〉がかかる」と同じ(➔ **113**)。cost の後の A〈人〉は，明らかな場合などは省略することが多い。

＋ 物の値段を聞く時は **How much is A ?** を用いる。(➔ **169**)
How much is this dress?(このドレスはいくらですか)

UNIT 16 日常生活

□□□ 133 A：You are still in your pajamas. Get (　　　) if you want to have breakfast.
(朝食を食べたいのなら着替えなさい。)
B：Yes, Mom.
① change　② changed　③ changing　④ to change

□□□ 134 A：Is it cold outside today?
B：Yes. You should (　　　) your coat (　　　) when you go out.
(外出するときはコートを着るべきですよ。)

□□□ 135 We usually (　　　)(　　　) our shoes before entering a house in Japan.
日本では家に入る前に普通靴を脱ぎます。

□□□ 136 A：Shall I help you with the dinner?
B：Thanks. Can you (　　　) the salad?
(サラダを作ってくれますか。)
① cook　② create　③ prepare　④ get

□□□ 137 A：People should not (　　　)(　　　) to lose weight.
(人はやせるために朝食を抜くべきではない。)
B：That's right. We should exercise more instead.

133 A：あなたはまだパジャマなの。B：はい，お母さん。
134 A：今日は外は寒いかな。B：うん。
136 A：夕食の手伝いをしましょうか。B：ありがとう。
137 B：そうですね。私たちはその代わりにもっと運動すべきです。

133 get changed 「着替える」 解答 ②

» 状態を表す受動態は be done で表すが，動作を表す受動態は get done で表すことがある(➔ **243**)。get chaged で「着替える」の意味になる。**change one's clothes** を使うこともある。

＋ きちんとした服に着替えるという意味では **get dressed** などと言う。

134 put on A / put A on 「A を身につける」 解答 put, on

» put は「置く／すえる」，on は「身につけて」の意味から「衣服などを身につける」の意味。

＋ put A on の A(ここでは your coat)の位置を，put on your coat とすることもできるが，A が it などの代名詞の場合は，put it on の語順にする。

問題 134, 135 のような「他動詞＋副詞」の表現で，人称代名詞を目的語(A)にする場合は，「他動詞＋人称代名詞＋副詞」の語順になることに注意したい。(➔ 143)

! **put on** が「着る」という〈**動作**〉を表すのに対し，**wear** は「着て[身につけて]いる」という〈**状態**〉を表す。

Our English teacher usually *wears* a black jacket.
(私たちの英語の先生は普段黒いジャケットを着ている)

135 take off A / take A off 「A〈身につけているもの〉を脱ぐ」 解答 take off

» take「手に取る」，off「離して」の意味から「手で衣服などを脱ぐ」の意味になる。

! **put off** と混同しやすいが，こちらは「離れたところに置く」の意味から「(行事などを)**延期する**」と覚えておくとよい。

136 prepare the salad 「サラダを作る[準備する]」 解答 ③

» 料理をする，という表現には **cook**, **make**, **prepare** などがあるが，cook は熱(火)を使い調理することを意味するので，サラダを作る場合は不適。

137 skip breakfast 「(意図的に)朝食を抜く」 解答 skip breakfast

» **skip** は「抜かす／とばす」の意味。breakfast / lunch / dinner / supper など，一般的な食事を表す場合は冠詞がつかないので注意。

! **時間がなくて食べられない**ときは **miss breakfast** と表現するが，intentionally miss breakfast「**意図的に**朝食を抜く」と言えば **skip** の意味になる。

□□□ 138 A：The weather forecast says it'll be sunny tomorrow.

B：Good. We can (　　　) then.

① do the laundry　② do laundry

③ get the washing　④ get washing

□□□ 139 A：How long do you (　　　) TV every day?

(あなたは毎日どのくらいテレビを見ますか。)

B：Perhaps one or two hours.

□□□ 140 A：Shall (walk / go / a / we / for) this afternoon?

(今日の午後散歩に出かけませんか。)

B：No, it's too cold.

□□□ 141 A：You look sleepy.

B：Yes, I (　　　) up (　　　) last night. I was watching a soccer game.

(ええ，私は昨晩夜更かしをしました。)

Further Expressions ⑮ ｜「眠り」に関連する表現

- **wake up**「目覚める」
- **get up**「起きる・起床する」
- **have a dream**「夢を見る」
- **be awake**「目が覚めている」
- **take a nap**「昼寝をする」
- **go to bed**「寝る／床に入る」
- **fall asleep**「寝入る」

138 A：天気予報は明日晴れると言っているよ。B：いいね。洗濯ができるぞ。

139 B：たぶん1，2時間です。

140 B：いいえ，寒すぎます。

141 A：眠そうだね。B：サッカーの試合を見ていたの。

138 do the laundry 「洗濯をする」

解答 ①

» 「洗濯をする」の意味で用いる表現。〈英〉では **do the washing** と言う。

＋「洗濯物を外に干す」という場合は hang the laundry outside などと表現し，「乾燥機にかける」場合は put the laundry in the dryerなどと言う。

Further Expressions ⑯ | do を使った家事表現

- do the laundry[washing〈英〉] 「洗濯をする」
- do the dishes[washing-up〈英〉]「食器(皿)を洗う」
- do the ironing 「アイロンをかける」
- do the shopping 「(日常の)買い物をする」

▶これらの表現に the がつくのは日常定期的にする行為のため。例えば do the shopping は日常必要な物を定期的に買う行為であり，楽しみとして店を見て回る go shopping とは意味が異なる。× do shopping とする誤りが多いので注意。

139 watch TV 「テレビを見る」

解答 watch

» 「見る」を表す動詞には，see / look at / watch などがあるが，動くもの(画像)を**注視するとき**は **watch** を使用する。また，「放送される番組」という意味のテレビでは冠詞をつけない。**see** は「**自然に目に入って見える**」，**look at** は「**静止しているものに目を向ける**」という場合に使われる。

＋何かが邪魔になってテレビが見えない場合は see を使う。またこの場合のテレビは番組ではなくテレビ本体のことを指すので，冠詞がつく。

Don't stand there. I can't *see the* TV.

(そこに立たないで。テレビが見えないよ)

＋「家で(DVD などで)映画を見る」場合は **watch a movie** と言うが，「映画館で映画を見る」という場合は普通 **see a movie** と言う。「…という映画を見た」という経験を表す場合も see が使われる。

Have you *seen Roman Holiday*? (「ローマの休日」を見たことがありますか)

140 go for a walk 「散歩に出かける／散歩する」

解答 we go for a walk

» **take a walk** も使われる。犬を散歩に連れていく場合は，**take one's dog for a walk / walk one's[the] dog** と言う。

141 stay up late 「遅くまで起きている／夜更かしをする」

解答 stayed, late

» ここでの up は「(目を覚まして)起きている」の意味で，stay はある状態のままでいることを意味する。

＋ **get up late** なら「遅く起きる」の意味。この up は「上に」の意味。

＋ stay up late の代わりに **sit up late** も可能だが，現代英語では stay の方が一般的。

UNIT 17 学校

□□□ 142 A：Sophie (　　　) (　　　) with a girl who is completely different from her.
(ソフィーは彼女とまったく違う(性格の)少女と友達になりました。)
B：I know. But they seem to be getting along very well!

□□□ 143 A：Are there any words you don't know in the text?
B：Yes, there are several new words for me.
A：You can (l　　　) them (　　　) in your dictionary.
(それらを辞書で調べて構いません。)

□□□ 144 A：My brother was (　　　) (　　　) school today.
(私の弟は今日学校を休んだ。)
B：What happened?

□□□ 145 A：Why weren't you in class this morning?
B：My bicycle chain came off (　　　) my (　　　) to school.
(学校への途中で私の自転車のチェーンが外れてしまいました。)

□□□ 146 A：Do you have any homework to do?
B：Yes, I have to (h　　　) (　　　) my report on Friday.
(はい，金曜日にレポートを提出しなくてはなりません。)

4技能 Tips 10 「友達と遊ぶ」を英語にすると S

What did you do yesterday? という質問に I played with my friends. という答えをよく耳にする。これは「友達と遊んだ」を直訳しているが，play with は「小さな子どもが遊ぶ」というイメージなので，**go out with** を使うとよい。

I *went out with* some of my friends yesterday. (昨日は何人かの友達と一緒に出かけました)

* go out with A は，文脈によって「A とデートする／付き合う」の意味になる場合もある。
Is Katie still *going out with* Tom?（ケイティーはまだトムと付き合っているの？）

142 B：知ってる。でも２人はとてもうまくやっているみたい！
143 A：文の中で何か知らない単語はありますか。B：はい，私には初めての単語がいくつかあります。
144 B：何があったの？
145 A：どうしてきみは今朝授業に出ていなかったの？
146 A：何か宿題はありますか。

142 make friends with A 「A と友達になる」 解答 made friends

» 「～と友達になる」という慣用表現。友達になるには「相手と自分」の 2 人以上の人が関係するので，friends と**複数形**になる。

＋「友達をたくさん作りたい」なら I want to make many friends. と言う。
get along は「仲がよい」の意味。**get along with A**「A と仲よくする」の形でもよく使う。

Further Expressions ⑰ | 複数形を使う表現

2 つのものが関係する行為のため，名詞の複数形を使う表現には次のようなものがある。

- **shake hands** (with ～)「(～と)握手する」
  She reached out to *shake hands with* him.
  (彼女は彼と握手をするために手を伸ばした)
- **change trains**「電車を乗り換える」(➔ 185)
  I *change trains* at Shinjuku to go to school.
  (私は学校へ行くのに新宿で乗り換える)
- **change seats** (with ～)「(～と)座席を交換する」
  Would you like to *change seats*? (座席を交換したいですか)

143 look up A / look A up 「A〈情報〉を調べる」 解答 look, up

» up は「上に(取り上げる)」の意味から，「本やインターネットなどからある情報を取り上げて探し出す→調べる」ことを意味する。特に単語を辞書で調べる意味によく使用する。(語順について➔ 134)

144 be absent from A 「A を欠席する」 解答 absent from

» absent は「不在の」，また from は「～から離れて」の意味。

＋「A に遅刻する」は **be late *for* A** と言う。この for は「目的」を表す。
My brother *was late for* school today. (私の弟は今日学校に遅刻した)

145 on one's[the] way 「途中で」 解答 on, way

» 前置詞 on はここでは位置や場所を表す「～で[に]」の意味で，way は「(ある場所への)道筋」の意味。

＋「(学校から)帰る途中で」は **on one's way home** (from school)などと言う。
(➔ p.64 ポイント整理 19 home)

146 hand in A / hand A in 「A を提出する」 解答 hand in

» 「提出する」の意味の慣用的な表現。hand はここでは「手で渡す」という意味の動詞。

＋〈米〉では他に **turn in** を，〈英〉では **give in** も用いる。またややフォーマルな語として **submit** がある。

□□□ **147** We often work (　　　)(　　　) in our English class.
私たちは英語の授業ではよく２人１組になって学びます。

□□□ **148** My sister is very (　　　)(　　　) math.
私の妹は数学がとても得意だ。

□□□ **149** A：It's raining. What will happen to your tennis matches?
B：Perhaps they will be postponed to next weekend.
① turned off　② taken off　③ put off　④ called off

□□□ **150** A：I want to study art in the future. How about you?
B：I want (　　　)(　　　)(　　　) someday and study a foreign language.
(私はいつか外国へ行って外国語を学びたい。)

□□□ **151** My brother wants to be a teacher after he (　　　)(　　　) university.
私の兄は大学を卒業した後，先生になりたいと思っています。

ポイント整理 ⑲ 名詞と間違えやすい副詞

場所を表す副詞の中には，名詞と間違えやすいものがある。特に，go と一緒に使うときに，go の後に前置詞(to)を入れる誤りが多いので注意しよう。

- **home**「家へ」
  It's getting dark. Let's go home.（× go to home）
  （暗くなってきた。家へ帰ろう）
  ▶ stay の後では英米で異なる場合が多い。〈米〉では home を副詞とし stay home,〈英〉では home を名詞として stay at home とすることが多い。
  I stayed (at) home all day yesterday.（昨日は一日中家にいた）
- **outside**「外へ」 • **inside**「中へ」
  It's getting cold. Let's go inside.（× go to inside）
  （寒くなってきた。中に入ろう）
- **upstairs**「上の階へ」 • **downstairs**「下の階へ」
  I'll go upstairs and look at men's shoes.（× go to upstairs）
  （ぼくは上の階に行って男性の靴を見るよ）
- **abroad**「外国へ」
  My sister often goes abroad on business.（× goes to abroad）
  （私の姉はよく仕事で外国に行く）

149 A：雨が降っているよ。あなたのテニスの試合はどうなるの。B：おそらく次の週末に延期になるよ。
150 A：私は将来美術を学びたいの。あなたは？

147 in pairs 「2人1組で」 解答 in pairs

» 授業等でペアになって何かをする際に用いる表現。

❗ pear「梨」と発音が同じなので綴りに注意する。

➕ pairs と複数形にするのは「ペア」が教室の中に複数できるため。in a pair とするとペアが1つだけになる。

➕ 「**グループで**」は **in groups** / **in a group** と言う。

148 be good at A 「A が得意である」 解答 good at

» 何かをすることが得意であることを表す慣用的な表現。at は前置詞で「～において／～に関して」の意味。

➕ A には名詞の他に動名詞も使える。

My friend is good at *playing* the guitar.
（私の友人はギターを弾くのが得意です）

➕ 反対の意味の表現として **be poor at A**「**A が下手だ**」がある。ただし，日本語と同様，直接的に「下手だ」というより **be not good at A**「**A が得意ではない**」という方が好まれる。

149 put off A / put A off 「A を延期する」 解答 ③

» **postpone** は「延期する」の意味で，それを2語（群動詞）で表すと **put off** になる。put は「置く・設定する」，off は「離して・離れて」の意味から「日にちを当初の予定から離して設定する」と考えると覚えやすい。

✕ ④ call off「（催しなど）を中止する」と混同しやすいので注意。① turn off「（テレビ・明かりなど）を消す）」，② take off「（衣服など）を脱ぐ」。

150 go abroad 「外国へ行く」 解答 to go abroad

» **abroad** は「外国」という名詞ではなく「**外国へ**」という**副詞**なので，名詞の前に置く前置詞を入れて✕ go to abroad としないように注意。（➜ ポイント整理 19）

151 graduate from A 「A〈学校〉を卒業する」 解答 graduates from

» **graduate**「卒業する」は自動詞なので前置詞が必要。**from**「～から離れて」を用いる。（➜ ポイント整理 20）

➕ 〈英〉などでは大学の卒業のみに使用し，小学校や中学校などの卒業には **finish school** などを使う。

ポイント整理 20 他動詞と自動詞に注意する

他動詞と間違えやすい自動詞

- **reply[respond] to A**「A に返答する」
- **propose to A**「A にプロポーズする」
- **graduate from A**「A を卒業する」
- **agree with A**「A に賛同する」

自動詞と間違えやすい他動詞

- **answer A**「A に答える」
- **reach A**「A に到着する」
- **discuss A**「A について議論する」
- **marry A**「A と結婚する」

UNIT 18 出会い・訪問・別れ際

□□□ 152 A：Toshi, this is Emma.

B：Hi, I'm Toshi. Nice (　　　) (　　　) you.

(はじめまして。)

□□□ 153 A：Hi, I'm Harry.

B：Hi, I'm Kentaro, but my friends (　　　) (　　　) (　　　).

(こんにちは，私はケンタロウですが友人は私を Ken と呼びます。)

□□□ 154 A：Have you lived in Tokyo all your life?

B：No, I (g　　　) (　　　) in Osaka. I moved to Tokyo only last year.

(いいえ，私は大阪で育ちました。)

□□□ 155 「私は 4 人家族です」の意味で正しいものを選びなさい。

(a) There are four people in my family.

(b) My family is four.

(c) My family has four people.

□□□ 156 ［訪問先で］

A：Please (　　　) (　　　) (　　　) home.

(どうぞくつろいでください。)

B：Thank you. This is a very nice room.

4技能 Tips 11　自己紹介するときに　S

日本人の名前の場合，苗字と名前の両方を覚えてもらうことは難しい。そこで正式な場面でなければ，名前(first name)だけを言うとよい。音節の多い名前の場合は，短くした愛称などを伝えると相手にとって覚えやすくなる。

My name is Masatoshi. Please **call me** Masa.

(私の名前はマサトシです。マサと呼んでください)

▶くだけた場面では My name is ではなく簡単に **I'm** Masa. と言うことが多い。

152 A：トシ，こちらがエマです。B：こんにちは，私はトシです。

153 A：こんにちは，私はハリーです。

154 A：生まれてからずっと東京に住んでいるの？　B：東京には去年越してきたばかりです。

156 B：ありがとう。これはとてもすてきな部屋ですね。

152 Nice to meet you.　「お会いできてうれしい／はじめまして」 解答 to meet

» It's nice to meet you. を短くした表現。動詞の meet はここでは「知り合いになる」の意味なので，初対面の時のみに用いる。

＋ 再会したときには動詞 see を使って，**Nice to *see* you again**.（再びお会いできてうれしい）と言うことができる。

＋ 〈I'm＋形容詞＋to do〉の形を使って **I'm glad to meet you**. と言うこともできる。glad の代わりに pleased や delighted を使うとよりフォーマルになる。

153 call A B　「AをBと呼ぶ」 解答 call me Ken

» 動詞の call の後に名詞を2つ置く用法で，A = B（AはBである）という関係が成り立つ。ここでは「私＝ケン」となる。（➔ 4技能 Tips 11）

＋ 「タクシーを呼ぶ」の意味で taxi に冠詞をつけずに call me taxi とすると taxi が人の名前のように聞こえ「私＝タクシー」の意味に解釈できてしまう。よって乗り物としてのタクシーの意味では，冠詞(a)を使い Could you call me a taxi? とするか，Could you call a taxi for me? と言う。

ポイント整理 21　call A B 型のその他の動詞

- name **A B**「AをBと名づける」
  She *named* her cat "Mimin".（彼女は自分の猫を「ミミン」と名づけた）
- elect **A B**　「AをBに選ぶ」
  They *elected* her mayor of the city.（彼らは彼女をその市の市長に選んだ）

154 grow up in A〈場所〉　「A〈場所〉で育つ」 解答 grew up

» 「(人が)育つ」は **grow up** を用いる。

＋ 「人を育てる」の意味では grow を人に用いることはできない。grow を他動詞で使うのは，農作物や花など「植物を育てる」の場合。

I *grow* mint in my garden.（私は庭でミントを栽培している）

＋ 「(子ども)を育てる」という場合は，**raise**, **bring up** を使う。

155 There are four people in one's family.　「4人家族です」 解答 (a)

» 日本語を直訳することのできない表現の1つ。このように「家族の中に4人いる」と言うとよい。（➔ 42）

✕ (c)の my family has で始める時は My family has a dog.（私の家族は犬を飼っています）のように使うのが普通。

156 make oneself at home　「くつろぐ」 解答 make yourself at

» make「ある状態にする」と at home「自分の家にいる→くつろいでいる」から **make oneself at home** で「自分自身をくつろがせる→くつろぐ」の意味になる。**Please make yourself comfortable.** とも言う。

＋ この at home を使った他の表現に **feel at home**「くつろぎや安心を感じる」がある。

＋ at home には文字どおり「家にいる」の意味もある。**stay at home** と言えば「(外出せず)家にいる」の意味。ただし home を副詞として使い **stay home** としてもよい。（➔ ポイント整理 19）

□□□ 157 A：Please (h　　　) (　　　) (　　　) the cakes.
(ケーキを(ご自分で)自由に取って食べてください。)
B：Wow. They look delicious. Did you make them?

□□□ 158 [テーブルで]
A：Can (me / pass / the salt / you), please?
(塩を取っていただけますか。)
B：Here you are.

□□□ 159 [別れ際に]
I've (　　　) a great (　　　) here. Thank you very much.
(私はここですばらしい時を過ごしました。)

□□□ 160 [初対面の人と別れるとき]
I have to go now, but it was very nice (　　　) you.
私はもう行かなきゃいけないけどあなたに会えてとてもよかったです。

□□□ 161 A：Good-bye, Kako. (K　　　) in touch.
(連絡を取り合いましょうね。)
B：Of course I will.

ポイント整理 22 人と物の両方を目的語にとる動詞

(a) • **give**「与える」 • **lend**「貸す」 • **pay**「払う」 • **send**「送る」
• **teach**「教える」 • **tell**「話す」 • **write**「手紙やメールを書く」
• **pass**「渡す」
▶これらの動詞は前置詞 to を使い「物 to 人」の語順にすることがある。
Shall I *lend* this book *to* you?（あなたにこの本を貸してあげましょうか）

(b) • **buy**「買う」 • **cook**「料理する」 • **find**「見つける」
▶これらの動詞は前置詞 for を使い「物 for 人」の語順にすることがある。
He *bought* a nice ring *for* me.（彼は私にすてきな指輪を買ってくれた）

157 B：わー。すごくおいしそう。あなたが作ったのですか。
158 B：さあどうぞ。
159 どうもありがとう。
161 A：さようなら，カコ。B：もちろんそうしますよ。

157 **help oneself to A 「A を自由に取って食べる[飲む]」** 解答 help yourself to

» この help は「(人を)助ける」ではなく,「(料理などを)人に取ってやる」の意味で,「自分自身に取ってやる」ことから,「自由に取る」という意味になる。

＋ 同じ意味の help を使い, Shall I help you to some potatoes? とすれば「ジャガイモをお取りしましょうか」の意味になる。

158 **pass A〈人〉B〈物〉 「A〈人〉に B〈物〉を渡す」** 解答 you pass me the salt

» pass「渡す」は人と物の両方を目的語にとる。ここでは「me(人)に the salt(塩)を渡す」という意味になる。(➔ ポイント整理 22)

＋ Can I have the salt, please? と言ってもよい。また, Here you are.「さあどうぞ」は相手に何かを渡す際に使う決まり文句(➔ 367)。

159 **have a great time 「すばらしい時を過ごす」** 解答 had, time

» 楽しい時を過ごしたことを伝えるのがこの **have a great[good] time** で, 慣用的な言い方。

! have は「経験して持つ」の意味。have の代わりに spend は使用しない。spend は spend eight hours「8 時間を費やす」のように「時間やお金を費やす[使う]」の意味。

160 **It was nice meeting you. 「お会いできてよかったです」** 解答 meeting

» 初対面の人と別れるとき使う表現。短くして **Nice meeting you**. とも言う。

＋ フォーマルな場面では **It was a great pleasure meeting you** [**to meet you**].(あなたにお会いできて光栄でした)と言う。

＋ 相手に言われたときの返事には, It was nice meeting you, too. と返すのが一般的である。

161 **keep in touch 「連絡を取り合う」** 解答 Keep

» 別れ際やメールなどの最後に慣用的に用いるカジュアルな表現。keep は「保つ／続ける」, touch は「連絡」の意味。命令形をとるが決して命令ではなく,「～しましょう」くらいの意味。**Let's keep in touch**. とも言う。

＋ keep の代わりに **stay** を使用することもある。

Further Expressions ⑱ | その他の別れ際の表現

- **See you later. / Talk to you later.** 「また後でね／また次の時に」
- **Take care.** 「お大事にね」
- **Please say hello to A.** 「A によろしくお伝えください」
  ▶ Please say hello to your family.「ご家族によろしく」のように, その場にいない人に対してのあいさつをお願いする表現。カジュアルに **Say hello to A.** とも言う。
- **I will miss you.** 「お別れするのがさびしいです」
  ▶名残り惜しい気持ちなどを伝える場合に使う表現。**I'm going to miss you.** とも言う。
  *この場合,「私もそうです」と言いたいときは, I will miss you, too. を使う。Me, too. を使うと,「私も私(自分)と別れるのがさびしい」の意味になってしまうので注意(➔ p.37 4 技能 Tips 9)。

UNIT 19 買い物

□□□ **162** A：What shall we do this weekend?

B：Let's (　　　) (　　　) in Yokohama.

(横浜にショッピングに行きましょう。)

□□□ **163** [店内で]

A：May I help you?

B：I'm just (　　　). Thank you.

(私はただ見ているだけです。)

□□□ **164** A：Do (size / a / this / in / have / different / you)?

(これに別のサイズはありますか。)

B：Yes, we have both smaller and larger sizes.

□□□ **165** A：Can I (　　　) this (　　　)?

(これを試着してもいいですか。)

B：Certainly. The fitting room is over there.

□□□ **166** A：This scarf (g　　　) well (　　　) your dress.

(このスカーフはあなたのドレスによく似合います。)

B：Thank you, but I don't like the color.

162 A：今週末何をしようか。
163 A：何かお探しですか。B：ありがとう。
164 B：はい，小さなサイズも大きなサイズもございます。
165 B：もちろんです。試着室はあちらです。
166 B：ありがとう。でもその色は好きではありません。

162 go shopping 「買い物に行く」 解答 go shopping

» go doing で，「(娯楽や野外活動などを)しに行く」という意味を表す。

❗ go shopping の後の前置詞は to ではないことに注意。ここは go to 場所「～の場所へ行く」の形ではない。本問のように場所を表す **in** を使うか，go shopping **at** Shinjuku Station「新宿駅で買い物をする」のように 1 か所を表す at を使うこともある。

Further Expressions ⑲ | go doing の表現

- **go swimming**「泳ぎに行く」
- **go fishing**「釣りに行く」
- **go skiing**「スキーに行く」
- **go camping**「キャンプに行く」
- **go shopping**「買い物に行く」(→ 162)
- **go hiking**「ハイキングに行く」

163 I'm just looking. 「見ているだけです」 解答 looking

» May I help you? は店員が客に声をかけるときに使われる慣用的な表現であるが，その返答として，特に探し物がないなど接客が不要であったり，見ているだけであったりする場合に使う表現。その後に Thank you. をつけるとよい。

4技能 Tips 12 May I help you? への返答 S

店員に声をかけられたときには，次のような表現も使える。

- Yes, **I'm looking for** some thick socks.
  (はい，厚手の靴下を探しています)
- **I'm being helped**[**served**]. Thank you.
  (他の店員さんに助けて[応対して]いただいています。ありがとう)

164 in a different size 「異なるサイズで」 解答 you have this in a different size

» 自分に合ったサイズがないときに使うのがこの表現。in different sizes と複数形で聞いてもよい。

➕ 同じもので違う色があるか聞くときは，Do you have this in different colors?（この色違いはありますか）などと言う。in a different color と単数形で聞いてもよい。

165 try on A / try A on 「A を試着する」 解答 try, on

» try は「試す」，on は「身につけて」の意味から「身につけてみる」となる。服だけでなく，靴や帽子などの試着の際にも使える。

➕ 本問では，A（目的語）が代名詞 this なので try A on の語順になっている。目的語が this dress のように具体的な物の場合は，語順は Can I try this dress on? と，Can I try on this dress? のいずれも可能。

166 A go (well) with B 「A〈物〉は B〈物〉に(よく)合う」 解答 goes, with

» go with の基本的な意味「一緒に行く」から，2 種類の〈**物**〉と〈**物**〉がうまく調和することを表す。

➕ このように物が物に調和する意味では **A match (well with) B** もある。

❗「人に似合う」の意味ではないので B に「人」はとらない。(→ **167**)

□□□ 167 This jacket (　　　) me, but I prefer the gray one.
このジャケットは，サイズは合うのですが，私はグレーの方が好きです。

□□□ 168 A：What do you think of it?
B：I like the color and the style. I'll (t　　　) this.
(これをいただきます。)

□□□ 169 A：(　　　)(　　　)(　　　) this bag?
(この鞄はいくらですか。)
B：Fifty dollars, but we can give you a 10% discount now.

□□□ 170 A：Could I change this (　　　) a larger size?
B：May I see the receipt, please?

4技能 Tips 13　和製英語に注意(1)　S W

- **トレーナー**：〈米〉**sweat shirt**　〈英〉**pullover**
- **ズボン**：〈米〉**pants**　〈英〉**trousers**
- **ワンピース**：**dress**
  ▶女性用の服の「ワンピース」は one-piece(形容詞)を使用したものだが英語では普通使用しない。
- **バーゲンセール**：**sale**
  ▶これは bargain と sale を組み合わせて作った和製英語。bargain は「掘り出し物／安売りの品」の意味。
  This is a real *bargain*.（これは本当に掘り出し物です）

168 A：それをどう思われますか？　B：色もスタイルも気に入っています。
169 B：50ドルです。でも今は10%割引できます。
170 A：これをもっと大きなものと交換していただけますか。B：レシートを見せていただけますか。

167 A fit B〈人〉 「A〈服などのサイズ〉がB〈人〉に合う」 解答 fits

» **fit**(動詞)は服などの**サイズ**が〈**人**〉に合うことを意味する。

＋ **色や柄**などが〈**人**〉に似合うの意味では **suit** を使うとよい。

This hat *suits* you well. (この帽子はあなたによく似合います)

Further Expressions ⑳ | look good in / on で表現する「似合う」

(a) 〈人〉 look good **in** 〈服〉

You look very good *in* this dress. (あなたはこのドレスを着てとてもすてきだ)

(b) 〈服〉 look good **on** 〈人〉

This dress looks very good *on* you. (このドレスはあなたによく似合う)

168 I'll take this (one). 「これをいただきます」 解答 take

» 買うことを決めたことを店員に伝える決まり文句の1つ。この take は「(選んで店から)持っていく」の意味。

＋ **take** の代わりに **have** を使ってもよい。

169 How much is A? 「Aはいくらですか」 解答 How much is

» **How much** ～?は,**量の多さ**を尋ねるときに使うが,**品物などの値段**を尋ねるときにも用いる。最後に please をつけるとより丁寧になる。

＋ 手に持っているものであれば this を使って How much is *this*(, please)? と言う。

170 change A for B 「AをBと交換する」 解答 for

» for には「～を求めて」の意味があることから「別のものを(求めて)交換する」ことを表す。

✕ with を使う誤りが多い。with は「人と(交換する)」の意味になる。

I *changed* seats *with* my sister in the car.
(私は妹と車の座席を交換した)

＋ change の代わりに **exchange** を使うことも可能。

＋ 方向を表す to を使った **change A to B** は,「AをBに変える」の意味。

Let's *change* tomorrow's meeting *to* Friday.
(明日のミーティングを金曜日に変更しましょう)

Further Expressions ㉑ | 買い物に関するその他の表現

- **get a discount**「値引きしてもらう」
- **give a discount**「値引きする」
- **get a refund**「払い戻しをしてもらう」
- **return**「返品する」
- **have a sale**「売り出しをする」
- **be on sale**「売っている/安売りされている」

UNIT 20 レストラン・ファストフード店

[レストランで]

□□□ 171 A：Good evening.

B：Could we have a (　　　) (　　　) two, please?
(2人用のテーブルをお願いします。)

A：Certainly. This way, please.

□□□ 172 A：Are you (　　　) to (　　　)? (ご注文はお決まりですか。)

B：Not yet. Could we have a few more minutes, please?

□□□ 173 A：(you / recommend / what / would)? (何がおすすめですか？)

B：If you like chicken, I recommend today's pasta.

□□□ 174 A：Have you decided?

B：Not yet. I like pizza, but the fish dish on the menu (　　　) very nice.

① feels　② smells　③ tastes　④ sounds

□□□ 175 A：(　　　) would you (　　　) your coffee?
(コーヒーはどのようにいたしますか。)

B：With only milk, please.

Further Expressions ㉒ | ウェイターがよく使う表現

[食前に]

- Would you like anything[something] to drink?
「飲み物はいかがですか」

[食事の合間に]

- How is everything? / Is everything OK?「お食事はいかがですか」

▶ウェイターが様子を伺いにくるときに使われるフレーズ。特に問題がない場合は Everything is fine, thank you.「大丈夫です，ありがとう」などのように答えればよい。

[食事の後に]

- Would you like any dessert or coffee?「デザートかコーヒーはいかがですか」

171 A：こんばんは。A：かしこまりました。こちらへどうぞ。
172 B：まだです。もう数分いただけますか。
173 B：鶏肉がお好きでしたら，本日のパスタがおすすめです。
174 A：(何にするか)決めましたか。B：まだです。ピザが好きだけどメニューにある魚料理がすごくおいしそう。
175 B：ミルクだけでお願いします。

171 a table for two 「2人(用のテーブル)です」　解答 table, for

» レストランで人数を伝えるときの決まり文句。単に A table for two, please. とも言う。A table for two の後には people が省略されている。

+ for の後の人数を変えて，**a table for three**「3人です」のように使うことができる。

+ **Do you have a reservation?**「予約はされていますか」と聞かれる場合もある。(➔ **188**)

172 Are you ready to order? 「ご注文はお決まりですか」　解答 ready, order

» 注文が決まったころを見計らって，ウェイターがやってきて使う決まり文句の1つ。

+ **May[Can] I take your order?**「あなたの注文をお取りできますか」や，**Shall I take your order?**「ご注文をお取りしましょうか」などもある。

+ 注文が決まっていれば，Yes, I'd like .... などと答える。

173 What would you recommend? 「何がおすすめですか」

解答 What would you recommend

» 注文に困ったときなどに，ウェイターにおすすめを尋ねてみる表現。recommend は「～を勧める」という意味の動詞。カジュアルなレストランであれば，**What do you recommend?** でもよい。

+ 名詞形の **recommendation**「推薦」を使った，**Do you have any recommendations?**「何かおすすめはありますか」という表現も可能。

174 sounds nice 「よさそうだ」　解答 ④

» 動詞の sound は聞いたり読んだりして「～のようだ」と感想を述べるときに使う。

+ **That sounds nice.** (➔ 104) / **Sounds nice.**「いいね」のようにあいづちとしてもよく使われる。

ポイント整理 23 soundを使ったその他の表現

- **sounds interesting**「おもしろそうだ」
- **sounds good**「いいね」
- **sounds (like) fun**「楽しそうだ」
- **sounds boring**「つまらなそうだ」
- **sounds easy**「簡単そうだ」

This book *sounds* very interesting. (この本はとてもおもしろそうです)

175 How would you like A? 「A(注文の品)はどのようにいたしますか」

解答 How, like

» コーヒーや紅茶などを注文した場合，ブラックか，ミルクや砂糖を入れるかを尋ねるのによく用いる表現。

+ ステーキの焼き加減などを聞く際にもこの形を用いる。

"*How would you like* your steak?" "Medium, please."
(「ステーキの焼き加減はどのようにいたしましょうか」「ミディアムでお願いします」)

［ファストフード店で］

□□□ 176　A：(　　　) else?（他にご注文はありますか。）

B：Yes. A black coffee, please.

□□□ 177　A：Is that everything?

B：Yes, (　　　). Thank you.（はい，注文はそれで全部です。）

① there is all

② that's all

③ I have everything

④ here is everything

□□□ 178　A：For here or to (　　　)?

B：For here, please.

4技能 Tips 14　ファストフード店でのワンポイント　S

ファストフード店では，短時間で商品を提供するためにレストランと比べて店員は短い英語表現を用いる。注文する側も，丁寧に頼む時は Could[Can] I have a fish burger, please?（フィッシュバーガーをいただけますか）などと言うが，単に A fish burger, please. と商品名だけの簡単な表現を使うことができる。

ただし，please をつけないで言うと横柄な印象を与えることもあるのでぜひ please を使おう。

176　B：はい。ブラックコーヒーをお願いします。

177　A：ご注文は以上ですか。B：どうも。

178　A：ここで召し上がりますか，お持ち帰りですか。B：ここでいただきます。

176 Anything else? 「他にご注文はありますか」　解答 Anything

» ファストフード店などで，他に注文はないか店員が確認するときに使用する表現。直前の Would you like が省略されている形。

＋ **Is that all[everything]?**「ご注文は以上ですか」と聞くこともある。(→ ポイント整理 24)

177 that's all 「それで全部です」　解答 ②

» ほしいものはすべて注文したことを伝えるときによく使われる表現。that's it や that's everything なども使われる。その後に thank you をつけると丁寧である。

ポイント整理 24 注文を確認されたとき

	もっと注文したいとき	注文はないとき
Anything else?	**Yes,** I'd like A (,too), please. (はい，A を〈も〉お願いします)	**No**, that's all. Thank you. (いいえ，それで全部です。ありがとう)
Is that all?	**No,** I'd like A (,too), please. (いいえ，A を〈も〉お願いします)	**Yes,** that's all. Thank you. (はい，それで全部です。ありがとう)

178 For here or to go? 「ここで召し上がりますか，お持ち帰りですか」　解答 go

» 持ち帰りかどうかを聞くために店員が使用する表現。**for here** は「**ここで食べるために[の]**」，**to go** は〈米〉で「**持ち帰る(ために[の])**」の意味。here はここでは名詞で前置詞(for)を使う。〈英〉では **To eat in or take away?** などと言う。

＋ 持ち帰るなら **To go, please.**，その場で食べるなら **For here, please.** と言う。ただし，〈英〉では **Take(-)away, please.**「持ち帰りでお願いします」などと言う。

Further Expressions 23 ｜ 自分の好みにカスタマイズ

ファストフード店などでは，品物を気軽にカスタマイズできるところも多い。表現を覚えて，自分の好みを言えるようにしてみよう。

- A salad **without** dressing, please. (ドレッシングなしのサラダをお願いします)
- **With extra** cheese, please. (チーズを多めにお願いします)
- **No** pickles, please. (ピクルス抜きでお願いします)
- Salad **instead of** French fries, please. (フライドポテトの代わりにサラダをください)

UNIT 21 交通・道案内・旅行

□□□ 179 We went to (　　　) (　　　) (　　　) at the airport.
私たちは空港でトム(Tom)を見送りました。

□□□ 180 A：Shall I (　　　) at the station tomorrow?
B：That would be great. What time shall we meet then?
① pull up you　② pull you up
③ pick up you　④ pick you up

□□□ 181 A：I think you should take a bus.
B：How much is the bus (　　　) to the airport?
① fare　② cost　③ fee　④ charge

□□□ 182 A：How do you go to school?
B：I go to school (　　　) (　　　). (私はバスで学校に行きます。)

□□□ 183 A：Excuse me. Is there a convenience store around here?
B：Yes. Go straight (a　　　) this street and you will see it on your right. (この道をまっすぐ行くと，右手に見えます。)

Further Expressions ㉔ | 料金・費用を表す語句

- **charge**：サービスに対する料金，使用料
  There is no extra *charge* for delivery. (配達に余分に料金はかかりません)
- **cost**：手間や労力にかかる費用
  The *cost* of living has risen over the last ten years. (生活費はこの 10 年間のうちに上昇しました)
- **fare**：乗り物の運賃(→ 181)
  How much was the taxi *fare* to Tokyo Station? (東京駅までのタクシー代はいくらでしたか)
- **fee**：専門職に対する料金，受験・入場・入会のための料金
  admission *fee*「入場料」　membership *fee*「会費」　tuition *fees*「学費」
  *「学費」を fees と複数形にするのは複数回に分けて払うためとされる。

180 A：明日車であなたを駅に迎えに行きましょうか。
B：そうしていただけるとありがたいです。それじゃ何時に会いましょうか。
181 A：バスを使うべきだと思いますよ。B：空港までのバス料金はいくらですか。
182 A：どのようにして学校へ行きますか。
183 A：すみません。このあたりにコンビニはありますか。B：はい。

179 see **A** off 「A〈人〉を見送る」 解答 see Tom off

>> off には「離れて」の意味があり，see〈人〉off で「人が離れていくのを見る→見送る」の意味になる。

+ 「A を出迎える」は **meet A** を使う。
I'm coming to the airport to *meet* you.
（空港まであなたを出迎えに行きます）

! 目的語 A は動詞 see と副詞 off の間に入り，× see off Tom のようには言わない。代名詞でなくとも通常 see off〈人〉の語順は使用しない。

180 pick up **A** / pick **A** up 「（車で）A〈人〉を迎えに行く[来る]」 解答 ④

>> 人の送迎を申し出るときによく用いる表現。pick up はもともと「地面（床）にあるものを拾いあげる」の意味。

× 本問では A（目的語）が代名詞（you）なので pick you up の語順になり，③は不適。（語順について → 134）

+ 日本語では「選ぶ」の意味で「ピックアップする」と言うが，英語の pick up に「選ぶ」の意味はない。「選ぶ」の意味では **pick** または **pick out** を用いる。

+ 「（車で）送り届ける，途中で降ろす」を表すには，**drop off A** / **drop A off** を使う。
I can *drop* you *off* at the station.（あなたを駅で降ろしてあげますよ）

181 fare 「乗り物の運賃」 解答 ①

>> 乗り物の運賃を表す語。bus fare のように乗り物の名前の後につけて使う。

× ② cost は「費用」，③ fee は「専門職に対して払う料金」，④ charge は「使用料」。
（→ Further Expressions 24）

182 by **A** 「A〈交通手段〉を用いて」 解答 by bus

>> 交通の手段は〈**by＋無冠詞（冠詞のつかない）の交通手段**〉で表す。by bus のように冠詞（a / the）をつけないのは，具体的なバスを意味するのではなく，「バスという手段」という抽象的な意味を表すため。

+ 他に by car[plane / taxi / bicycle / ship]「車[飛行機／タクシー／自転車／船]で」などがある。

+ 「徒歩で」には on foot という表現があり，「学校まで歩く」は I go to school *on foot*. と言えるが，I walk to school. という方が一般的である。

183 along **A** 「A〈道〉に沿って」 解答 along

>> 道案内によく用いる表現。along は「～に沿って」の意味。on your right の on は「～の側に」の意味で，「あなたから見た右側に」の意味。（→ p.80 Further Expressions 25）

□□□ 184 A：Where is the café Aki was talking about?

B：It's (　　　)(　　　) the city library.

(それは市立図書館の隣です。)

□□□ 185 A：Does this train go to Harajuku?

B：No, we have to (　　　)(　　　) at Shinjuku.

(いいえ，私たちは新宿で列車を乗り換えなくてはなりません。)

□□□ 186 I ran to the station, so I was able to (　　　) the train.

私は駅まで走ったので列車に間に合いました。

□□□ 187 A：We should (b　　　) a hotel room in Kyoto very soon.

(私たちは京都のホテルの部屋をすぐに予約すべきです。)

B：Yes, the tourist season has started.

□□□ 188 A：Do you think we should (　　　) a reservation for our train?

(私たちの列車の予約をすべきだと思いますか。)

B：Yes, I think we should.

Further Expressions ㉕ ｜「道案内」に使われる表現

- **go along**「～に沿って進む」
- **on your right[left]**「あなたの右[左]側に」
- **turn right[left] at**「～で右[左]折する」
  ▶**go right[left]** や **make a right[left] turn** などと言うこともある。
- **in front of**「～の前に」
- **at the corner of**「～の角に」

184 A：アキが言っていたカフェってどこにあるの？
185 A：この列車は原宿へ行きますか。
187 B：そうだね，観光のシーズンがちょうど始まったところだ。
188 B：ええ，そうすべきだと思います。

184 next to A 「Aの隣に」 解答 next to

» next は形容詞または副詞だが to をつけて使うと前置詞の働きを持つ。

+ ほぼ同意の **beside** と置き換えられる。

! × next the city library とする誤りが見られるので to を忘れないように注意。

185 change trains 「列車を乗り換える」 解答 change trains

» 列車を乗り換えるときは，乗ってきた列車とこれから乗る列車があるので **trains** と複数形にする。(➔ p.63 Further Expressions 17)

+ **change seats**（席を交換する）も同じ理由から seat を複数形にする。

+ **get on**「(列車)に乗る」，**get off**「(列車)を降りる」，**take a train**「列車を使う・列車に乗る」などの表現もまとめて覚えておこう。

186 catch the train 「列車に間に合う」 解答 catch

» バスや列車などの交通機関の乗車に「間に合う」ことを表す表現。catch は「動くものを捕まえる」が基本的な意味。

+ 「列車を逃す」は miss the train と言う。

187 book[reserve] a room 「部屋を予約する」 解答 book

» book には **book A** で「(部屋・座席・きっぷなど)を予約する」の意味を表す用法がある。同じ意味で **reserve** も使うことができる。

188 make a reservation 「予約をする」 解答 make

» 列車やバスなどの交通機関，ホテル，レストランなどの予約をする際に用いる表現。reservation は「予約」の意味。

+ 「予約している」は **have a reservation** という。

  Do you *have a reservation*?（予約をされていますか）

+ 病院などの診療の予約の意味では，**appointment** を使う。(➔ 197)

UNIT 22 健康・医療

□□□ 189　A：Takuya is absent today. He (h　　　) a (　　　).
（タクヤは今日休んでいますよ。彼は風邪をひいています。）
B：Yes, he was coughing yesterday.

□□□ 190　A：My father can't raise his left arm because his shoulder (h　　　).
（私の父は肩が痛いので左腕を上げることができないんです。）
B：Doesn't it often happen to middle-aged people?

□□□ 191　A：My brother got (i　　　) in an accident.
（兄が交通事故でけがをしました。）
B：I hope it wasn't serious.

□□□ 192　(a) I gained weight over Christmas.
(b) I (p　　　) (　　　) weight over Christmas.

□□□ 193　A：I've (　　　) some weight by jogging.
（私はジョギングをして多少やせました。）
B：Really? I'll start jogging tomorrow.

Further Expressions ㉖ | 〈have＋名詞〉で健康状態を表す

- have a fever 〈米〉[temperature 〈英〉]「熱がある」
- have an appetite「食欲がある」／ don't have an appetite「食欲がない」
- have a cold「風邪をひいている」
- have the flu「インフルエンザにかかっている」
- have a stomachache[headache]「お腹[頭]が痛い」
- have a sore throat「のどが痛い」
- have high blood pressure「高血圧である」

189 B：ええ，彼は昨日咳をしていました。
190 B：それは中年の人たちによく起こりませんか。
191 B：深刻でないことを願います。
192 (a)(b) クリスマスの間に太ってしまった。
193 B：本当に？　ぼくは明日ジョギングを始めることにするよ。

189 have a cold 「風邪をひいている」 解答 has, cold

» 今風邪をひいている状態を表す表現で，動詞はhaveを用いる。haveは「体の中に持っている」の意味を表し，coldは「風邪」の意味になりaをつけるのが一般的。(➔ Further Expressions 26)

＋ 「風邪をひく／もらう」はcatch「偶然につかむ」を使い，**catch a cold**という。
I *caught a cold* from my wife.（私は風邪を妻からもらった）

190 hurt 「痛む」 解答 hurts

» 身体の一部が痛むことを表すときによく使用する動詞である。ここではhurtは自動詞。

＋ hurt one's feelings「(人)の感情を傷つける」のように，精神的に傷つける場合にも使われる。
I didn't mean to *hurt* you.（あなたを傷つけるつもりはなかった）＊このhurtは他動詞。

＋ 動詞としてacheを使うことも可能。また「痛み」という名詞はacheやpainを用いる。

❗ 過去形，過去分詞とも変化しないので注意。《活用》hurt-hurt-hurt

ポイント整理 25 痛みを表す語の意味と使い方

- **ache**：身体の一部の痛みを表す。動詞も名詞もある。精神的な痛みには使われない。また痛む箇所とacheを組み合わせて名詞を作る。
  stomachache「腹痛」 toothache 「歯痛」 headache「頭痛」
- **hurt**：身体の一部が痛むときに使用する語で，動詞のacheの代わりに使用できる場合が多い。ただしacheと異なり痛む箇所と組み合わせて名詞を作ることはできない。精神的な痛みに関しても使われる。
- **pain**：名詞で用いるのが一般的。身体の一部の強い痛みを表すことが多くa sharp *pain*「鋭い痛み」やa dull *pain*「鈍痛」などのように形容詞を伴うことが多い。
  hurtと同様に，精神的な痛みに関しても使われる。
- **sore**：「腫れる・表面が荒れる」の意味の形容詞で用いるのが一般的。a *sore* throat「のどの痛み」やa *sore* finger「痛む指」などがある。

191 get injured 「けがをする」 解答 injured

» 身体が傷つくときに用いる表現。injure A「Aを傷つける」の受動態get injuredの形で「けがをする」の意味を表す。(get doneの表現 ➔ p.111 Further Expressions 36)

＋ 同じ表現に**get hurt**がある。

❗ 「けがをした猫」のように，名詞を修飾する場合には，hurtは使わずinjuredを使い**an injured cat**と表現する。

192 put on weight 「太る」 解答 put on

» gainの「手に入れる／増す」の意味から**gain weight**は「weight(体重)が増す→太る」の意味になる。**put on**の「身につける」(➔ 134)の意味から，同様に**put on weight**は「体重が増える」という表現になる。

193 lose weight 「やせる」 解答 lost

» loseは「失う」の意味で，「weight(体重)を失う→やせる」の意味になる。

□□□ 194 A：Would you like some more cake?

B：No, thank you. I'm (　　　) a diet.（ダイエット中なんです。）

① for　② in　③ on　④ under

□□□ 195 A：The doctor told me to (　　　) this medicine for my stomachache.

（お医者さんは私の腹痛にこの薬を飲むように言いました。）

B：I hope it works.

□□□ 196 A：My father (　　　) an operation yesterday.

（私の父は昨日手術を受けました。）

B：How is he today?

□□□ 197 A：I need to (　　　) an (　　　) with my dentist.

（私は歯医者の予約をする必要があります。）

B：Do you have a problem with your teeth?

194 A：もう少しケーキをいかがですか。B：いいえ，（でも）ありがとう。

195 B：効くといいね。

196 B：今日はお父様の具合はどうですか。

197 B：歯に問題があるのですか。

194 be on a diet 「ダイエット中である」

解答 ③

» diet は「食事／(日常の)食べ物」の意味では抽象的で数えられないが，ここでは「やせるための特別なメニューの食事」の意味なので，具体的で数えられることから a をつける。on は「～中の／～の状態の」の意味。

＋「ダイエットをする」は **go on a diet** と言う。

195 take medicine 「薬を飲む」

解答 take

» 薬を摂取する意味では drink ではなく **take** を使う。drink を使うのはコップ一杯くらいの量の場合で，少量の液体の薬を飲む場合は take を用いる。

＋「薬を飲んだ」と言うときに，take のかわりに **have** を使うことがある。この場合は「体の中に取り入れて持つ」の意味。

I *had* some medicine this morning.（今朝薬を飲んだ）

196 have an operation 「手術を受ける」

解答 had

» operation は「手術」の意味。この have には「人から何かをしてもらう」の意味がある。そこから「医療行為を経験する[受ける]」の意味になる。

ポイント整理 26 take と have の基本的な意味の違い

196 では take は使用しない。take は take an exam（試験を受ける）のように，自分自身が（答案を書く）行為を行い，他人から何かをしてもらうのではないことによる。つまり take は自発的な行為で，have は外部の人やものから受ける行為である。

＊健康診断を受ける時も同様に have を用いる。

I *had* a medical check-up[examination] last week.

（私は先週健康診断を受けた）

197 make an appointment (with A) 「(A に)予約をする」

解答 make, appointment

» 医療機関での診察を予約する意味では make an appointment を用いる。

＋すでに予約をしていることを表すには **have an appointment** を用いる。

I *have an appointment* with my dentist on Friday.

（私は金曜日に歯医者さんの予約があります）

Further Expressions 27 ｜ 健康・医療に関連するその他の表現

- **put** moisturizing / moisturizer cream on one's face「顔に保湿クリームを塗る」
- **use** eyedrops「目薬をさす」
- **sprain** one's ankle「足首を捻挫する」
- **break** one's arm「腕の骨を折る」

UNIT 23 電話での会話（1）

□□□ 198 A：Hello.

B：Hello. May I (s　　　) (t　　　) Mr. Appleby, please?

（アプルビーさんとお話しできますか。）

□□□ 199 A：Hello. Could I talk to Ms. Brown?

B：Who is (c　　　), please?（どちら様ですか。）

□□□ 200 A：Can I speak to Geoff, please?

B：I'm afraid you have the (　　　) (　　　).

（番号をお間違えだと思います。）

□□□ 201 A：I would like to speak to Mr. Tanaka, please.

B：Oh, he's not here at the moment. Would you like to (　　　) a message?（伝言を残されますか。）

□□□ 202 A：May I speak to Mr. Bolton?

B：(　　　), please.

① Hold down　② Hold in　③ Hold on　④ Hold up

4技能 Tips 15　固定電話や携帯電話を何と呼ぶ？　S W

以前は携帯電話を表す語として cell phone (cellphone)〈米〉や mobile phone〈英〉などが使われていたが，今では phone と言えば携帯電話，特に smartphone を指すようになってきている。そこで「私のスマホ」と言う時は my smartphone とは言わず my phone と呼ぶのが一般的だ。一方，家庭などで見られる固定電話は home[house] phone などがよく使われる。

＊日本語で smartphone を「スマホ」と呼ぶが，英語ではこのように短くすることはしない。

198 A：もしもし。B：もしもし。

199 A：もしもし。ブラウンさんをお願いできますか。

200 A：ジェフさんとお話しできますか。

201 A：田中さんとお話ししたいのですが。

B：ああ，彼はただ今ここにはおりません。

202 A：ボルトンさんとお話しできますか。B：(切らずに) お待ちください。

198 May I speak to A? 「A さんをお願いします」 解答 speak to

≫ 電話で取り次いでもらう際に用いる表現の 1 つで，May[Could]で始めるとかなり丁寧な表現となる。カジュアルな状況なら **Can I ...?** でもよい。

＋ speak to の代わりに **speak with / talk to / talk with** などを使うこともある。

＋ ***I would like to* speak to Mr. Appleby, please.** と言ってもよい。

199 Who is calling? 「(電話の相手に)どなたですか」 解答 calling

≫ ここでは call は「電話をする」の意味を表すことから「誰が電話をかけているのですか」が直訳。最後に please をつけて丁寧に尋ねるようにしよう。

！ 日本語の「あなたは誰ですか」をそのまま英語にして Who are you? と言うと「あんた誰？」といった響きになるので注意。

200 have the wrong number 「番号をお間違えです」 解答 wrong number

≫ 間違い電話に対して，慣用的に使われる表現。本問では I'm afraid「残念ながら～と思います」をつけることで，直接的に間違いを伝えるのを避けている。

201 leave a message 「伝言を残す」 解答 leave

≫ leave は「(伝言など)を残す」の意味。

＋ 「情報などを書き留める」の意味の take を使って，**Can I *take* a message?**「伝言をうかがいましょうか」という表現も可能である。

202 hold on 「電話を切らずに待つ」 解答 ③

≫ on「機械などが作動している」状態を hold「維持する」ことから，「電話を切らずに待つ」という意味になる。(→ 359)

＋ 電話以外でも Hold on!「**ちょっと待って！**」の意味で使用する。

＋ くだけた会話では **hang on** を使うこともある。

Further Expressions ㉘ ｜ 電話で役立つその他の表現

- **This is A.**「こちらは A です」
  ▶相手に自分の名前を伝える時に使用する。
- **It's me.**「私です」
  ▶電話口で出た相手が「私です」と言う場合に使う。
  "May I speak to Sam?" "*It's me.*"（「サムをお願いできますか」「私です」）
- **Are you still there?**「もしもし，聞こえますか」
  ▶電話がまだつながっているか確認するときなどに使う。

UNIT 24 メール・手紙・インターネット

□□□ **203** (a) How are you doing?
(b) How is (e　　　　)?

□□□ **204** (a) I'm sorry I didn't reply to your email earlier.
(b) I'm sorry I didn't (a　　　　) your email earlier.

□□□ **205** I (all / you / is / well / with / hope).
お元気のことと思います。

□□□ **206** How are you (　　　　) on with your research? Let me know if you need my help.（あなたのリサーチの進み具合はどうですか。）

□□□ **207** We can easily (　　　　) the information we want on the internet.
私たちが欲しい情報をインターネットで簡単に検索できます。
① search　② search in　③ search for　④ search on

Further Expressions ㉙ ｜ 情報通信で用いる表現

- **enter your password**「パスワードを入力する」
- **delete a message**「メッセージを削除する」
- **click on A**「Aをクリックする」
- **typo**「(スペル，単語，句読点などの比較的小さな)間違い」
  There were several *typos* in his essay.
  （彼のエッセイにはいくつかの小さなミスがあった）
  ＊正式には typographic error と言う。
- **capital letter**「大文字」/ **small letter**「小文字」
  When you choose a password, use both *capital* and *small letters*.
  （パスワードを選ぶ際には大文字と小文字の両方を使用してください）

203 (a)(b) お元気ですか。
204 (a)(b) もっと早くお返事を差し上げずすみません。
206 私の助けが必要でしたらお知らせください。

203 How is everything? 「お元気ですか」

解答 everything

» 「すべて(身の回りのこと)はいかがですか→お元気ですか」の意味になる。

＋ 特に親しい間柄で会話を始めるときや，メールの書き始めに用いることが多い。

＋ **How is everything going?** や **How are things?** などの表現も使われる。

＋ How is everything? はレストランで料理をはじめサービスについてどうかウェイターが尋ねる際にも使われる。(➔ p.74 Further Expressions 22)

204 answer one's email 「メールに返信する」

解答 answer

» 動詞の reply や respond は自動詞なので **reply[respond] to one's email** とする。answer は他動詞なので **answer one's email** と言う。(➔ p.65 ポイント整理 20)answer の方がカジュアルな表現。

Further Expressions ㉚ ｜ 返事を受け取ったことを伝える表現

- **Thank you for emailing me.** 「メールをありがとう」
- **Thank you for your quick reply.** 「早速のお返事ありがとう」
- **Thank you for getting in touch with me.** 「連絡してくれてありがとう」
- **Thank you for contacting me.** 「連絡してくれてありがとう」

205 I hope all is well with you. 「お元気のことと思います」

解答 hope all is well with you

» メールなどの書き出しの言葉として使用するくだけた表現。直訳すると「あなたについてすべてが順調であることを望みます」となる。with は「～に関して」の意味。

＋ 似た意味の表現に **I hope you are well.** がある。さらに I を省略してそれぞれ **Hope all is well with you. / Hope you are well.** とすることもある。

206 How are you getting on with A? 「A の調子はどうか／A は順調か」

解答 getting

» 仕事など取り組んでいることが順調にいっているかどうかを聞く表現。get on は「仕事などがはかどる[うまくいく]」の意味。with は「～に関して」の意味。

＋ **How are you doing with A?** の形を使ってもよい。

How are you *doing with* your work?（仕事は順調ですか）

207 search for 「(情報など)を検索する」

解答 ③

» search は「探す」の意味。また for は「求めて」の意味から「何かを求めて探す」の意味になる。

＋ 〈search＋名詞〉の形もあるが，これは証拠などを求めて「(場所を)捜索する」の意味。

The police *searched* the house for the stolen money.

（警察は盗まれたお金を求めてその家を捜索した）

□□□ 208 I am looking forward to (　　　) from you.
あなたからの連絡を楽しみにしています。

□□□ 209 A：My father takes photos of food before eating all the time.
B：Why?
A：He (　　　) his photos on social media.
(彼は自分の写真を SNS に投稿しています。)
① takes　② posts　③ gives　④ mails

□□□ 210 ①To talk about interesting cultural differences ②between Japan and China in my presentation, I have found ③a lot of useful informations ④on several websites.

□□□ 211 A：I got a (t　　　) from Greg this morning.
(グレッグから今朝，携帯電話にメールをもらったわ。)
B：What did it say?
A：He has a bad cold, so he can't come today.

4技能 Tips 16　注意すべき数えられない名詞　S W

日本語では数えられると思われる名詞のなかには，英語では数えられないものがある。いずれも a をつけたり，複数形にしたりすることはできない。

- **information**「情報」(➔ 210)
There is *a lot of* useful [false] *information* on the internet.
(インターネット上には多くの役立つ [誤った] 情報がある) × a lot of informations
- **news**「ニュース」
I heard *some* interesting *news* on the radio last night.
(私は昨晩おもしろいニュースをラジオで聞いた) × an interesting news
- **advice**「助言，アドバイス」
Mr. Sakai gave me *some* helpful *advice*.
(酒井先生は私に役立つアドバイスをくれた) × some advices
- **homework**「宿題」
I don't have *much homework* tonight.
(今晩宿題は多くない) × many homeworks

209 A：私の父は食事をする前にいつも食べ物の写真を撮るんだ。B：どうして？
210 (訂正後) 日本と中国のおもしろい文化的な違いについてプレゼンテーションで話すために，私は数か所のウェブサイト (ホームページ) でたくさんの役立つ情報を見つけた。
211 B：何て書いてあった？　A：ひどい風邪をひいたから今日は来られないって。

208 hear from A 「Aから便りがある(手紙やメールを受け取る)」 解答 hearing

» 〈**hear from**〉人で「人からメールや手紙等をもらう」の意味。

➕ 〈**look forward to＋動名詞**〉は「～することを楽しみにしている」の意味。

➕ 最後に soon をつけることもよくある。親しい間柄のメールでは主語を省略し **Hope to hear from you soon.**「すぐに返事をもらえたらいいな」なども用いる。

209 post 「〈ウェブサイトに〉～を投稿する」 解答 ②

» 写真やコメントなどを SNS に投稿する[載せる]ときに動詞として **post** を使う。post は「掲示する」,「貼る」などの意味で，poster「ポスター」は関連語である。

➕ 日本では Facebook や Twitter などを指して，Social Networking Service の頭文字を取った「SNS」という言葉をよく使用するが，英語では使用せず，**social media** を使う。

210 a lot of information 「たくさんの情報」

解答 ③ a lot of useful informations → a lot of useful information

» information は一つ一つの情報を意味するのではなく，情報という抽象的な概念を意味する抽象名詞のため，数えられない。したがって × an information としたり複数形にしたりすることはできない。(➔ 4 技能 Tips 16)

➕ 「たくさんの情報」の意味では **a lot of** や量を表す **much**(主に疑問文と否定文)を information の前に置く。

➕ 日本語で「1つの情報」と言う場合でも，英語では数えないで **some information**「ある情報」を使うことが多い。ただし，数える際には **a piece of information**「1つの情報」を使う。(➔ 340)

211 get a text 「携帯電話でメールを受ける」 解答 text

» text は本来「文章，本文」の意味だが，最近では電話番号を介して携帯電話間で送る短いメールの意味でも使われる。メールアドレスを介してコンピューターなどでやり取りする比較的長い email[e-mail]と区別して使う。**text message** とも呼ぶ。

➕ 「携帯メールを送ってきた」は，次のように言う。

Greg sent me a text this morning.(グレッグが今朝メールを送ってきた)

さらに，text を動詞として使用することもある。

Greg texted me this morning.(グレッグが今朝メールを送ってきた)

UNIT 25 自然・環境

□□□ 212 A：Does (　　　) often (　　　) in Singapore?
(シンガポールではよく雨が降りますか。)
B：Yes, very often.

□□□ 213 A：The sun has come (　　　) from the clouds.
(雲から太陽が出た。)
B：Good. It'll probably stop raining soon.

□□□ 214 A：Now the sun (　　　) after eight and sets before four in Scotland.
(今スコットランドでは太陽は8時過ぎに昇り，4時前には沈みます。)
B：But in summer, the days are much longer than in Japan, aren't they?

□□□ 215 A：It's really cold tonight.
B：The temperature may be (　　　) (z　　　) tomorrow morning.
(明日の朝は氷点下になるかもしれない。)

Further Expressions 31 | 天候を表す it

- **It is sunny.**「晴れている」
- **It is clear.**「雲もなく快晴」
- **It is windy.**「風が強い」
- **It is warm / cool.**「暖かい／涼しい」
- **It is cloudy.**「曇っている」
- **It is snowing.**「雪が降っている」
- **It is hot / cold.**「暑い／寒い」
- **It is humid.**「湿度が高い」

It is hot and *humid* in summer in Tokyo.「東京は夏は高温多湿だ」

＊ It is fine.「よい天気だ」は太陽が出ていなくても使われる表現で，「晴れている」場合には sunny / clear を使う。また，clear は雲がなく星がよく見える夜空を表すときにも使うことができる。

212 B：はい，しょっちゅうです。
213 B：よかった。多分すぐに雨が止むよ。
214 B：でも夏は日本よりも日がずっと長いですよね。
215 A：今晩はすごく冷えるな。

212 天候を表す it ― it rains 「雨が降る」 解答 it, rain

>> 天候を表す表現は，特定の意味を持たない it で始めることが多い。
（➜ Further Expressions 31）

＋「雨が降っている」は **It is raining**. と表し，「雨が降り始めた」は **It has started to rain.** や，**The rain has started.** と言うことができる。

＋ 寒暖を表すときは it を主語にせず次のように言うこともできる。
Yesterday was very cold.（昨日はすごく寒かった）

213 come out 「(太陽・月・星が)出る／現れる」 解答 out

>> 文字通り **come out** で「外に出る」であるが，人だけでなく太陽や月についても用いる。

＋ 太陽や月が雲に隠れてしまった時には The sun[moon] **has gone**. と言う。out は The stars are *out*.「星が出ている」のように，星や月などが出ている状態を表すときでも使う。

214 rise 「(太陽・月が)昇る」 解答 rises

>> 太陽が「昇る」を表すのは **rise**「上る／昇る」。《活用》rise-rose-risen。他動詞 **raise**「～を上げる」(《活用》raise-raised-raised) との区別に注意したい。また，「(太陽や月が)沈む」の表現 **set** も併せて覚えておこう。

＋ rise は地球温暖化による「海水面の上昇」の表現にも使用される。
It is said that the sea level is *rising*.（海水面は上昇していると言われている）

Further Expressions ㉜ ｜ 太陽に関するその他の表現

- **the sunrise**「日の出」 • **the sunset**「日の入り」 • **the morning sun**「朝日」
- **the evening sun**「夕日」
  ＊日本語の「夕焼け」は一般的には the sunset でよいが，特に美しい場合は the[a] beautiful sunset と言うとよい。
  Look at that *beautiful sunset*.（あのきれいな夕焼けを見て）
- **in the sun**「日向に」 ⇔ **in the shade**「日陰に」
  It's really hot today. I can't stay *in the sun*.（今日はとても暑い。日向にはいられない）

215 below zero 「氷点下の」 解答 below zero

>> 気温が氷点下になることを表す表現。below は「～より下の」の意味の前置詞。

＋ zero の代わりに **freezing point**（液体が固体になる温度で，水の場合は 0℃）を使うこともできる。

＋ below の反意語は一般的に above だが，気温が「～度を超える」の意味では **go over** をよく使う。
The temperature yesterday *went over* 35 (degrees).
（昨日の気温は 35 度を超えた）

□□□ 216 Do you think we are (　　　) energy?
私たちはエネルギーをむだにしていると思いますか。

□□□ 217 We should recycle and reuse more plastic to (r　　　) waste.
ごみを減らすために，もっとプラスチックをリサイクルし再利用すべきだ。

□□□ 218 We often hear that plastic products are (　　　) (　　　) the environment.
プラスチック製品が環境に悪いことを私たちはよく耳にします。

□□□ 219 A：What should we do to save energy?
B：We should (t　　　) (　　　) the lights when we leave a room.
(部屋を出るときは電気を消すべきです。)

Further Expressions ㉝ ｜ 環境問題でよく用いる表現

- protect[preserve] the environment「環境を保護する」
- damage the environment「環境を害する」
- pollute the environment「環境を汚染する」
- global warming「地球温暖化」
- natural disaster「自然災害」
- air pollution「大気汚染」
- fossil fuels「化石燃料」
- the rise in sea level「海面上昇」
- a source of energy「エネルギー源」
- environmentally friendly「環境にやさしい」
- solar energy「太陽エネルギー」
- sustainable energy source「持続可能なエネルギー源」

219 A：エネルギーを節約するために私たちは何をすべきですか。

216 waste energy 「エネルギーを浪費する」 解答 wasting

>> waste はここでは「(資源など大切なもの)をむだにする」の意味の動詞。

＋「節約する」は **save** を使う。

It's important to *save* energy.（エネルギーを節約することは重要だ）

4技能 Tips 17 「もったいない」を英語にすると S W

waste には「むだ遣い，浪費」という名詞の意味もあり，a waste of time「時間のむだ」などのように使われる。"What a waste!" と感嘆文にすると，日本語では「なんてもったいない」と訳されることが多い。

"Over six million tons of food is thrown away each year in Japan."

"What a *waste*!"

(「日本では毎年 600 万トン以上の食品が捨てられるんだよ」「なんてもったいない！」)

217 reduce A 「A を減らす」 解答 reduce

>>「量を減らす」という意味を表す。**cut down (on) A** とも表現される。

＋本問中の **reuse**「再利用する(形を変えずにそのままま た使う)」，**recycle**「リサイクルする(形を変えて原料にして新しいものにする)」はいずれも環境問題でよく使用する表現。

218 be bad for the environment 「環境に悪い」 解答 bad for

>> 日本語の「環境に悪い」は「環境のために悪い」と考える。私たちが暮らす地球の自然環境という特定の環境を指すので environment には the をつける。

＋「環境によい」は good を用いて **be good for the environment** と言う。また，「体に悪い[よい]」は **be bad[good] for your health** と表すことができる。

219 turn off A / turn A off 「A〈テレビ・明かりなど〉を消す」 解答 turn off

>> turn は「スイッチなどを回す」，off は「電源を切って」の意味。**switch off** とも表現される。

＋「A をつける」は「電源が入った」の意味の on を使い **turn on A / turn A on** と言う。

Writing

以下は友人同士のテキストメッセージによる会話です。日本語を参考に，英文中の下線部に適切な語句を入れ，会話を完成させよう。

1

A：Hi Meg, this is Saki from Japan. I hope ❶ ________________ with you.
お元気のことと思います。

B：Oh, hi Saki! I ❷ ________________ hear from you.
あなたからの連絡をとてもうれしく (glad) 思います。
Hey, I'm going to Japan ❸ ________________ this April.
この４月に初めて日本に行く予定です。

A：That's great! ❹ ________________ stay at my place for a few days during your visit?
滞在中，数日私のところに宿泊してはどうですか。

B：Are you sure? It ❺ ________________ to invite me.
私を招待してくれるなんてあなたは親切だ。

A：I'm ❻ ________________ seeing you again.
またあなたに会えるのを楽しみにしています。
Let's ❼ ________________!
連絡を取り合いましょう！

2

A：About the homework, it ❶ ________________ an English essay. Can I see yours?
ぼくにとって英語のエッセイを書くのは難しいよ。

B：Sorry, but I ❷ ________________ it in.
私はすでに提出したよ。

A：Really? ❸ ________________ did it ________________ write it?
それを書くのにどのくらいの時間がかかった？

B：I worked for ❹ ________________ two and ________________ every day and it took a week.
私は少なくとも毎日２時間半とりくんで，それで１週間かかったよ。

1 ❶ **I hope all is well with you.** (➔205) 解答 all is well

❷ **感情の形容詞＋その原因を表す不定詞** (➔14, Further Expressions 3)

解答 am very[so] glad to

>> glad「うれしい」原因をその後に続く不定詞が表す。to hear from you「あなたから連絡をもらって」(➔208)

❸ **for the first time** (➔122) 解答 for the first time

❹ **Why don't you do ～?** (➔21) 解答 Why don't you

❺ **形式主語〈It is ＋人の性質を表す形容詞＋ of ＋ A ＋ to do〉** (➔78)

解答 is kind of you

❻ **look forward to A** (➔8) 解答 looking forward to

❼ **keep in touch** (➔161) 解答 keep in touch

A：こんにちは，メグ。日本のサキです。お元気ですか。
B：こんにちは，サキ！　連絡ありがとう。ねえ，私，この４月に初めて日本に行く予定なんだ。
A：すごい！　滞在中，数日私のところに泊まったらどう？
B：本当？　私を招待してくれるなんて，あなたは親切だね。
A：またあなたに会えるのを楽しみにしています。連絡を取り合おうね！

2 ❶ **形式主語〈It is ～ to do〉** (➔77, ポイント整理 11)

解答 is difficult for me to write

❷ **現在完了** (➔30), **hand in A / hand A in** (➔146) 解答 have already handed

>> 目的語が代名詞 (it) のため，hand A in の語順になっている。

❸ **how ＋形容詞** (➔Further Expressions 7),
It takes (＋ A)＋時間＋ to do (➔113) 解答 How long, take to

❹ **at least** (➔125), **one and a half hours** (➔118)

解答 at least, a half hours

A：宿題のことだけど，ぼくにとって英語のエッセイを書くのは難しいよ。君のを見せてくれる？
B：ごめんね，でも私はすでに提出したんだ。
A：本当？　書くのにどのくらいの時間がかかった？
B：私は少なくとも毎日２時間半とりくんで，それで１週間かかったよ。

Listening

1 短い発話・対話を聞いて，それぞれの内容に最も近い意味のものを選びなさい。

(1) ❶ The girl used to wake up early when she was little.
❷ It is not difficult for the girl to get up early.
❸ The girl is not good at getting up early.
❹ The girl is worried about oversleeping.

(2) ❶ The man was very glad to see the painting.
❷ It was lucky that the man saw the painting.
❸ The man couldn't see the painting.
❹ The man wasn't interested in the painting.

2 短い発話や対話を聞いて，その応答に最も適したものを選びなさい。

(1) ❶ I hope so.
❷ Well done!
❸ I'm sorry to hear that.
❹ Make yourself at home.

(2) ❶ Can I leave a message for her?
❷ Hold on, please.
❸ What would you recommend?
❹ I'm just looking.

1 (1) ❶ その少女は小さい頃よく早起きしたものだった。 ❷ その少女にとって早く起きることは難しくない。 ❸ その少女は早起きが得意ではない。 ❹ その少女は寝過ごすことを心配している。
(2) ❶ その男性はその絵画を見ることができてとてもうれしかった。 ❷ 幸運なことにその男性はその絵画を見た。 ❸ その男性はその絵画を見ることができなかった。 ❹ その男性はその絵画に興味がなかった。

2 (1) ❶ そう願います。 ❷ よくやった！ ❸ それを聞いて気の毒に思います。 ❹ くつろいでください。
(2) ❶ 彼女に伝言を残してもいいですか。 ❷ (電話を切らずに)お待ちください。 ❸ 何がおすすめですか。 ❹ 見ているだけです。

1 (1) 解答 ②

Script

M：We need to get to the station by 5:30 tomorrow morning. Can you manage that, Momoka?
W：I'm sure I can. **I'm used to getting up early.**

男性：明日の朝は５時半までには駅に着いている必要があるんだ。それは大丈夫かい，モモカ？
女性：できるわ。私は朝早く起きることに慣れているの。

» I'm used to getting up early（be used to doing ➔ 36）「朝早く起きることに慣れている」と少女が答えているので，❷の「少女にとって早く起きることは難しくない」が最適となる。❶の used to wake up early（used to do ➔ 35）は「以前は早起きしたものだった」となるので，この文脈では不適。❸ be not good at A（➔ 148），❹ be worried about A（➔ 15）

(2) 解答 ③

Script

W：Did you go to the special exhibition at the city museum? Monet's last painting is there, isn't it?
M：Yes, but **it was too crowded to see it.**

女性：市の美術館の特別展に行ったの？　モネの最後の作品があるのよね？
男性：うん，でも混みすぎてそれを見られなかったよ。

» it was too crowded to see it（too ～ to do ➔ 63）「混みすぎてそれを見られなかった」と男性が答えているので，❸が最適となる。❶ be ～ to do（➔ 14），❷ It is ～ that S + V（➔ 76），❹ interested（➔ Further Expressions 4）

2 (1) 解答 ③

Script

W：Hi, Alex ... Oh, my! What happened to your arm?
M：This morning, on my way to the station, I fell on an icy road, and I injured it. **It really hurts.**

女性：こんにちはアレックス…。まあ！　腕をどうしたの？
男性：今朝，駅に行く途中で凍結した道で転んでけがをしたんだ。とても痛いよ。

» けがをした男性が It really hurts（hurt ➔ 190）「とても痛い」言っていることに対しての返答なので❸の I'm sorry to hear that.（➔ 13）「それを聞いて気の毒に思います」が最適となる。❶（➔ 79），❷（➔ 10），❹（➔ 156）

(2) 解答 ①

Script

M：Hello, may I speak to Julia?
W：Who is calling, please?
M：This is Daniel.
W：Oh, hi, Daniel, I'm sorry, but **Julia is not home now. She'll be back by five.**

男性：もしもし，ジュリアをお願いできますか。
女性：どなたですか。
男性：ダニエルです。
女性：ああ，こんにちは，ダニエル，ごめんなさいね，ジュリアは今家にいないの。５時までには戻るわ。

» 「ジュリアは今家にいません。５時までには戻ります」に対する返答としては❶ Can I leave a message for her?（leave a message ➔ 201）「彼女に伝言を残してもいいですか」が最適。❷ Hold on, please.（hold on ➔ 202）も電話での会話ではよく使われるがここでは不適。❸（➔ 173），❹（➔ 163）

Stage 1 文法リスト 1

	問題番号
時制	1, 2, 29, 30, 31, 32, 33, 90, 114, 115
態	37, 38, 133, 191
助動詞	1, 3, 4, 5, 16, 17, 18, 19, 23, 24, 25, 26, 34, 35, 84, 85, 86, 87, 198
不定詞	14, 78
動名詞	12, 36
分詞	39, 53, 54, 162,
比較	65, 66, 67, 68, 69, 70, 71, 72, 73, 74, 124, 125, 126
関係詞	45, 46, 47, 48, 49, 50, 51, 52
仮定法	7, 91, 92
疑問文	20, 21, 22, 93, 94, 95, 96, 97, 98, 99, 100, 101, 102, 103, 112, 115, 128, 129, 130, 131, 169, 172, 173, 175, 176, 178, 198, 199, 203, 206
否定表現	62, 63, 64, 80, 82, 83
前置詞	102, 122, 116, 119, 145, 182, 183, 184, 194, 215
接続詞	121
動詞の語法	6, 7, 8, 19, 27, 28, 43, 44, 55, 56, 65, 66, 88, 104, 120, 134, 135, 136, 137, 138, 139, 140, 141, 143, 146, 149, 151, 153, 154, 156, 157, 158, 159, 161, 162, 165, 166, 167, 170, 174, 179, 180, 186, 187, 188, 189, 190, 192, 193, 195, 196, 197, 200, 201, 202, 204, 207, 208, 209, 213, 214, 216, 217, 219
形容詞・副詞の語法	12, 13, 14, 15, 36, 40, 41, 65, 66, 75, 117, 127, 144, 148, 150, 184, 218
名詞・冠詞の語法	118, 122, 123, 142, 181, 185, 210, 211
代名詞の語法	57, 58, 59, 60, 61, 76, 77, 78, 79, 89, 113, 114, 132, 160, 168, 212
倒置・語順	81, 82, 143, 165, 180

Stage 2 発信に役立つ表現 応用編

ここでは Stage1 で学んだ基本的な表現をもとにして，さらに幅広い自己表現力を身につけ，また英語で文章を書くための基本を学びます。

Function 機能別表現

Situation 場面別表現

UNIT 26 気持ちを伝える(3) 希望 後悔 衝動

□□□ 220 A：Why don't we walk to the temple? It'll take only 20 minutes.
B：I (walk / rather / would / take / a taxi / than) in this heat.
(この暑い中，私は歩くよりもタクシーに乗りたいな。)

□□□ 221 A：We are going fishing on Saturday. Would you like to come with us?
B：Well, I have an important presentation on Monday.
(　　　) go out this weekend.
① I would rather not　② I would not rather
③ I wouldn't rather　④ I would rather don't

□□□ 222 A：I'm too hungry to concentrate on the class.
B：Didn't you eat this morning?
A：No. I wish (　　　) some breakfast.
① I would have　② I had　③ I've had　④ I'd had

□□□ 223 I (　　　) (　　　) (　　　) home earlier. I'll have to run to the station. (私は家をもっと早く出るべきだった。)

4技能 Tips 18 should have done の持つ意味 S W

should have done の意味は，大きく分けて①「～した[している]はずだ」，②「～すべきだった(のにしなかった)」の２つあるが，②の「～すべきだった(のにしなかった)」の用法は，主語によって伝えるメッセージが異なる。

- **I や We など１人称が主語** →「私(たち)は～すべきだった」〈**後悔**〉
- **you などが主語** →「あなたは～すべきだった」〈**非難**〉

You *should have started* preparing for the exams earlier.
(あなたは試験対策をもっと早く始めるべきだった)

220 A：お寺まで歩かない？ 20 分しかかからないよ。
221 A：土曜日に釣りに行く予定です。私たちと一緒に行きませんか？ B：うーん，月曜日に大事なプレゼンがあるんだ。どちらかといえば週末は出かけたくないな。
222 A：お腹が減りすぎて授業に集中できないよ。B：今朝食べてこなかったの？
A：うん。朝食を食べてくればよかった。
223 駅まで走らなきゃ。

220 would rather do ... than do ~ 「~するよりむしろ…したい」

解答 would rather take a taxi than walk

» 2者の中から1つを選ぶ際に，自分の気持ちを控えめに表すのに使用する表現。

➕ I *would rather* stay home tonight.「私は今夜は家にいたい」のように，than 以下を使用しない形もある。ここでは外出する場合と比較している。

➕ than の後も原形になるが，動詞の繰り返しを避けるために than の後の動詞を省略することもある。

I *would rather* eat Italian than (eat) Chinese tonight.
(私は今晩，中華よりもむしろイタリアンを食べたいです)

221 would rather not do 「むしろ~したくない」

解答 ①

» **would rather do の否定形**で，「むしろ~したくない」と，やや遠回しに断る表現。would rather で1つの助動詞としてとらえるので，not の位置は would rather の後になることに注意しよう。

➕ 本問のような返事をする場合は，not で否定の内容を代用して，単に **I would rather not.** と言うこともできる。「結構です/遠慮しておきます」といったニュアンスになる。

222 wish+仮定法過去完了 「あの時~だったらなあ」

解答 ④

» 過去完了形(仮定法過去完了)を用い，**過去の事実に反する願望**を表す。I'd had は I had had を短くした形。仮定法過去完了は〈had +過去分詞〉なので，had + had some breakfast で「あの時(実際はそうではなかったが)朝食を食べていたらよかったのに」という気持ちを表している。

➕ 現在の事実に反する願望は〈wish+仮定法過去〉(➔ **7**)で表す。

✖ ③は I have had を短くした形である。

4技能 Tips 19 had が繰り返されるときの読み方 L

〈had+過去分詞〉では，222 の文のように I had had と had が2回繰り返されることがある。その場合，会話では I had を I'd として **I'd had** と言うことが多い。短く発音されるため，リスニングの際に特に注意しよう。

223 I should have done 「~すべきだった」

解答 should have left

» should は「~すべき」の意味で，これを完了形とともに使うと「あの時~すべきだった(のに実際はしなかった)」という〈**後悔・非難**〉の意味になる。(➔ 4技能 Tips 18)

➕ **should not have done** は「~すべきではなかったのに(実際はした)」という意味になる。

➕ should have done は「~したはずだ/~であったはずだ」という〈**過去の推量**〉の意味になることもある。(➔ p.136 Further Expressions **42**)

He *should have read* my email by now.
(彼はもう私のメールを読んだはずだ)

□□□ **224** A：Have you seen *Titanic*？ It's a very moving film.
B：Yes. When I watched it, I (　　　) help (　　　).
(ぼくはそれを見たとき泣かずにはいられなかったよ。)

□□□ **225** A：It's warm today. I think the cherry blossoms have started to open.
B：I don't (f　　　) (　　　) (　　　) inside. Let's go to Ueno Park.
(家の中で勉強する気にはならないよ。)

□□□ **226** I was so (i　　　) by the beautiful scenery when I visited Kamikochi.
私は上高地を訪れたとき，美しい景色にとても感動しました。

□□□ **227** A：Wasn't your train delayed because of the typhoon?
B：(　　　) my (　　　), it was running as scheduled.
(驚いたことに，列車は予定どおりでした。)

□□□ **228** (a) I hope I'll be able to work abroad in the future.
(b) (　　　), I'll be able to work abroad in the future.

Further Expressions ㉞ | 〈to ＋ one's ＋ 感情を表す名詞〉

感情を表す名詞を用いて，次のような表現がよく使われる。

- **to one's regret**「残念なことに」
- **to one's disappointment**「がっかりしたことに」
- **to one's relief**「安心したことに」
- **to one's surprise**「驚いたことに」

224 A：『タイタニック』を見たことある？ すごく感動的な映画だよ。B：うん。
225 A：今日は暖かいね。桜の花が開き始めたと思うよ。B：上野公園に行こうよ。
227 A：台風のせいであなたの列車は遅れなかったですか。
228 (a)(b) 将来外国で働けたらいいと思います。

224 cannot help doing 「~せずにはいられない」 解答 couldn't, crying

» **自分の気持ちが抑えられず**思わず何かをしてしまうという表現。この help は「~を避ける／こらえる」の意味。

! 気持ちが抑えられないという意味であり，他に選択肢がなくやむを得ず行うことには使用しない。

+ ✕ We couldn't help walking to the station because there were no buses.

→ ○ We had to walk to the station because there were no buses.

(バスがなかったので私たちは駅まで歩かざるを得なかった)

+ これと同じ意味を表す文語的表現に **cannot help but do** がある。(➔ 560)

225 feel like doing／A 「~したい／A の気分だ」 解答 feel like studying

» like はここでは前置詞「~のように」として働くため，その後には動名詞または名詞がくる。(➔ 88)

+ 名詞と組み合わせて次のような言い方もできる。

I *feel like* some cold water.(冷たい水を飲みたい気分だ)

226 be impressed with[by] A 「A に感動する／感銘を受ける」 解答 impressed

» 「**感動する**」を英語にするときに用いる表現の 1 つ。impress は「(人を)感動させる」の意味なので，人を主語にした時は「感動させられる」という**受動態**にする。

+ 前置詞は by と with のどちらも可能。

227 to one's surprise 「驚いたことに」 解答 To, surprise

» 〈**to one's ＋感情を表す名詞**〉で「結果としての感情の状態」を表し，「(人)が~したことに」という意味を表す。文頭に置かれることが多く，その後の文全体を修飾する。(➔ Further Expressions 34)

+ 「驚いたことに」は，**I was surprised that S+V** の形を使って表すことも多い。また **Surprisingly, S+V** を使って表すこともできる。

228 Hopefully, S+V 「(願わくば)~であってほしい」 解答 Hopefully

» hopefully は，その後の文全体を修飾する副詞で，**I hope (that) S+V** の意味を持つ(➔ 6)。文頭に用いて，その後にカンマを打つのが一般的な使い方。

+ くだけた会話で用い，フォーマルなスタイルでは **I hope (that) S+V** が好まれる。

Further Expressions 35 | 文を修飾する副詞

- **hopefully**「(願わくば)~であってほしい」
- **curiously**「不思議なことに(は)」
- **fortunately / unfortunately**「幸運[不運]なことに(は)」
- **surprisingly**「驚いたことに(は)」
- **interestingly**「おもしろいことに(は)」

＊ hopefully は hope S+V で書き換えられるが，その他の副詞は〈**It is 形容詞 that S + V**〉の形に書き換えることができる。

It was *unfortunate* that our sports day was canceled.

(私たちのスポーツ大会が中止になったのは不運だった)

UNIT 27 相手の行動を促す(3) 依頼 許可 命令 使役

□□□ 229 A：May I ask a (f　　　　)(　　　　) you?
(お願いがあるのですが。)
B：Sure. What is it?

□□□ 230 A：I'm thinking of buying a new computer.
B：You should (some advice / James / for / ask). He knows a lot about computers.

□□□ 231 A：(alright / I / if / is / write / it) in pencil?
(鉛筆で書いてもいいですか？)
B：Please use a pen. Here you are.

□□□ 232 A：It's 7 o'clock. It's time you (　　　　)(　　　　), Tom!
(7時よ。もう起きる時間よ，トム！)
B：But it's Saturday today, isn't it?

□□□ 233 A：Are we (a　　　　) to take photos inside the cathedral?
(聖堂の中で写真を撮ることは許されているのかな？)
B：Look at the sign over there. It says "No Photos."

229 B：もちろん。(お願いは)何ですか。
230 A：新しいパソコンを買おうと思ってるんだ。B：ジェームズにアドバイスを求めるべきだよ。彼はコンピューターに詳しいのだから。
231 B：ペンを使ってください。どうぞ。
232 B：でも今日は土曜だよね。
233 B：あそこの表示を見て。「写真禁止」って書いてある。

229 ask a favor of A 「A〈人〉にお願いをする」 解答 favor of

» 改まった**丁寧な依頼**の表現。favor は「親切な行為」の意味で，of 以下は省略することもある。favor は〈英〉などでは favour とつづる。

➕ 親しい間柄なら〈**do + A + a favor**〉の形を使って **Could**[**Can**] **you do me a favor**? と言うことが多い。

230 ask A for B 「A〈人〉に B を求める」 解答 ask James for some advice

» 前置詞 for は「～を求めて」の意味。ask と組み合わせると「A 〈人〉に～をくれと頼む」の意味になる。

➕ アドバイスを求める相手が明らかな場合は A〈人〉を省略する。

He *asked* (*me*) *for* some advice. (彼は(私に)アドバイスを求めた)

231 Is it alright if S+V? 「…してもいいですか」 解答 Is it alright if I write

» **相手の許可を得る**ときに会話で用いる表現の 1 つ。alright は all right を一語にした形で，フォーマルな場面では all right を使うこと。

➕ 丁寧に言うときは〈**Would it be all right if S+V?**〉の形を使用する。これは仮定法の一種で，if の後にくる動詞は過去形が基本だが，現在形も使用する。

Would it be all right if I sat[*sit*] here? (ここに座ってもよろしいでしょうか)

➕ くだけた場面では all right[alright] の代わりに **OK** を使うこともある。

232 It's time+仮定法過去 「もう～する時間だ」 解答 got up

» **相手に行動を促す**表現。仮定法の一種で，動詞は過去形を用いて「もう～すべきだ(が実際はまだしていない)」という気持ちを伝える。

➕ time の前に **high** をつけて「**とっくに～すべき**」，**about** をつけて「**そろそろ～すべき**」の意味になる。

4技能 Tips 20 〈It is time +不定詞〉と〈It is time +仮定法〉 S

次の 2 つの文の違いを考えてみよう。
(a) It's time for you to get up.
(b) It's time you got up.
(a)の意味が「今が起きるべき時間ですよ」に対して(b)では got (過去形)を使用し仮定法にすることで「(もう)起きるべき時間が過ぎた」という，より強い意味になる。したがって，「なぜ寝ているのか，早く起きなさい」といったメッセージを含む。

233 allow A to do 「A〈人〉が～することを許す」 解答 allowed

» allow は「許す」の意味で，具体的な内容を不定詞以下が表している。この形は，本問のように受動態 **A is allowed to do** にして「A は～することが許される」の意味で使用することも多い。

□□□ **234** A：What are you doing?

B：I'm writing my science report. Mr. Oda (　a　) us (　b　) it in tomorrow, didn't he?

A：Oh no! I'd forgotten about it.

① (a) told　(b) hand　② (a) told　(b) to hand

③ (a) said　(b) hand　④ (a) said　(b) to hand

□□□ **235** We'd (b　　　) (　　　). Our train will arrive in five minutes.
(私たちは急いだ方がいい。)

□□□ **236** You (o　　　) (　　　) be very careful about what you write on social media.
SNS に何を書くかについてはとても注意するべきだ。

□□□ **237** A：In Europe, not many people buy new houses. How about in Japan?

B：It's different. Many people (h　　　) a house (　　　) for them.
(多くの人が家を建ててもらいます。)

□□□ **238** A：When are you going to America?

B：On Sunday.

A：Shall I get my son (　　　) you to the airport?

① drive　② driving　③ driven　④ to drive

4技能 Tips 21　You had better do の持つ意味　S

had better do の形では，主語を you「あなた／あなた方」にするとかなり命令的な響きを持つため，親子関係やかなり親しい間柄だけで使用されるのが普通である。

You *had better do* your homework now.「今宿題をしなさい」

＊ You'd と短縮形を使うことが多い。この場合，had をはっきりと発音する You had に比べて命令的な意味が弱くなる傾向がある。

234 A：何をしているの。B：科学のレポートを書いているよ。小田先生は明日提出するように言ったよね。A：いけない。そのことは忘れていたわ。

235 私たちの列車は 5 分で到着するよ。

237 A：ヨーロッパでは新築の家を買う人はあまり多くないよ。日本はどう？　B：違います。

238 A：いつアメリカへ行くの？　B：日曜日です。A：息子に車で空港まで送らせましょうか。

234 tell A to do 「A〈人〉に～するように言う」 解答 ②

» **人に何かをするように言う**ときに用いる表現で，不定詞以下が相手にしてもらう(させる)内容になる。やや命令的な響きがあるため，人に頼んでしてもらうときは **ask** を使うとよい。(➜ ポイント整理 27)

ポイント整理 27 人に～するように頼む，言う，命令する表現

- ask **A to do** 「A に～するよう頼む」
- advise **A to do** 「Aに～するように助言する」
- tell **A to do** 「A に～するよう言う」
- order **A to do** 「A に命令して～させる」
- persuade **A to do** 「A を説得して～させる」
- force **A to do** 「A に強制的に～させる」

＊次のように受動態で表すことも多い。

We *were told* to hand in our reports on Monday.

(私たちはレポートを月曜日に提出するように言われた)

235 We had better do 「私たちは～した方がいい」 解答 better hurry

» **had better do** を I や we を主語にして使うと，「～するべきだ，した方がよい」の意味になる。(➜ 4 技能 Tips 21)

＋ 会話では I'd や we'd など短縮形を使うのが普通。

＋ 「～すべきではない」の意味にする場合は **had better not do** の形をとる。(➜ 423)

236 ought to do 「～すべきだ」 解答 ought to

» 人からするように言われたり，**義務**としてしたりするようなことに用いる。should よりもやや強く must よりも弱いとされる。

＋ 否定の場合は **ought not to do** とする。

237 have[get] A done 「A を～してもらう」 解答 have, built

» 「物を(自分以外の人に)～してもらう」という〈**使役**〉を表す形。

＋ 「私は髪の毛を切ってもらった」という表現にはこの形がよく使われる。

I *had my hair cut*.(この cut は過去分詞)

＋ have[get] A done の形は他に「A を～される」という〈**被害**〉，「(自分が)A を～してしまう」という〈**完了**〉を表すこともある。

He *had some money stolen* from his house.(彼は家からお金を盗まれた)〈被害〉

We need to *have all the preparations done* by the end of this week.

(すべての準備を今週末までに済ませなくてはならない)〈完了〉

238 get A to do 「A に(頼んで)～してもらう」 解答 ④

» **人に何かを頼んでしてもらう**ときによく使うのがこの表現。get はここでは使役動詞と同じはたらきをするが，**不定詞**をとる。

! 〈使役動詞＋O＋原形不定詞〉(➜ 27, 28)の形と混同して，①の原形を選んでしまう誤りが多いので注意する。

＋ 似た意味を表す形に **have A do** がある。こちらは主に目上の人が目下の人に，または金銭を渡して「～してもらう」，「～させる」の意味で使用する。(➜ 426)

UNIT 28 報告・説明・描写する(3) 状態 行動

□□□ 239 My son's match (　　　)(　　　)(　　　) when we got to the gym.
私たちが体育館に着いたときには，すでに息子の試合は始まっていました。

□□□ 240 Kathy and Jon (　　　)(　　　) each other for five years before they got married.
キャシーとジョンは結婚する前，5年間知り合いだった。

□□□ 241 The Japanese soccer player said that he (　　　) Italian until he joined an Italian team.
① never studies　② was never studying
③ has never studied　④ had never studied

□□□ 242 A：Excuse me. Are you waiting for the 9:00 bus, too?
B：Yes. We (　　　)(　　　)(　　　) for it for a long time and it still hasn't come.
(私たちはそのバスを長い間ずっと待っていますが，まだ来ていません。)

□□□ 243 A：Tell me if you (g　　　)(　　　). We can take a rest.
(もし疲れたら言ってください。)
B：OK, then. Let's have a 30-minute break.

ポイント整理 28 過去完了形を使用する場合

過去完了形が使用できるのは，**「過去のある時点を基準として」**その時までの〈経験〉・〈完了〉・〈継続〉を表す場合である。(➔ 239,240,241)
よって次のような「過去の基準になる時がない」文では，過去形を用いる。
I lived in Kyoto for ten years, but I live in Tokyo now.
(私は京都に10年暮らしたが今は東京に住んでいる)

241 その日本人サッカー選手は，イタリアのチームに入るまでまったくイタリア語を勉強したことはなかったと言った。
242 A：すみません。あなたがたも9時発のバスを待っているのですか。B：はい。
243 A：私たちは休憩を取れるから。B：はい，それなら。30分間休憩を取りましょう。

239 過去完了形 — 完了 「(過去のある時までに)～してしまった」

解答 had already started

» **過去のある時点までに**何かが**完了**している状況は**過去完了形(had done)**で表す。本問では「私たちが体育館に着いたとき」には息子の試合は「すでに始まっていた」ことを表している。

240 過去完了形 — 継続 「(過去のある時までに)ずっと～していた」

解答 had known

» **過去のある時点までの**，ある程度長い間の**状態の継続**は**過去完了形**で表す。本問では過去のある時点は「結婚した時」で，それまで「5年間知り合いだった」という状態の継続を表している。

241 過去完了形 — 経験 「(過去のある時までに)～したことがある」

解答 ④

» **過去のある時点までの経験**を表すのには**過去完了形**を用いる。本問では「チームに入った」のが過去のある時点で，その時まではまったくイタリア語の勉強の経験はなかったことを表している。

242 現在完了進行形 「現在までずっと～し続けている」

解答 have been waiting

» **have[has] been doing** で**現在まで**ある**動作が継続**していることを表す。本問では「バスを待つ」という動作が続いており，今もその状況にあることを表している。

243 get done

解答 get tired

» be done には「～されている」〈状態〉と「～される」〈動作〉の意味があるが，be 動詞の代わりに get「～になる」を用いて，「～される」という**〈動作〉の意味を明確にする**ことができる。get tired で「疲れた状態にさせられる→疲れる」という変化の意味を表す。(➔ Further Expressions 36)

➕ **get tired from A**「A で疲れる」，**get tired of A**「A にうんざりする[飽きる]」という表現もある。

I *got tired from* working for a long time.
(私は長い時間働いたことで疲れた)

I *got tired of* curry and rice after I ate it for three days.
(私はカレーライスを３日間食べて飽きてしまった)

Further Expressions 36 | get done の表現

〈動作〉を表すこの形では get の代わりに become を使うこともある。〈状態〉を表す場合の be done との意味の違いには次のようなものがある。

- get[become] **excited**「興奮する」⇔ be **excited**「興奮している」
- get[become] **tired**「疲れる」⇔ be **tired**「疲れている」
- get[become] **bored**「退屈する」⇔ be **bored**「退屈している」
- get **married**「結婚する」⇔ be **married**「結婚している」
- get **lost**「道に迷う」⇔ be **lost**「道に迷っている」
- get **injured**「けがをする」(➔ 191) ⇔ be **injured**「けがをしている」

□□□ **244** A：Helen's cat died yesterday, but I don't know (　　)(　　)(　　) to her.（彼女に何て言っていいかわからないよ。）
B：I understand. She really loved her cat.

□□□ **245** Let me show you how to make a paper crane. Please watch (　　) this sheet of paper.
（私がこの紙を折るところを見ていてください。）
① my fold　② me fold　③ my to fold　④ me to fold

□□□ **246** I saw many people (　　) sunglasses in the U.S. In Japan, not so many people do. 〈wear を適切な形にして〉

□□□ **247** We should (l　　) the window (c　　). The air conditioner is on.
（窓を閉めたままにしておいた方がいいですよ。）

□□□ **248** Please (r　　)(s　　) until the airplane arrives at the terminal and the seatbelt signs are turned off.
飛行機がターミナルに到着してシートベルトサインが消えるまで，どうぞご着席のままお待ちください。

ポイント整理 29 〈知覚動詞 ＋ A do / doing〉の違い

see, watch, feel などの知覚や感覚を表す動詞を**知覚動詞**という。〈知覚動詞 ＋ A do / doing〉の２つの用法の違いを確認しよう。

- I **saw** my baby **walk** for the first time today.
（私は今日私の赤ちゃんが初めて歩くのを見ました）
▶赤ちゃんが初めて歩くのが目に入りそれをある程度時間をかけて見ていたことを意味する。：**動作の最初から最後まで全体を見る**
- I **saw** many people **walking** in the park yesterday.
（私は昨日公園で多くの人々が歩いているのを見かけました）
▶歩いている人々を見ている時間は比較的短いことを意味する。：**動作の一部を見る**

244 A：ヘレンのネコが昨日死んでしまったんだけど，B：わかります。彼女は彼女のネコをとても愛していたから。
245 折り紙のツルの作り方をお見せします。
246 アメリカではサングラスをしている多くの人を見かけました。日本ではそれほど多くの人はしていません。
247 エアコンがついていますから。

244 疑問詞+to do 「～すべきか」 解答 what to say

» 疑問詞と不定詞を組み合わせて，「～すべきか」の意味を表すことができる。**what to do** は「何をすべきか」の意味になる。

＋ 他の疑問詞を使った **how to do**「どのように～すべきか」，**when to do**「いつ～すべきか」などの表現がある。

245 watch A do 「A が～するのを注意して見る」 解答 ②

» **watch A do** は「A が～するのをじっと見る・注意して見る」の意味を表す。知覚動詞の後に目的語＋動詞の原形を使ったこの形では，「**その動作を比較的時間をかけて見る**」ことを意味する。(➔ ポイント整理 29) また，watch は「動くものを注視する」という意味なので，この形と合わせて使うと，相手に動きや手順を伝えるのに適した表現になる。

246 see A doing 「A が～しているのを見かける」 解答 wearing

» see も watch と同じく知覚動詞と呼ばれ，その後に目的語＋現在分詞を使ったこの形では，「**その動作を瞬間的にとらえる**」ことを意味する。(➔ ポイント整理 29)

ポイント整理 30 〈S + V + A do (原形)〉の形をとる動詞

(a) **see**, **watch**, **hear**, **listen to**, **feel** などの「**知覚動詞**」
- **see[watch] A do**「A が～するのを見る」 • **hear[listen to] A do**「A が～するのを聞く」
- **feel A do**「A が～するのを感じる」

(b) **make** (➔ 27)，**let** (➔ 28)，**have** 〈➔ 426〉などの「**使役動詞**」

＊その他に **help A (to) do**「A が～するのを助ける」もある。(to do としてもよい)

My brother often *helps* my mother (*to*) *cook*.
(弟はよく母が料理するのを手伝います)

247 leave A+形容詞 「A を～の状態のままにしておく」 解答 leave, closed

» leave は「そのままにしておく」の意味から「(開けないで)窓を閉めたままにする」の意味。closed は「閉じた」の意味の過去分詞からできた形容詞。

＋ keep「保つ」を使って keep the window closed とすることも可能。keep の場合，「意図的に常に閉めた状態にしておく」ことを意味する。

248 remain done 「～されたままである」 解答 remain seated

» remain は remain＋A の形で「A のままでいる」の意味を表す。seat「～を座らせる」という他動詞を過去分詞の形 seated「座らせられている→座っている」にして，remain の後に置く。**remain seated** で「座ったままでいる」の意味になる。

＋ remain+A の A には形容詞，または現在分詞がくることもある。

The old singer remains popular. (その高齢の歌手はまだ人気がある)

Please remain standing. (起立したままでお願いします)

＊ stand「立つ」は seat と異なり自動詞なので現在分詞で使う。

UNIT 29 報告・説明・描写する(4) 様子 状況

□□□ 249 A：What did you do yesterday?

B：I spent the whole day (　　　) Christmas cards.

① write　② writing　③ to write　④ wrote

□□□ 250 A：How is your brother?

B：He is fine, but he is very busy (　　　) for the entrance exams.

A：I really hope he can pass.

〈prepare を適切な形にして〉

□□□ 251 A：Did you enjoy driving in Scotland?

B：Yes, very much. But we had difficulty (　　　) a petrol station in northern Scotland. *petrol station〈英〉：gas station〈米〉

① find　② to find　③ found　④ finding

□□□ 252 A：There are many people (　　　) off at this station.

B：Yes, many of them change trains here.

〈get を適切な形にして〉

249 A：昨日は何をしたの。B：一日中クリスマスカードを書いて過ごしたわ。

250 A：弟さんは元気？ B：弟は元気よ。でも入試の準備ですごく忙しくしているわ。
A：彼が合格できることをすごく願っているよ。

251 A：スコットランドでのドライブは楽しかったですか。
B：うん，とても。でもスコットランド北部ではガソリンスタンドを見つけるのに苦労したよ。

252 A：この駅ではたくさんの人が列車から降りるね。
B：そう。多くの人がここで乗り換えるんだ。

249 spend A (in) doing 「～してA〈時間〉を過ごす」 解答 ②

» spend A〈時間〉「A〈時間〉を過ごす」の後に doing を使い，具体的に何をして過ごすのかを説明する形。

＋ お金を費やす[使う]の意味でも spend を使うが，その場合は **spend A on B**「A〈お金・時間〉をBに費やす」の形を使うことが多い。

I *spent* 10,000 yen *on* books this month.
（私は今月本に1万円を費やした）

250 be busy (in) doing 「～するのに忙しい」 解答 preparing

» S is busy「Sは忙しい」の後に doing を使い，何をして忙しいのかを説明する形。

251 have difficulty (in) doing 「～するのに苦労する」 解答 ④

» have difficulty「苦労する」の後に doing を使い，苦労している原因や理由などを説明する形。

＋ difficulty の代わりに **trouble**「苦労／困難」を使うこともある。

My grandfather has *trouble* (in) walking up the stairs.
（祖父は階段を歩いて上がるのに苦労します）

4技能 Tips 22 (in) doing の形での in の使用 W

249，250，251 の形では，doing の前に前置詞 in を置くことがある。一般的には in を入れるとフォーマルな表現になるため，小論文(エッセイ)などを書くときは入れた方がよいとされる。その一方会話では入れないことが多い。

252 There is[are] A doing「Aが～する[している]」 解答 getting

» There is[are] A「Aがある」という状況を表す形(→ **42**)の後に，**現在分詞**「～する／～している」でさらに情報を加える形。現在進行形 S is[are] doing の Many people are getting off at this station. とほぼ同じ意味を表すが，**主語を際立たせたい**ときには，単なる進行形よりも There is[are] A doing の表現が好まれる。

＋ **過去分詞**を使って「Aが～される」の意味を表す **There is[are] A done** の形もある。

There are many old churches still *left* in European cities.
（ヨーロッパの都市にはまだ多くの古い教会が残されている）

□□□ 253 Children (t　　　) (　　　) like sweets.
子どもたちは甘いものを好む傾向がある。

□□□ 254 You can make a presentation with someone else, or (　　　).
① by yourself　② to yourself　③ by your own　④ to your own

□□□ 255 A：How did you do in the speech contest?
B：I (　　　) (　　　) (　　　) (　　　) because you gave me good advice.
(あなたがよいアドバイスをしてくれたので勝つ(win)ことができました。)

□□□ 256 When Tom came into the café, we were about (　　　).
① leave　② leaving　③ to leave　④ to leaving

ポイント整理 31 can と be able to の違い

- 現在時制では **can** の方が好まれる。また口語では can が普通。
- 過去時制では使い方が異なる。

could：過去に繰り返しできた能力を表す。（1回だけのことには用いない）
My father said that he *could* do 50 push-ups when he was younger.
(父は若い時には腕立てふせが50回できたと言った)

was able to：過去に1回(だけ)できたことを表すことができる。
Our team *was able to* win the tournament.
(私たちのチームはそのトーナメントで勝つことができた)

＊できなかったときは couldn't と was not able to のどちらを用いてもよい。
Our team *couldn't*[*wasn't able to*] win in the tournament.
(私たちのチームはそのトーナメントで勝つことができなかった)

254 プレゼンテーションは，誰かと一緒にしても，またはひとりでしても構いません。
255 A：スピーチコンテストの結果はどうでしたか。
256 トムがカフェに入ってきたとき，私たちは出ようとしているところだった。

253 tend to do 「～する傾向がある」 解答 tend to

» tend は「(～に)向かう」が元の意味で，その後に**不定詞**を使い，「～する傾向がある，～しがちである」という意味を表す。

➕ tend の名詞形の tendency「傾向」を使った **There is a tendency for A to do** の形もある。これはフォーマルな表現になる。

There is a tendency for children *to* like sweets.

➕ 同じ意味を表す表現に，**be apt to do** があるが，会話では tend to do の方が好まれる。

254 by oneself 「ひとりで，独力で」 解答 ①

» 前置詞 by「～によって」を使うことで，他人に頼らず自分の力で行うことを表す。

➕ by oneself に似た形に **for oneself** がある。こちらは独力でも「自分の(利益の)ために」の意味になる。

I bought some roses *for myself*. (私は自分のためにバラを買った)

➕ by[for] oneself と同じ意味では **on one's own** がある。

✕ ③，④は on your own にすればよい。

Further Expressions 37 | oneself を使ったその他の表現

- **make oneself at home** (➔ 156)「くつろぐ」
- **help oneself to A** (➔ 157)「A を自由に取って食べる[飲む]」
- **in oneself**「それ自体」
  Online games *in themselves* are not bad.
  (オンラインゲームそれ自体は悪くはない)
- **beside oneself (with joy)**「(うれしさで)われを忘れて」
  We were *beside ourselves* with joy when our team won.
  (私たちのチームが勝ったとき，私たちはうれしさでわれを忘れた)

255 be able to do 「～することができる」 解答 was able to win

» be able to には can と同じ「～する能力がある」の意味があるが，「**過去に 1 回限りの行為ができたこと(1 回限りの成功)**」には，can の過去形 could は使えず，**was[were] able to** が使われる。本問は「勝つことができた」と，過去の成功について述べているので，was able to を使う。(➔ ポイント整理 31)

❗ 助動詞を続けて用いることはできないので，未来のことについて「～できるだろう」という意味を表す場合は ✕ will can do とは表現できない。can の代わりに be able to を使って **will be able to do**「～できるだろう」と表現する。

256 be about to do 「まさに～しようとしている」 解答 ③

» be about の後に**不定詞**を続けると，「まさに，今～しようとしている」という意味になる。be going to do「～するつもりだ」(➔ 2) よりも**差し迫った未来**を表す。

□□□ **257** A：What is cider (　　　) (　　　)?
(シードルは何からできているのですか。)
B：Apples.　　　*cider：シードル(リンゴ酒)

□□□ **258** Her name is Mutsumi, but she is known (　　　) her classmates as Emma. She chose the name because she likes Emma Watson.
① by　② to　③ for　④ as

257 B：リンゴです。
258 彼女の名前はムツミだが，彼女はクラスメートにはエマとして知られている。彼女はエマ・ワトソンが好きなのでその名前を選んだ。

257 be made from A 「Aから作られている」
解答 made from

>> 受動態の後ろにby以外の前置詞が続く表現。be made from A「Aで作られている」は，**性質が変化して元の材料や原料が何かわからない**場合に用いる。

+ **be made of A**「Aの素材でできた」もある。こちらは**元の素材や材料を変化させていない**場合に用いる。

I want a desk *made of* wood, not steel.
(私はスチールではなく木でできた机が欲しい)

258 be known to A 「A〈人〉に知られている」
解答 ②

>> **257**同様に，受動態の後ろにby以外の前置詞が続く表現。be known to Aは「A〈人〉に知られている」の意味になる。

+ **be known for A**「Aで知られている」，**be known as A**「Aとして知られている」もある。

Yubari in Hokkaido *is known for* its delicious melons.
(北海道の夕張はそのおいしいメロンで知られている)

Las Vegas *is known as* the capital of entertainment.
(ラスベガスはエンターテインメントの中心地として知られている)

ポイント整理32 by以外の前置詞をとるその他のbe done表現

- **be caught in A**「A(雨や渋滞など)にあう」
- **be covered with[in] A**「Aで[に]覆われている」
- **be filled with A**「Aでいっぱいである」
- **be based on[upon] A**「Aに基づいている」(➔526)

UNIT 30 情報を伝える(4) 修飾 譲歩

□□□ 259 [　]の中から適切なものを選びなさい。(259, 260)
While I was in the U.K., I visited York (　　　) is an old city in the north of England.
[that / , that / which / , which / where / , where]

□□□ 260 I went to a small cram school (　　　) I met Saki. She is my best friend.
(私は小さな塾に通い，そこでサキに出会いました。)
[that / , that / which / , which / where / , where]

□□□ 261 A：Do you know the reason (　　　) Mark is absent today?
B：He said he wasn't feeling well yesterday.

□□□ 262 A：The word color is spelled c-o-l-o-u-r in this text.
B：Yes, that's (　　　) the word is spelled in British English.
① what　② why　③ where　④ how

ポイント整理 33 関係詞の制限用法と非制限用法

制限用法には，先行詞を直接修飾して**意味を制限(限定)する**働きがある。一方，**非制限用法**は**付加的に情報を加える**働きをする。

(a) **制限用法**

He has a daughter *who* lives in China.（彼には中国に住んでいる娘がいる）

▶他にも娘がいる可能性がある → who 以下で「中国に住む娘」に制限(限定)している

(b) **非制限用法**

He has a daughter, *who* lives in China.

（彼には娘が1人いる。そしてその娘は中国に住んでいる）

▶カンマの前までで「娘は1人(だけ)いる」という内容が完結 → who 以下は付加的な情報

＊非制限用法で用いられる関係詞は which, who, whose, whom, when, where で，カンマの後に that は使えない。また，目的格の関係代名詞であっても省略できない。

259 私はイギリスにいる間，ヨークを訪れたのですが，それはイングランド北部にある古い街です。
260 彼女は私の親友です。
261 A：マークが今日休んでいる理由を知ってる？　B：昨日彼は気分がよくないと言っていたよ。
262 A：color という単語はこの文では colour とつづられています。
B：はい，それがイギリス英語でのその単語のつづり方です。

259 関係代名詞の非制限用法 — ,which 「そしてそれは」 解答 , which

» 先行詞となる名詞に〈カンマ(,)＋関係詞〉を続けて情報を加える働きをする。本問では先行詞(York)が，追加する情報の中の主語にあたるので，**非制限用法**の〈, which〉を選ぶ。また，非制限用法ではthatは使えない。(➔ ポイント整理 33)

❗ **制限用法**の which にすると「イギリスの複数のヨークのうち，イングランド北部にある古い都市ヨークを訪れた」となり，イングランドの北部の York の他にも York があるという意味になる。このように，**固有名詞が先行詞の場合，**原則として**非制限用法が使われる。**

260 関係副詞の非制限用法 — ,where 「そしてそこで」 解答 , where

» 「そしてそこで」(and there)の意味なので**非制限用法**の〈, where〉を選ぶ。追加される情報が完全な文になっているので，関係代名詞は使えない。

(➔ ポイント整理 33)

❗ 制限用法の where にすると「サキに出会った小さな塾に行った」の意味になるためここでは適切ではない。

➕ 非制限用法の **when** は，「そしてそのとき」(and then)の意味になることが多い。

An earthquake occurred in the middle of the night, *when* I was sleeping.

(真夜中に地震が起こったのですが，私はそのとき眠っていました)

261 why (関係副詞) — 先行詞が「理由」 解答 why

» **the reason** を先行詞とする関係副詞 **why** で理由を表す。先行詞の the reason や why を省略することも多い。(➔ ポイント整理 34)

➕ **That is why ...** 「そういうわけで～」の形でもよく使われる。

I want to be a math teacher. *That is why* I'm studying math hard.

(私は数学の先生になりたい。そういうわけで数学を一生懸命勉強している)

ポイント整理 34 〈the reason why S ＋ V〉における省略

関係副詞 **why** を使った文では，先行詞は **the reason** 「理由」となる。この形では why または the reason のいずれかを省略することが可能。

(a)I know the reason why Ken was absent yesterday. (省略しない文)

(b)I know why Ken was absent yesterday. (the reason を省略)

(c)I know the reason Ken was absent yesterday. (why を省略)

▶いずれも「私はケンが昨日休んだ理由を知っている」の意味。

262 That[This] is how ... 「それ[これ]が～する方法[やりかた]だ」 解答 ④

» **関係副詞**の **how** は That[This] is how の形でよく使われ，やりかた(方法)を示す表現である。how は**先行詞**(the way)**を省略**した形で使われる。how の代わりに the way を使って That is the way S＋V とすることもできるが，✕ That is the way how S＋V という表現は使われない。

□□□ **263** A：Can your son drive?

B：No, he is not (　　　) (　　　) to drive.

(いいえ，彼は車を運転するのに十分な年齢ではありません。)

□□□ **264** (　　　) you like it (　　　) (　　　), eating a lot of vegetables is good for you.

好むと好まざるとにかかわらず，たくさんの野菜を食べることは体によい。

□□□ **265** A：What type of restaurant do you like?

B：I like buffet-style restaurants. I can eat (w　　　) I like there.

(好きなものを何でも食べられます。)

□□□ **266** You can stay at our house (w　　　) you come to Tokyo.

東京に来るときはいつでも，うちに泊まっていいですよ。

□□□ **267** (　　　) (　　　) (　　　) tired you feel, you have to finish your homework today.

どんなに疲れを感じていても，あなたは今日宿題を終わらせなければならない。

□□□ **268** A：Are you going somewhere during Golden Week?

B：We'll stay home. (　　　) (　　　) (　　　), there'll be traffic jams.

(私たちがどこへ行っても渋滞しているでしょう。)

ポイント整理 35 whatever / whichever / whoever の用法

		〈譲歩〉
whatever	～するものは何でも (➔ 265) = anything that	たとえ何が[を]～しても = no matter what
whichever	どちらの～でも = any one that / either one that	たとえどちらが[を]～しても = no matter which
whoever	～する人は誰でも = anyone who	たとえ誰が[を]～しても = no matter who

263 A：息子さんは運転できますか。
265 A：どのようなタイプのレストランが好きですか。B：ビュッフェスタイルのレストランが好きです。
268 A：ゴールデンウィークの間どこかに行く予定ですか。B：私たちは家にいますよ。

263 形容詞[副詞]＋enough to do 「～するには十分…」 解答 old enough

» enough が形容詞・副詞を修飾する場合，〈**形容詞[副詞]＋enough**〉の語順になることに注意。

＋ enough が名詞を修飾して「十分な～」を表す場合には〈enough＋名詞〉の語順になる。
Do we have *enough sugar*?（砂糖は十分ある？）

264 whether S+V or not 「たとえ～であろうとなかろうと」 解答 Whether, or not

» whether と or not を組み合わせて，〈**譲歩**〉の意味を表す。

＋「～かどうか」の意味の接続詞としても使われる。(➔ p.41 ポイント整理 13, 270)

265 whatever (S)+V 「～するものは何でも」 解答 whatever

» 関係代名詞 who / which / what に -ever がついた形は，**複合関係代名詞**と呼ばれる。先行詞を取らず，その後に(S)＋V の形をとる。(➔ ポイント整理 35)

＋ whatever には「たとえ何が[を]～しても」という〈**譲歩**〉の意味もある。
Whatever she wears, my grandmother looks beautiful.
（何を着ようとも，私の祖母は美しく見える）

266 whenever S+V 「～するときはいつでも」 解答 whenever

» 関係副詞 when / where / how に -ever がついた形は，**複合関係副詞**と呼ばれる。先行詞をとらず，その後に S＋V の形をとる。(➔ ポイント整理 36)

267 no matter how＋形[副]＋S+V 「たとえどんなに～でも」 解答 No matter how

» no matter は「重要ではない」の意味で，その後に how tired「どんなに疲れているか」をとることでこのような〈**譲歩**〉の意味になる。

＋ 複合関係副詞 **however** を使って次のように言ってもよい。
However tired you feel, you have to finish your homework today.

268 wherever S+V 「たとえどこへ[に]～でも」 解答 Wherever we go

» 複合関係副詞 wherever を使ったこの表現は，「たとえ～でも」の〈**譲歩**〉を意味する。

＋〈**no matter where S+V**〉で表すこともできる。

＋ wherever には「～するところはどこでも」の意味もある。
We can go *wherever* you like this summer.
（この夏は君の好きなところに行っていいよ）

ポイント整理 36 whenever / wherever / however の用法

		〈譲歩〉
whenever	～するときはいつでも(➔ 266)	たとえいつ～しても ＝ no matter when
wherever	～するところはどこでも	たとえどこへ[に]～しても(➔ 268) ＝ no matter where
however	～するどんなやり方でも	たとえどんなに～でも(➔ 267) ＝ no matter how (＋形容詞[副詞])

UNIT 31 情報を伝える(5) 選択 根拠 否定 伝聞

□□□ **269** A：Can you come on (　　　) Monday (　　　) Tuesday?
(月曜日か火曜日に来ることはできますか。)
B：Tuesday is better for me.

□□□ **270** Do you know (　　　) the library is open on Sunday?
日曜日に図書館が開いているかどうか知っていますか。

□□□ **271** A：What was the weather like yesterday in Nagano?
B：It snowed (　　　) that many trains were delayed.
① much　② a lot　③ very much　④ so much

ポイント整理 37 either の主な用法

- **「どちらか一方」 either A**（単数名詞）／ **either of A**（複数名詞）
- **「どちらでも」 either A**（単数名詞）

Today or tomorrow, *either* day is fine with me.
（今日か明日，どちらでも大丈夫です）

＊ either は side，end，hand などの語の前について「**両方の**」の意味を表す。ただし，「両方の」を表すには普通 **both** が使われる。both の場合，名詞は複数形になるが，either の場合は単数形であることに注意。

You can find a bank on either side of the street. = You can find a bank on both sides of the street.
（通りの両側に銀行があります）

- **not + either 「(否定文で)どちらの～も…ない」**

Which do you prefer, baseball or soccer? — I do*n't* like *either* of them.
（野球とサッカーではどちらの方が好きですか — どちらも好きではありません）

＊ not + either = neither については(→ 82, 466)。

- **〈否定文，either〉「～もまた…ない」(→ 83)**

269 B：火曜日の方がいいです。
271 A：昨日長野の天気はどうでしたか。B：昨日はすごくたくさん雪が降ったので多くの列車が遅れました。

269 either A or B「AかBかどちらか」 解答 either, or

» either は「2つのうちどちらかの」が基本的な意味(➔ ポイント整理 37)。原則として，AとBには文法的に対等な表現がくる。

+ either A or B が主語の場合，原則として動詞はBに一致させる。
  Either my brother *or* I am coming to meet you at the station.
  (兄か私のどちらかがあなたを駅に迎えに行きます)

+ **neither A nor B**「AもBも～ない」の表現もある。(➔ **466**)

270 whether[if] S+V「～かどうか」 解答 whether[if]

» whether や if はここでは「～(する)かどうか」の意味の接続詞。ask / know / wonder などの動詞とよく組み合わせて使われる。whether[if]の後は原則としてS+Vが続く。くだけた会話では if の方が好まれる。

+ whether[if] A or B「AかBか」の形でも使われる。Bには① not や，② Aと対比される表現がくる。

  ① **whether[if] ～ or not**
  Do you know whether[if] the library is open on Sunday or not?

  ② **whether[if] A(S+V) or B(S+V)**
  I can't decide whether[if] I should go to college in Japan or I should study abroad next year. (来年日本の大学へ行くべきか留学すべきか決められません)

+ 〈**譲歩**〉の意味を表す〈**whether S+V or not**〉の形もある。(➔ **264**)

ポイント整理 38 whether と if の用法の違い

次のような場合は，whether の代わりに if を使うことができない。

- **whether が主語になる**
  Whether[×If] we use paper straws or not may make a big difference.
  (紙のストローを使うか使わないかは大きな違いを生むかもしれない)
- **whether の後に不定詞がくる**
  We talked about **whether**[×if] to take a train or a bus to go to Tokyo.
  (私たちは東京へ行くのに列車とバスのどちらにすべきかを話し合った)
- **whether の直後に or not がくる**
  I don't know **whether**[×if] or not I should study economics in college.
  (私は大学で経済学を勉強すべきかどうかわからない)

271 so+形容詞[副詞] that S+V「とても～なので…する」 解答 ④

» 〈so+形容詞[副詞]〉「とても～だ[に]」が，that 節以下の原因・根拠となっている。そして that 節以下に〈結果〉が置かれる。話し言葉では that は省略することもある。

□□□ **272** Canada (a large / is / that / country / such) it takes several days to go to Toronto from Vancouver by train.

□□□ **273** A：How often do you eat meat?
B：I don't eat it (a　　　) (　　　). I'm a vegetarian.
（私はまったく食べません。）

□□□ **274** There was (　　　) time to change trains at Tokyo Station, so we ran.
東京駅では乗り換えにほとんど時間がなかったので私たちは走った。
① a little　② little　③ a few　④ few

□□□ **275** Some people say that climate change has (n　　　) (　　　) (　　　) with global warming.
気候変動は地球温暖化とは関係ないと言う人がいる。

□□□ **276** It (　　　) (　　　) that the temple was built in the 10th century.
その寺は 10 世紀に建てられたと言われている。

Further Expressions ㊳ | have ～ to do with A の表現

- **have nothing to do with A**　「A と何の関係もない」
- **have a little to do with A**　「A と少し関係がある」
- **have something to do with A**　「A と何らかの関係がある」
- **have a lot[much] to do with A**　「A と大いに関係がある」

4 技能 Tips 23 〈It is said that ～〉の使い方 S

276 の形は，世間で広く言われているような事柄について表すのに適している。身の回りや個人的な事柄なら〈**I heard (that) S+V**〉(➔ 56)などを使うとよい。

It is said that Cleopatra was beautiful.
（クレオパトラは美人だったと言われている）
I heard (*that*) Mika is going to America to study.
（ミカがアメリカに留学するって聞きましたよ）

272 カナダはとても大きな国なので，バンクーバーからトロントまで列車で数日かかります。
273 A：どのくらいの頻度で肉を食べますか。B：私は菜食主義者です。

272 such＋a/an＋形容詞＋名詞＋that S＋V「とても～な A なので…だ」

解答 is such a large country that

» 271 とほぼ同じ意味を表す。271 では **so** の後に**形容詞・副詞**を置くが，後ろに**名詞**があるときは原則として本問のように **such** を使う。a large country の large につられて so を使わないように注意。(〈so＋形容詞＋a/an＋名詞〉の形 ➔ 569)

＋ that 以下を伴わないことも多い。

We went to Kamakura on Monday. It was such a beautiful day.

(私たちは月曜日に鎌倉へ行った。とても気持ちよく晴れた日だった)

273 not (…) at all「まったく…ない」

解答 at all

» **否定文**の最後に置いた **at all** には「まったく…でない」と**意味を強める**働きがある(➔ 465)。ここでは I **never** eat it.(それを食べることは決してありません)と言うこともできる。

＋ 似た形の not (…) all は，「すべてが…というわけではない」という部分否定の表現。(➔ 62)

＋ **Not at all.** はお礼やお詫びに対する返答に使われる表現で，「なんでもないですよ(どういたしまして)」や「まったくかまいません」などの意味。

274 little[few]＋A「A がほとんどない」

解答 ②

» **a little**[**few**]が「**少しある**」ことを表すのに対して，**little**[**few**]は「**ほとんどない**」ことを表す。A が**数えられない名詞**の時は **little** を使う。

＋ ややフォーマルな表現のため，会話では次のように言うことが多い。

There wasn't much time to change trains at Tokyo Station.

(東京駅では乗り換え時間があまりなかった)

＋ A が**数えられる名詞**(複数形)の場合，「A がほとんどない」は **few** を使う。

There were *few* people on the streets.

(通りには人がほとんどいなかった)

(➔ p.29 Further Expressions 5)

275 have nothing to do with A「A と関係がない」

解答 nothing to do

» have ～ to do with A で「A と～の関係がある」の意味。ここでは nothing を使っているので，「～とは無の関係」つまり「関係がない」ことになる。

(➔ Further Expressions 38)

276 It is said that S＋V「～であると言われている」

解答 is said

» 形式主語 It を使った文で，「言われている」内容を that 以下で示す形。伝聞を表す，やや硬い表現である。

＋ **They**[**People**] **say that S＋V** という言い方もある。こちらの方がくだけた表現。この they は一般的な「人々」の意味で使用され，特定の「彼ら」の意味ではない。

They[*People*] *say that* the temple was built in the 10th century.

UNIT 32 情報を伝える(6) 比較

□□□ 277 A：Is your brother older than you?

B：Yes, he is (　　　) than me.

① very old　② very older　③ much old　④ much older

□□□ 278 A：Is New York bigger than London in population?

B：Yes, there are (m　　　)(　　　) people in New York than in London.

(ええ，ニューヨークにはロンドンよりもずっと多くの人がいます。)

□□□ 279 A：Did he win the competition?

B：Yes, his score was (　　　)(　　　) the highest.

(はい，彼の得点はずば抜けて高かったです。)

□□□ 280 A：This is a photo of my brother and his friends. He is in the middle.

B：He is the tallest (　　　) the three. (3人の中で彼が一番背が高いね。)

277 A：あなたのきょうだいは，年上ですか。B：はい，ずっと年上です。
278 A：ニューヨークはロンドンよりも人口が多いですか。
279 A：彼は競技会で勝ちましたか。
280 A：これは私の兄と兄の友達の写真です。兄は真ん中です。

277 比較級を強調する much「ずっと／はるかに」

解答 ④

» **much** は**比較級を強める**語の 1 つで，**比較級の前**に置いて「ずっと～／はるかに～」の意味を表す。

＋ much の代わりに **far** や **a lot** も使われる。会話では a lot がよく使用される。✕ very は使わない。

278 many more A(複数名詞)「ずっと[はるかに]多くの A」

解答 many more

» 数が「ずっと[はるかに]多い」ことを表す場合，**複数名詞**には〈**many** more＋名詞〉を使う。

＋ 会話では many の代わりに **a lot** が使われる。また **far** を使うことも可能。

! much は比較級を強める語だが，more A の A が複数名詞のときには使えないので，✕ much more people としないように注意。money や water などの数えられない名詞には〈much more A〉の表現が使える。

279 最上級を強調する by far「ずば抜けて～／とびきり～」

解答 by far

» **by far** は「ずば抜けて～」の意味で，形容詞や副詞の**最上級の前**に置いてその程度を強める働きを持つ。

＋ **much** を使うことも可能とされるが，最近では by far の使用が一般的。

＋ very は〈the very＋最上級＋名詞〉の形で，best や worst などの一部の形容詞の最上級を強調して「本当に／確かに」の意味になることがある。

This is *the very best book* I have ever read.
（これは今まで私が読んだ中で確かに一番の本だ）

280 of A「A の中で」

解答 of

» どの範囲内で「最も～」なのかを示す際に，A が**複数を表す語句**の場合は **of** を使う。of「～のうち」の後には具体的な数字を置く場合が多い。

＋ 人称代名詞(us, them など)の前では **among** を使用する。

He is the youngest *among* us.（私たちの中で彼が一番若い）

＋ A が**範囲・集団を表す単数名詞**の場合は **in** を使う。

in my family（私の家族の中で），*in* my class（私のクラスの中で）

☐☐☐ **281** A：(　　　) is more important than health.
(健康ほど重要なものはない。)

B：Yes, it's more important than money.

☐☐☐ **282** We had the (　　　)(　　　) summer this year on record.
今年は観測史上２番目に暑い夏でした。

☐☐☐ **283** A：How is Tom? Is he any better today?

B：No, he is (　　　) today. (いいえ，今日彼はさらに悪いです。)

A：Where did he get the flu?

☐☐☐ **284** A：Rome is one (　　　)(　　　)(　　　)(　　　) in the world.
(ローマは世界で最も古い都市の１つだ。)

B：I want to visit it someday.

Further Expressions ㊴ ｜「～ほど…なものはない」の表現

「読書ほどおもしろいものはない」

- Reading books is *the most* interesting thing of all.〈最上級〉
- **Nothing** is *as*[*so*] interesting *as* reading books.〈原級〉
- **Nothing** is *more* interesting *than* reading books.〈比較級〉(➔ **281**)
- There is **nothing** *more* interesting *than* reading books.〈比較級〉
- Reading books is *more* interesting *than* anything else.〈比較級〉

281 B：はい，それはお金よりも大切です。
283 A：トムの具合はどうですか。今日は少しでもいいですか。A：どこでインフルエンザをもらったのですか。
284 B：私はいつかローマを訪れたいです。

281 Nothing is＋比較級＋than A「A ほど～なものはない」　解答 Nothing

» nothing を文頭に置いて「A よりも～なものはない」と A が一番であることを強調する表現。

➕ 〈**Nothing is＋as［so］＋原級＋as**〉を使っても表現できる。（➔ Further Expressions **39**）

Nothing is as important as health.

282 the＋序数＋最上級「…番目に～」　解答 second hottest

» 「…番目に～」という表現には，形容詞の最上級の前に序数詞（second / third など）を用いる。

283 worse「より悪い」　解答 worse

» ill「体調が悪い」や bad「悪い」の比較級は worse，そして最上級は worst である。ここでは体調のことなので ill の比較級になる。

➕ worse の反意語は better である。（➔ p.32 ポイント整理 10）

284 one of the＋最上級＋複数名詞「最も～な中の 1 つ」　解答 of the oldest cities

» 一番であるかわからない，または一番でないとしてもそれに近い場合はこの「最も～な中の 1 つ」という言い方が便利だ。

➕ among「～の中に（ある）」を使ってもほぼ同じ内容を伝えられる。

Rome is among the oldest cities in the world.

（ローマは世界で最も古い都市の中にある［1 つだ］）

□□□ **285** I (　　　) living in the city to living in the countryside.
私は田舎暮らしよりも都会暮らしが好きです。

□□□ **286** I would like to eat at home (r　　　) (　　　) go to a restaurant.
私はレストランへ行くよりも家で食べたいな。

□□□ **287** Playing online games too much is bad for your health, and (　　　), you may not have enough time to do your homework.
① what is more　　② that is more
③ what is most　　④ that is most

□□□ **288** It was snowing hard yesterday. On my way to the station, I slipped and fell. What (　　　) (　　　), I found all the trains were canceled.
(さらに悪いことには，すべての列車が運行停止だとわかった。)

4 技能 Tips 24　比較級＋ and ＋比較級 S

会話で「ますます[どんどん]～になっている」と強めて言いたいときは形容詞や副詞の比較級を二度繰り返して言うとよい。

- In summer, it is getting hotter and hotter in Japan.
(日本では夏はますます暑くなってきている)
- More and more people buy things online.
(ますます多くの人がオンラインで物を買います)
- The weather is getting worse and worse.
(天気はますます悪くなってきている)

287 オンラインゲームをやりすぎることは健康に悪いし，さらに宿題をする時間が十分にとれなくなるかもしれません。

288 昨日は雪が激しく降っていた。駅へ向かう途中，足を滑らせて転んでしまった。

285 prefer A to B「B より A を好む」 解答 prefer

» ラテン語由来の動詞 **prefer** を用いた表現では，比較対象を示す場合 than ではなく **to** を用いる。(その他のラテン比較級 ➔ **475, 476**)

➕ **like A more[better] than B**「A を B よりも好む」を使うこともできる。

I *like* living in the city *more*[*better*] *than* living in the countryside.

286 B rather than A「A よりもむしろ B」 解答 rather than

» A と B の 2 者間で比較して，B > A という内容を伝える。本問は B「家で食べる」> A「レストランへ行く」という関係を表現している。

➕ ほぼ同じ内容を伝えるのに **not so much A as B**「A というよりもむしろ B」があり，こちらはかなりフォーマルな表現になる。(➔ **558**)

287 what is more「さらに／その上」 解答 ①

» 関係代名詞 what で始まる慣用的な表現で，文を修飾する。

➕ **moreover** (➔ **394**)も同じ意味を表すが，what is more よりフォーマル。

➕ what is more の後には，本問のような望ましくない内容だけでなく，次のように望ましい内容も続けられる。

He is handsome, and *what is more*, he is rich.
(彼はハンサムで，その上お金持ちだ)

288 what is worse「さらに悪いことには」 解答 is worse

» **287** 同様に，関係代名詞 what で始まる慣用的な表現。bad の比較級 worse を使うことからこのような意味になる。

➕ 同じ意味の表現に不定詞を使った **to make matters worse** がある。(➔ p.135 Further Expressions **41**)

➕ 反対の意味の表現に **what is better**「さらによいことに」がある。

My new house is in a quiet area, and *what is better*, I can see Mt.Fuji from my windows.
(私の新しい家は静かな地域にあり，さらによいことには，窓から富士山が見える)

UNIT 33 考えや意図を伝える(3) 主張 評価 推量

289 A：You were not on the train this morning, were you?
B：It was raining hard. My father insisted (　　　)(　　　) me to school.（父が私を車で学校まで送っていくと言って譲らなかったの。）

290 A：Would you like to borrow this DVD?
B：Well, (　　　) be (　　　), I don't really like action movies.
（うーん，正直なところ，アクション映画はそんなに好きじゃないんだ。）

291 A：Designer clothes are too expensive.
B：(　　　) Why do we have to pay 50 dollars for a T-shirt?
① You can say that again.　② It can't be helped.
③ It can't be true.　④ That's the best I can do.

292 The small church is (　　　)(　　　) because it was built 1,000 years ago.
その小さな教会は千年前に建てられたので訪れる(visit)価値がある。

Further Expressions 40 ｜ 賛否を表す表現

【賛成のとき】
- I (totally) **agree with** you.「私は(完全に)あなたに賛成です」
- I think your idea **is very good**.「私はあなたの考えはとてもよいと思います」

【反対のとき】
- I **can't agree with** you.「賛成できません」
- I **have a different opinion about** it.「私はそれについて違った考えを持っています」

【部分的に賛成，または判断できないとき】
- **I'm not sure about** it.「それについては確信が持てません」
- **I can't agree completely.**「私は完全に賛成できるわけではありません」

289 A：今朝あなたは(いつもの)電車に乗っていなかったよね。B：雨が激しかったの。
290 A：このDVDを借りたい？
291 A：有名デザイナーの服は高すぎるわ。B：そのとおりだね。どうしてTシャツ1枚に50ドルも払わなければならないんだ。

289 insist on doing「～すると主張する／～すると強く言い張る」

解答 on driving

» insist は「主張する／（どうしても～する）と言い張る」の意味。on は前置詞なので，その後は名詞または動名詞になる。

＋ doing の代わりに that 節を使って表すこともできる。（➔ p.198 Further Expressions 60）
My parents *insist* (*that*) I (should) study harder.
（私の両親は私がもっと勉強するよう強く言います）

4 技能 Tips 25 I insist. の使い方 S

会話では **I insist.** という 2 語だけの表現を使うことがある。

A：Let me pay for our lunch.（お昼は私に払わせてください）
B：Let's split the bill.（割り勘にしようよ）
A：No, *I insist*.（いいえ，ぜひ払わせてください）

この会話の I insist. は「私は払うと主張する」の意味から「**ぜひ払わせて**」の意味になる。相手の主張に折れた形で **If you insist.**「あなたがそのように主張するなら → **そんなに言うのだったら／どうしてもと言うのなら**」という表現もある。

290 to be honest「正直なところ」

解答 to, honest

» honest は「正直な」の意味の形容詞。不定詞と組み合わせた表現で，文の他の部分から独立して使用するため「**独立不定詞**」と呼ばれる。

＋ to be perfectly honest「まったく正直に言えば」ということもある。

＋ 最後に with you「あなたに(対して)」をつけることもある。

Further Expressions 41 | その他の独立不定詞による表現

- **to be frank (with you)**「率直に言って」
- **to tell (you) the truth**「真実を話すと／実を言うと」
- **to begin with / to start with**「まず初めに」
- **to make[cut] a long story short**「手っ取り早く言えば」 *cut は主に〈英〉
- **to make matters worse**「さらに悪いことに」

291 You can say that again.「まったくそのとおりです」

解答 ①

» 直訳すると「あなたはそれをもう一回言うことができる」の意味から，「そのとおりだ」と，相手の言ったことに賛成の意向を示す慣用的な表現。

✖ ②「しょうがない」，③「それが事実であるはずがない」，④「それが私にできる精一杯です」

292 be worth doing「～する価値がある」

解答 worth visiting

» A is worth doing で，「A は～する価値がある」という意味になる。

＋ it を主語にして **It is worth visiting** the small church. とすることもできる。

□□□ **293** There's (in / about the exam / point / worrying / no) now. Just wait for the results tomorrow.（今試験のことを心配しても意味がないよ。）

□□□ **294** No (　　　) he was upset. He accidentally dropped his phone from the bridge.（彼が気落ちしていたのも当然だ。）

□□□ **295** A：I put my cake in the fridge, but it's gone. My brother (　　　) (　　　) (　　　) it.（弟がそれを食べたに違いない。）

B：No, it wasn't your brother. I ate it.

□□□ **296** You (　　　) Sam in town yesterday. He went back to Canada last week.

① may see ② may have seen ③ cannot see ④ cannot have seen

□□□ **297** A：The weather forecast says it's going to rain later today.

B：The baseball game (　　　) (　　　) canceled.

（野球の試合は中止されるかもしれないね。）

□□□ **298** It is (that / some students / likely / be / late / will) this morning because the trains are delayed.

Further Expressions ㊷ ｜ 過去の推量を表す〈助動詞＋ have done〉

- **may[might] have done**「～だった[した]かもしれない」
- **must have done**「～だった[した]に違いない」(➔ **295**)
- **cannot[couldn't] have done**「～だった[した／できた]はずがない」(➔ **296**)
- **should have done**「当然～した[している]はずだ」「～すべきだったのに(しなかった)(➔ p.102 **4 技能 Tips 18**)」

293 ただ明日の結果を待とうね。
294 彼は携帯を橋からうっかり落としちゃったんだ。
295 A：私のケーキを冷蔵庫に入れたのになくなっているの。B：いや，それは君の弟じゃないよ。ぼくが食べたんだ。
296 昨日，君が町中でサムを見かけたはずはないよ。彼は先週カナダに戻ったんだ。
297 A：天気予報によると，今日は後で雨が降るよ。
298 列車に遅れが出ているので，今朝は生徒の中の何人かは遅刻しそうだ。

293 There is no point (in) doing「～することに意味はない」

解答 no point in worrying about the exam

» **292** 同様に，動名詞を使った慣用的な表現。point はここでは「意味[意義]／目的」などの意味で，there is no point「意味がない」と言っている。会話では in を省略し，フォーマルな文では入れることが多い。

＋ **It is no use doing** もほぼ同じ意味を表す。

294 No wonder S+V「～は当然だ」

解答 wonder

» wonder「不思議」から **no wonder**「まったく不思議ではないこと→**当然のこと**」の意味になる。**It is no wonder (that) S+V** は，形式主語の形(→ **76**)の文であるが，会話ではこのように It is を省略することが多い。

295 must have done「(過去の推量)～したに違いない」

解答 must have eaten

» must have done は「**～したに違いない**」という確信を持った〈**過去の推量**〉を表す。

296 cannot have done「(過去の推量)～したはずがない」

解答 ④

» cannot have done は「**～したはずがない**」という確信のある〈**過去の推量**〉を表す。

297 助動詞+be done

解答 may[might] be

» 受動態(be done)に助動詞 may[might]「～かもしれない」を組み合わせた形。

Further Expressions ㊸ | 助動詞を含む受動態のよく使う表現

- **must be done**「～されなくてはならない」
- **can[could] be done**「～されることができる／～されうる」
- **may[might] be done**「～されるかもしれない」(→ **297**)
- **should be done**「～されるべきだ／～されるはずだ」
- **will be done**「～されるだろう」

298 It is likely that S+V「～しそうである／たぶん～だろう」

解答 likely that some students will be late

» It is ~ that... の形(→ **76**)で it は形式主語。likely は形容詞で「ありそうな，起こりそうな」の意味。

＋ 人を主語にした **A is likely to do** で表してもよい。

Some students *are likely to* be late this morning because the trains are delayed.

UNIT 34 考えや意図を伝える(4) 条件 仮定

□□□ **299** A：I'll go skiing tomorrow, (　　　) the weather is not good.
B：I'd rather go on a sunny day.
① even if　② if　③ because　④ when

□□□ **300** A：You speak Japanese (　　　)(　　　) it was your native language.
(あなたは日本語をまるで母国語であるかのように話しますね。)
B：I was born in Canada, but I grew up in Japan.

□□□ **301** Mei wasn't in the competition because she was injured. (O　　), she would have won.
(もしそうでなかったなら，彼女は勝っていただろう。)

□□□ **302** Sarah won't go to sleep (　　　) her father reads her a story.
サラは父親が彼女に物語を読まない限り寝つかない。
① if　② whether　③ unless　④ unlike

ポイント整理 39 otherwise の使い方

(a)「**さもなければ／もうしそうでなければ**」(if...not の仮定法 ➔ 301)
(b)「**それを除けば／それ以外は**」
Our house is a bit small for five people to live in. *Otherwise*, I like it.
(私たちの家は５人で暮らすには少し狭い。それを除けば私はそれが好きです))
(c)「**違ったふうに**」
That politician thinks the economy is the most important thing, but I think *otherwise*.
(あの政治家は経済が最も大切だと考えるが，私は違ったふうに考える)

299 A：明日たとえ天気が悪くてもスキーに行くわ。B：ぼくはむしろ晴れた日に行きたいね。
300 B：私はカナダで生まれましたが日本で育ちました。
301 メイはけがのせいで競技に出場しなかった。

299 even if S+V「たとえ…だとしても」

解答 ①

» even は「～でさえ」の意味で，if を使うことから「(これから先)たとえ～があった[起こった]としても」の意味になる。

❗ 似た表現に **even though** があるが，even if が「たとえ～でも」と「**仮定**」を表すのに対し，even though は「～ではある[あった]が」と「**事実**」を表すといった傾向がある。

Even though he failed the exam, he didn't look sad at all.

(彼は試験に落ちたが，悲しそうにはまったく見えなかった)

300 as if[though]＋仮定法過去 「まるで～であるかのように」

解答 as if[though]

» 「実際にはそうではない(だろう)」が前提にある仮定法。ここでは「実際には母国語は日本語ではない(だろう)」がその前提となる。したがって as if の後の動詞は過去形(were や was)が基本だが，最近は is を使うことも多い。

➕ if の代わりに **though** を使用することもある。

301 if 節の代用 — otherwise「さもなければ／もしそうでなければ」

解答 Otherwise

» otherwise は 1 語で**仮定法の if … not** と同じ内容を表すことができる。ここでは前述の内容を受けて，if she had not been injured「もし彼女がけがをしていなかったならば」の意味になる。

➕「さもなければ／もしそうでなければ」の意味で，仮定法を使わない例もある。

We should leave home very soon. Otherwise, we'*ll* miss the train.

(ぼくたちは早く家を出た方がいいよ。そうでないと電車に乗り遅れる)

302 unless S+V「…しない限り／…する場合を除き」

解答 ③

» unless は前の内容を前提として，それに**当てはまらない例外**を示し，「～しない限り」という否定の〈条件〉を表す。

➕ 〈**if＋not**〉(仮定法ではない)と同じ意味を表し，本問は *if* her father does*n't* read her a story とすることも可能。ただしこのような言い換えができない場合もある。(→ ポイント整理 40)

✖ ④ unlike は「～と異なり」の意味。

ポイント整理 40 〈if＋not〉と unless の違い

〈if＋not〉は unless を用いて常に書き換えができるわけではない。

(a) I'll be sad if I do not pass the exam. ○

(b) I'll be sad unless I pass the exam. ×

〈if＋not〉を使った(a)は，「私が試験に受からなければ(そのとき)悲しいだろう」の意味の一般的な条件を表すが，unless を用いた(b)の文は，「私が試験に受からない限り悲しいだろう」の意味となる。unless は「～でない限り」の意味なので，試験に受からない限り，それ以外では何があってもずっと悲しい気持ちでいるだろう，となるため不自然である。

□□□ **303** If (　　) (　　) (　　) (　　) earthquakes, we could live more safely.
地震がなかったら私たちはもっと安全に暮らせるのに。

□□□ **304** If the Titanic (　a　) enough life boats, all the passengers (　b　) saved.
① (a) had　(b) could be　② (a) had　(b) could have been
③ (a) had had　(b) could be　④ (a) had had　(b) could have been

□□□ **305** (　　) gasoline-engine cars, the air (　　) be much cleaner.
もしガソリンエンジンの車がなければ，空気はもっときれいなのに。

□□□ **306** A：How did you do in the exam?
B：Well, it was very difficult. (　　) a little more time, I (　　) (　　) (　　) all the questions.
(もう少し時間があったらすべての質問に答えることができたのに。)

□□□ **307** I'll go to the sea to swim tomorrow, (w　　) (p　　).
天気がよければ明日は海に泳ぎに行くよ。

□□□ **308** (a) When I look back, I really enjoyed my club activities in high school.
(b) (　　) back, I really enjoyed my club activities in high school.

Further Expressions ㊹ | 会話で用いる慣用的な分詞構文(1)

- **thinking about[of] A**「Aについて考えてみると」
  Thinking about gender equality, I think Japanese men should do more housework.
  (男女の平等について考えると，日本人男性はもっと家事をすべきだと思います)
- **going back to A**「〜のこと[話題]に戻ると」
  Going back to the topic of global warming, what can we do about it?
  (地球温暖化についての話題に戻ると，それについて私たちに何ができますか)

304 もしタイタニック号に十分救命ボートがあったなら，すべての乗客が救助されただろうに。
306 A：試験はどうだった？　B：うーん，とても難しかったよ。
308 (a)(b) 振り返ってみると私は高校では本当にクラブ活動を楽しんだ。

303 仮定法過去 If it were not for A「もし A がなければ」 解答 it were not for

≫ 仮定法過去の慣用的な表現で，「もし，今 A がなければ」という現在の事実の反対を仮定して述べている。本問では「地震がなければ」と仮定している。続く主節では仮定法過去を使う。(➔ 489)

➕ 会話では **without A** を使うことが多い。(➔ 305)

304 仮定法過去完了 If＋S＋動詞の過去完了形～, S'＋would[could / might / should]＋have done ...「もしあの時～だったら，…だっただろうに」

解答 ④

≫「あの時(実際はそうではなかったが)もし～だったら」という**過去の事実に反する仮定**を表す形。(a)には過去完了形を作る had と，動詞 have「持つ」の過去分詞が入る。(b)は「救助されただろう」の意味になるので，受動態と組み合わせて could have been saved となる。

305 仮定法での Without A「もし A がなければ[なかったら]」

解答 Without, would

≫ 仮定法過去にも仮定法過去完了にも使われる。303 の if it were not for A と同じ意味を表すが，without A は 2 語で済むことから会話で好まれる。

➕ 同じ意味で **but for** があるが古風な表現で主に小説などで見られる。(➔ 561)

306 仮定法での With A「もし A があれば[あったら]」

解答 With, could have answered

≫ 305 の without A に対して，「もし～があったら」の意味で with A を用いることがある。仮定法過去にも仮定法過去完了にも使われる。ここでは過去(試験の終了時)における事実に反する仮定法なので，主語の I 以下は仮定法過去完了の could have answered の形になる。

307 weather permitting「天気がよければ」 解答 weather permitting

≫ permit は「許可する」の意味で，ここでは「もし天気が許せば→天気がよければ」の意味。慣用的な**分詞構文**で，会話でもよく使用する。文頭に置いてもよい。

308 looking back「振り返ってみると」 解答 Looking

≫ 分詞が〈接続詞＋S＋V〉の役割を果たす**分詞構文**で，ここでは Looking が When I look の代わりとなる。

UNIT 35 さまざまな質問をする(2)

□□□ 309 A：(　　　)(　　　)(　　　)(　　　) most about your boyfriend?
(あなたはボーイフレンドのどこが一番好きですか。)
B：He is very funny. He always makes me laugh.

□□□ 310 A：What (　　　) is (　　　) today?
B：It's Wednesday.

□□□ 311 A：(　　　) was the score of your test?
B：I got 85 out of 100.

□□□ 312 A：(is / when / remember / do / birthday / you / Tom's)?
(トムの誕生日がいつか覚えていますか。)
B：Yes, it's March 20th.

□□□ 313 A：(we / do / why / you / stop / think / should / using) disposable chopsticks?
(なぜあなたは，私たちは使い捨ての箸の使用をやめるべきだと思いますか。)
B：Because many trees are cut down to make disposable chopsticks, and that is a waste of natural resources.

309 B：彼はとてもおもしろいんです。いつも私を笑わせてくれます。
310 A：今日は何曜日ですか。B：水曜日です。
311 A：あなたはテストで何点取ったの。B：100 点中 85 点だったよ。
312 B：うん，3 月 20 日だよ。
313 B：なぜなら，使い捨ての箸を作るために多くの木が伐採され，それは天然資源のむだ遣いになるからです。

309 What do you like about A?「Aのどこが好きか」 解答 What do you like

» 物や人の好きなところを聞く決まった表現。日本語の「どこが」につられて where を使用する誤りが多いので注意する。

310 What day is it today?「今日は何曜日ですか」 解答 day, it

» 「**曜日**」は day of the week で，曜日を問うには of the week を省略し，時を表す it を使い What **day** (of the week) is it today? とする。

＋「**日にち**」には **date** を使い「今日は何日ですか」は **What is today's date?** と言う。

311 名詞を尋ねる場合は what を使う 解答 What

» 本問は，テストの点数(**名詞**)を尋ねているので，疑問詞は **what** を用いる。

＋ 物事の状況や様子など，「**形容詞・副詞**」を使った返答を求める場合は **how** を用いる。
"*How* was your test?" "Not bad."（「テストはどうだったの。」「悪くはなかったよ」）

! 日本語の「テストの点はどうでしたか」につられて，× How was the score としないように注意。

312 間接疑問の語順 — Do you remember＋疑問詞で始まる間接疑問

解答 Do you remember when Tom's birthday is

» 元になる文は When is Tom's birthday?「トムの誕生日はいつか」。これを Do you remember「覚えているか」で始まる文に組み込んだ間接疑問文を作る。**Yes か No での答えを求める文**なので，Do で始める。**間接疑問**の疑問詞の後は**平叙文の語順**になるので when Tom's birthday is となる。

313 間接疑問の語順 — 疑問詞＋do you think S＋V?

解答 Why do you think we should stop using

» **do you think[believe / suppose / expect]**など，Yes または No の答えではなく，具体的な内容を求める間接疑問文では，**疑問詞が必ず文頭にくる**。本問では why should we stop using ... の why が文頭にくる。do you think の後は we should ... の語順になることに注意。

□□□ 314 A：We are going to have our wedding in the garden of the hotel.

B：(　　　)(　　　) it rains?（もし雨が降ったらどうするの？）

□□□ 315 A：①What are you worried?

B：②Nothing.　③I'm OK.　④Thank you for asking.

□□□ 316 A：We've had a lot more rain this summer. It might affect our daily lives.

B：What (do / have / does / to / our lives / it / with)?

（それは私たちの生活とどう関係するのですか。）

A：Too much rain usually makes the price of vegetables higher.

□□□ 317 A：Didn't you eat breakfast this morning?

B：(　　　)（食べました。）

① Yes, I did.　② Yes, I didn't.

③ No, I did.　④ No, I didn't.

□□□ 318 Look at these Scandinavian flags. Do you know (　　　)?

（どれがどれかわかりますか。）

① which　② what　③ which is which　④ what is what

Further Expressions ㊺ ｜ 感情を表す〈be done ＋前置詞〉の疑問文

What are **you** interested in**?**	「あなたは何に興味がありますか」
What are **you** bored with**?**	「あなたは何に退屈していますか」
What are **you** tired of**?**	「あなたは何にうんざりしていますか」
What were **you** surprised at**?**	「あなたは何に驚きましたか」
What are **you** worried about**?**	「あなたは何を心配していますか」

314 A：私たちは結婚披露宴をホテルの庭で開くつもりです。

315 A：あなたは何を心配しているの？　B：何も。大丈夫です。聞いてくれてありがとう。

316 A：今年の夏は(平年より)雨がはるかに多い。それが私たちの日常生活に影響するかもしれない。

A：雨が多すぎると，たいてい野菜の値段が上がるんだ。

317 A：今朝は朝食を食べなかったのですか。

318 これらのスカンジナビアの国々の旗を見てください。

314 What if S+V?「もし～ならどうするのか」
解答 What if

» 会話でよく用いる慣用的な表現。What will happen if S+V? または What will you do if S+V? を短くした形。

+ 場合によっては「～してみたらどうか」という提案にもなる。

315 〈be done＋前置詞〉の疑問文
解答 ① What are you worried ? → What are you worried about?

» 疑問代名詞(主に what)で始まる受動態(分詞形容詞を使った形を含む)の疑問文では，文末に前置詞が必要なものがある。ここでは be worried about A (A を心配している)の A を疑問詞(what)に代えて，何を心配しているかを尋ねている。文末の about を忘れないようにすること。(➔ Further Expressions 45)

316 What does A have to do with B?「A は B とどんな関係があるのか」
解答 does it have to do with our lives

» A has something to do with B (➔ p.126 Further Expressions 38)「A は B と何らかの関係がある」などの文を what で始まる疑問文にした形。A と B の関係やつながりを聞くのに便利。

317 否定疑問文への答え方 ― 肯定の内容なら〈Yes, 肯定文〉／否定の内容なら〈No, 否定文〉
解答 ①

» 英語では，返答の内容が肯定なら〈Yes, 肯定文〉，否定の内容であれば〈No, 否定文〉の形にする。本問の場合，食べたのであれば Yes, I did. と答え，食べていないのなら No, I didn't と答える。

4 技能 Tips 26 否定疑問文に正しく答えるには S

否定疑問文への答えを日本語にして考えると間違えやすい。例えば 317 の疑問文には日本語では「いいえ，食べました」と言うため，× No, I did としてしまいがちだ。しかし，英語では〈Yes, 肯定文〉と〈No, 否定文〉の組み合わせしかない。正しく答えるポイントとしては，**否定疑問文で聞かれたら，肯定の疑問文にして考える**とよい。

Didn't you eat breakfast? → Did you eat breakfast?

これは否定疑問文も肯定の疑問文も答え方が同じになるためで，どちらで聞かれても，食べたなら〈Yes, I did〉，食べなかったら〈No, I didn't〉で答える。

318 which is which「どれがどれ(だ)か」
解答 ③

» 複数ある中でどれがどれであるかを聞くときに用いる表現。

+ コーヒーが 2 つあり，1 つはブラックでもう一方は砂糖入りの時などに Which is which?「どちらが砂糖入りまたはブラックですか」などのようにも使う。

+ 同じ形の表現に **who's who**「誰が誰だか」や **what's what**「何が何だか／物事の道理」などもある。これらは短縮形 what's や who's を使うのが普通。

UNIT 36 コミュニケーションを円滑にする(2) 連想 応答 転換 追加

□□□ 319 A：Sam solved my computer problem so easily.
B：When it (　　　)(　　　) computers, he is an expert.
(コンピューターに関して言えば，彼は専門家です。)

□□□ 320 Robert wants to visit Portugal this summer. (　　　) his wife, she wants to go to Norway.
① If not　② Even if　③ As if　④ As for

□□□ 321 A：When are Mark and Kelly getting married?
B：On May 14th. Oh, (s　　　)(　　　) their wedding, what shall we give them as a present?
(ああ，彼らの結婚式と言えば，プレゼントに何をあげようか。)

□□□ 322 A：There was a phone call from Colleen.
B：Oh, that (　　　) me. I have to return a book to her.
(ああ，それで思い出した。)

□□□ 323 A：(　　　) that my passport expires sometime this year.
B：You should check the date. We're traveling overseas this summer.
*expire：期限が切れる
① It's occurred for me　② It's occurred to me
③ I've occurred for me　④ I've occurred to me

□□□ 324 A：Can you speak any other languages (a　　　) from English?
(英語以外に話せる他の外国語はありますか。)
B：I can speak French.

319 A：サムは私のコンピューターの問題をすごく簡単に解決したよ。
320 ロバートは今年の夏ポルトガルに行きたがっている。彼の奥さんについて言えばノルウェーに行きたがっている。
321 A：マークとケリーはいつ結婚しますか。B：5月14日ですよ。
322 A：コリーンから電話があったよ。B：彼女に本を返さなきゃ。
323 A：ふと思ったのだけど，ぼくのパスポートは今年のどこかで期限が切れるんだ。B：日付を確認すべきよ。私たちはこの夏，海外旅行に行くんだから。
324 B：フランス語が話せます。

319 when it comes to A[doing]「A のこと[～すること]になると」 解答 comes, to

» 「A のこと[～すること]になると」,「A [～すること]に関して言えば」の意味の慣用的な表現。この to は不定詞を作る to ではなく前置詞なので，その後は名詞や動名詞が来る。

＋ This book is really useful when it comes to learning English grammar.
（英文法を学ぶことに関して言えば，この本はすごく役立ちます）

320 As for A「(文頭で)A について[関して]言えば」 解答 ④

» 通例**文頭**に置き，前述の**人**や**事柄**に関連する新しい情報を述べるのに用いる。

＋ 似た表現に **as to** がある。as for がその後に**人**を置くことができるのに対して as to は一般的に**事柄**が来る。また文頭より**文中**に置くことが多い。

I have no complaint *as to* the salary. （給与に関しては何の不満もない）

✕ ①は「もし～でなければ」，②は「たとえ～であっても」，③は「まるで～のように」の意味。また①②③はすべて接続詞を用いた表現なので，後には S+V が必要であり，ここでは不適。

321 speaking[talking] of A「A と言えば」 解答 speaking of

» **分詞構文**による慣用的な表現。会話の最中に何かを連想したり思い出したりするなどして，そちらへ話題を移すときに使われる。一般的な分詞構文は主に書き言葉で使われるが，このように会話でよく使われる表現もある。

＋ 話している話題を which で受けて，**Speaking[Talking] of which**（そういえば）と言うこともある。

Further Expressions ㊻ | 会話で用いる慣用的な分詞構文(2)

- **judging from A**「A から判断すると」
- **looking back**「振り返ってみると」(➔ 308)
- **generally speaking**「一般的に言えば」(➔ 410)
- **considering A**「A を考慮すると」(➔ 408)

322 That reminds me.「それで思い出した」 解答 reminds

» 会話中にその内容に関連して何かを思い出したときに用いる慣用的な表現。remind は「(人)に思い出させる」の意味。

＋ **thank you for A**（➔ 11）の形を使った **Thank you for reminding me.**（思い出させてくれてありがとう）という表現もよく使われる。

323 It occurred to me that S+V「～ということがふと思い浮かんだ」 解答 ②

» **occur to A** で「考えが A（人）に浮かぶ」の意味。It は that 以下を受ける形式主語。本問の It's は It has の短縮形。

❗ occur は**人を主語にしない**点に注意。

A very good idea suddenly *occurred to me*.（突然すごくいい考えが浮かんだ）

324 apart[aside] from A「A は別にすると／A はさておき」 解答 apart[aside]

» 副詞の apart「離れて」に from A がついて「A から離れて→ A を別にすると」の意味になる。

＋ **except for A** もほぼ同じ意味。

□□□ **325** A：Do you think life is better in the countryside?

B：That (d　　　). If you want excitement, it can be boring there.

(それは場合によります。)

□□□ **326** A：Are you happy with your new job?

B：Well, (　　　). I like my job and my co-workers are nice, but sometimes it's stressful.

(うーん，どちらとも言えないです。)

① yes and no　② yes but no

③ no and yes　④ no but yes

□□□ **327** A：OK. That'll be the agenda for our next meeting. (　　　) (　　　)(　　　), how is your son?

(ところであなたの息子さんはお元気ですか。)

B：Oh, he is enjoying his college life.

□□□ **328** A：How was your mid-term exam?

B：(　　　). I did well in English, but not so well in math.

① More or less　② So so　③ Awful　④ Brilliant

□□□ **329** If you want to live in a foreign country, you should learn about the culture, not to mention the language.

① to begin with　② to make matters worse

③ to say nothing of　④ to the best of my knowledge

325 A：田舎の生活の方がよいと思いますか。B：もし刺激が欲しいなら，そこでは退屈かもしれません。

326 A：新しい仕事は楽しいですか。B：仕事は好きで，同僚は親切だけれどときどき精神的に疲れます。

327 A：よし。それは次回の会議の議題になるね。B：ああ，息子は大学生活を満喫しています。

328 A：中間試験はどうだった？　B：まあまあだね。英語はできたけど，数学はそれほどよくなかったよ。

329 もしあなたが外国で暮らしたいのなら，言語は言うまでもなくその文化について学ぶべきです。

325 That depends.「状況次第です／時と場合によります」 解答 depends

» 条件や状況によって答えが変わる場合に用いる慣用的な表現。**It depends.** や単に **Depends.** とも言う。

326 yes and no「どちらとも言えません」 解答 ①

» はっきり yes または no に決められない場合，このように答える。必ず yes が先になる。この答えの後に，yes と no のそれぞれの理由を相手に説明するようにする。

327 by the way「ところで」 解答 By the way

» 「ところで」と話題を転換する働きがある。1つの話題について話し終えた後で，話題を切り替えるのに便利。補足的な情報や，雑談を始める際に使われることが多く，重要な話題に入るときに by the way で切り出すと，あまり真剣な話ではないという印象を与えることがある。

4技能 Tips 27 by the way の使い方 S

△① A：Did you know Tom has a new girlfriend?
(トムに新しい彼女ができたのを知ってましたか？)
B：Yes, I've met her. *By the way*, shall we talk about our presentation later?
(ええ，会ったことがあります。ところで，あとで我々のプレゼンについて話をしませんか)

○② A：Shall we talk about our presentation later?
(あとで我々のプレゼンについて話をしませんか)
B：Yes, let's. *By the way*, did you know Tom has a new girlfriend?
(そうしましょう。ところで，トムに新しい彼女ができたのを知ってましたか？)

①のように重要な話を始めるときではなく，②のように雑談を始める際に by the way を使うのがよい。

328 so so「まあまあ」 解答 ②

» 何かの結果や状況などについて，よくもないがあまり悪くもない場合に答えとして使用する表現。本問では，「英語はよくできたけど，数学はそれほどよくなかった」と続けていることから，「まあまあだったよ」という返答が入る。

＋ so-so とハイフンを入れてつづることもある。

✕ ①は「多かれ少なかれ／多少は」，③は「ひどい」，④は「すばらしい」の意味。

329 not to mention A「Aは言うまでもなく」 解答 ③

» 前の内容を受けて，それに加えるもの(ここでは the language)を強調して「～は言うまでもなく」という意味で使われる慣用的な表現。同意の **to say nothing of A** はやや古風な表現。

❗ **let alone** も同じ意味だが，否定文の後で使う。
She is a vegetarian. She doesn't eat fish, *let alone* meat.
(彼女は菜食主義者だ。肉は言うまでもなく魚も食べない)

UNIT 37 時・頻度を表す

□ 330 I (a) you when I (b) in New Zealand.
ニュージーランドに着いたらメールします。
① (a) email (b) arrive ② (a) will email (b) arrive
③ (a) email (b) will arrive ④ (a) will email (b) will arrive

□ 331 The (came / time / I / first / to / Japan), I was surprised that there were so many vending machines.

□ 332 A : ( ) ( ) I see my grandmother, she looks healthier.
(私が祖母に会うたび，祖母はますます元気そうだよ。)
B : How old is she?

□ 333 A : I heard you lived in India as a child.
B : Yes, and I'm going back to India this summer for ( ) ( ) ( ) in 15 years.
(ええ，そして，今年の夏私は 15 年ぶりにインドへ戻ります。)

□ 334 It was snowing, but our plane took off at Aomori Airport ( ) time.
雪が降っていたが，私たちの飛行機は青森空港を時間どおりに飛び立った。

331 日本に初めて来たときに，すごくたくさんの自動販売機があるのに驚きました。
332 B：おばあさんはおいくつですか。
333 A：あなたは子どもの時にインドにお住まいだったとお聞きしました。

330 時・条件を表す接続詞 ― 節内は現在時制 解答 ②

≫ 時や条件を表す接続詞が導く節の中では，原則として未来の内容でも will を使わず現在形で表す(➔ p.40 ポイント整理 12)。本問では，時を表す接続詞 when「～するとき」が使われているので，現在形が使われる。(➔ p.41 ポイント整理 13)

331 the first time S+V 「初めて～するとき」 解答 The first time I came to Japan

≫ 時を表す接続詞には when や while などがあるが，the first time も接続詞として働く語句である。よってその後に S+V をとる。

332 every[each] time S+V 「～するたびに」 解答 Every[Each] time

≫ この2語からなる語句は1つの接続詞の働きをしている。よってその後に S+V をとる。

Further Expressions 47 | time で時を表す接続詞

the first time や every[each] time のように，(the)... time と組み合わせて時を表す接続詞として働く語句には次のようなものがある。

- **the last time S+V**「最後に～したとき」
- **(the) next time S+V**「次に～するとき」
- **the second time S+V**「2度目に～したとき」
- **any time S+V**「～するときはいつでも」 ＊anytime と1語にすることもある。

Next time I go to London, I want to go to the British Museum.
(次にロンドンに行くときには大英博物館に行きたい)
Any time you are in Tokyo, please call me.
(東京に(来て)いるときはいつでも連絡してね)

333 for the first time in＋期間 「～ぶりに」 解答 the first time

≫ **for the first time** は「初めて」の意味で(➔ **122**)，その後に〈**in＋期間**〉を入れることで「～の間で初めて→～ぶりに」の意味になる。

＋ for the first time in 15 years は「15年間で初めて」の意味なので，日本語では「**15年ぶりに**」と言うことが多い。in 以下がなければ，「(生まれてから)初めて」の意味になる。

334 on time 「時間どおりに」 解答 on

≫ on は時間軸の上にあることを表すため，その「時間どおりに」の意味になる。

□□□ **335** My train was delayed, but I was (　　　) time for my friend's wedding.
私の列車は遅れたが友人の結婚式には間に合った。

□□□ **336** (A　　　) (　　　) (　　　) you are a student at this school, you can use this tablet for free.
あなたはこの学校の生徒でいる間は，このタブレットを無料で使用できます。

□□□ **337** A：How often should I take this medicine?
B：Take two tablets (　　　) after every meal.
① at a time　② at the same time
③ on time　④ in time

□□□ **338** A：How often do you eat toast for breakfast?
B：(　　　).
① Two a week　② Twice a week
③ Two the week　④ Twice the week

□□□ **339** A：How often do you have English lessons?
B：(　　　) day.
① Every other　② Every another
③ Each other　④ Each another

337 A：この薬はどのくらいの頻度でとるべきでしょうか。B：毎食後に一度に２錠服用してください。
338 A：どのくらい頻繁に朝食にトーストを食べますか。B：週２回です。
339 A：どのくらい頻繁に英語の授業がありますか。B：１日おきです。

335 in time 「間に合って」 解答 in

» in は限られた時間の幅の中を表すため，その「時間内に」の意味になり，決められた時刻よりも前に到着していることを表す。in time for A 「A に間に合って」の形でよく使われる。

＋ in time には「やがて，そのうち」の意味もある。

At first, living abroad might seem strange, but *in time* you'll get used to it.
（外国での生活ははじめは奇妙に思えるかもしれないが，そのうち慣れるだろう）

336 as long as S+V 「S が～する限り[間]は」 解答 As long as

» 「(時間が)～もの長い間」が基本的な意味の慣用的表現。ここでは「この学校の生徒でいる間は」の意味。最初の as の代わりに so を使って so long as としてもよい。

＋ 〈as long as S+V〉は「S が～しさえすれば」という〈**条件**〉の意味になることもある。(➔ **494**)

I'll buy you a tablet computer *as long as* you use it for your studies.
（あなたがそれを勉強に使いさえすればタブレットを買ってあげよう）

337 at a time 「一度に」 解答 ①

» at a time と a がつくことからこの time は「時刻」の意味ではなく，「一度の機会」の意味。

✕ ②は「同時に」，③は「時間どおりに」，④は「時間に間に合って」の意味。

338 twice a week 「1 週間に 2 回」 解答 ②

» 回数の表現(twice)と，時間の長さの範囲を表す語(week)の間に置く不定冠詞の **a** は「**～につき**」の意味を持つ。(➔ p.57 ポイント整理 18)

＋ **per** も同様の意味を持つが，フォーマルな場面や専門的な場面で使われることが多い。

The typhoon is moving north east at a speed of 30 kilometers *per* hour.
（台風は 1 時間に 30 キロ[時速 30 キロ]の速度で北東に進んでいる）

339 every other day 「1 日おきに」 解答 ①

» every 「～ごとに」と other day 「別の日」で「1 日おきに」の意味になる。**every second day** も同意。

Further Expressions 48 |「～ごとに／～おきに」の意味を表す every

- **every ＋基数＋複数名詞「～ごとに／～おきに」**

▶基数(two, three など)の後の名詞は**複数形**になることに注意。
"How often are there trains for Shinjuku?" "*Every fifteen minutes* at this time."
（「新宿行きの列車はどのくらいの頻度でありますか」「この時間は 15 分おきです」）
＊every ＋序数の場合は，後の名詞は単数形になる。　every second day（1 日おきに）

- **every other ＋単数名詞「1 つおきの」**

▶ day, week, month, year などと使われる。この場合の名詞は**単数形**である。
I'm learning tap dancing *every other week*.
（私はタップダンスを隔週で習っている）

UNIT 38 数・量・程度を表す

□□□ 340 I was impressed by a (　　　) of news on TV last night.

□□□ 341 A：Do you like coffee?

B：Yes, very much. I usually drink more than ten (　　　) (　　　) coffee a day.

(私はたいてい 1 日に 10 杯以上コーヒーを飲みます。)

□□□ 342 A：Did you go to Dr. Greenhill's lecture on Shakespeare yesterday?

B：Yes, it was very interesting, and there (　　　).

① were many audiences　② were many audience

③ was much audience　④ was a large audience

□□□ 343 Quite (　　　) (　　　) students in my class are thinking of studying abroad.

私のクラスのかなりの数の生徒が留学を考えています。

ポイント整理 41 数えられない名詞の例

- **抽象名詞**(抽象的な概念として捉えるもの)
  news, **information**, **work**, **homework**, **music** など(➔ p.90 4 技能 Tips 16)
- **物質名詞**(一定の形を持たない物質)
  water, **juice**, **tea**, **wood**, **iron**, **money**, **bread** など
- **集合名詞の一部**(物の総称を表すもの)
  furniture, **baggage[luggage]**, **machinery**, **poetry**, **scenery**, **jewelry** など
  ＊ ry で終わる語が多い。
  ＊数えられない名詞は，原則として a[an]をつけたり，複数形にしたりすることはできない。

340 私は昨晩 TV で 1 つのニュースにとても感心した。
341 A：コーヒーはお好きですか。B：はい，とても。
342 A：昨日グリーンヒル博士のシェークスピアの講義に行きましたか。B：ええ，彼の講義はとてもおもしろく，大勢の聴衆がいました。

340 a piece of **news** 「**1 つのニュース**」 解答 piece

» news は数えられない抽象名詞のため，具体的に 1 つのニュースを表すには，a piece of news とする。

341 **ten** cups of **coffee** 「**10 杯のコーヒー**」 解答 cups of

» 数えられない名詞の数え方の一つ。物質名詞の coffee の場合は普通 cup を用いる。1 杯のコーヒーは **a cup of coffee** となり，複数杯のコーヒーを表すには cup を複数形の cups にする。

❗ ファストフード店やレストランの注文時など，口語では a coffee, two coffees という表現が一般的に使われている。

ポイント整理 42 抽象名詞や物質名詞の数え方

- a piece of ～などの形を使う

news（→ 340），**information**（→ 210），**advice**，**furniture**，**baggage[luggage]**，**cake**，**chalk**

a piece of cake「ケーキ 1 切れ」/ two pieces of cake「ケーキ 2 切れ」

＊切り分けていないケーキであれば a cake / two cakes と数える。

- a slice of ～などの形を使う

bread，**ham**，**cheese**

- その他

a bottle of wine「1 本のワイン」, **a jar of jam**「1 つの容器のジャム」

a glass of water「グラス 1 杯の水」, **a sheet[piece] of paper**「1 枚の紙」

a cup of coffee「1 杯のコーヒー」(→ 341)

342 a large audience 「**多数の聴衆**」 解答 ④

» audience は，個々の人ではなく人の集団を 1 つのまとまりとして表す語である。1 つの集団であれば a[an] をつける。またその大きさを言うときは，人数を表す many や few ではなく large や small を使う。

➕ family も audience と同じ型の語で，「大家族」であれば a large family と言う。

343 quite a few **A** 「**かなりたくさんの数の A〈数えられる名詞の複数形〉**」 解答 a few

» a few「いくつか」を quite「かなり」で強めた形で，数えられる名詞の前に置き，**かなり多い**ことを表す。

➕ 数えられない名詞であれば little を用いて **quite a little A**「**かなりたくさんの量の A**」と言う。(→ p.54 ポイント整理 16)

□□□ 344 (　　　) of food is thrown away every day.
毎日大量の食品が捨てられる。
① A large amount　　② The large amount
③ A large number　　④ The large number

□□□ 345 ①A number of elderly people is ②increasing in Japan, which means we need ③more younger people as workers ④to provide care for elderly people.

□□□ 346 (A　　　) (　　　) (　　　) I know, Tony is going to the party.
私が知る限りでは，トニーはパーティーに参加します。

□□□ 347 Often in English classes in Japan, there are (　　　) many (　　　) 40 students.
日本の英語の授業では 40 人もの数の生徒がいることがよくある。

ポイント整理 43 数や量を表す表現

数えられる名詞につく	• a large[small] number of *「多数の[少数の]」 • the number of「～の数」(➔ 345) • quite a few「かなりたくさんの数の」(➔ 343)
数えられない名詞につく	• a large [small] amount of「大量の[少量の]」(➔ 344) • the amount of「～の量」 • quite a little「かなりたくさんの量の」

*a large number of を large numbers of とする表現もある。

Further Expressions 49 | as far as の慣用表現

as far as を用いた慣用的な表現には次のようなものがある。

- as far as I can see「見渡す限りは」
- as far as I can tell　「私がお話しできる限りでは」
- as far as I can remember　「私が思い出せる限りでは」
  As far as I can remember, I visited Nikko when I was seven.
  (思い出せる限りでは，私は 7 歳の時に日光を訪れた)

345 日本では高齢者の数が増加しているが，それは高齢者に介護を提供するための働き手としての若者がさらに必要であることを意味する。

344 a large amount of A 「大量のA」 解答 ①

» amount は「量」の意味で，形容詞 large を使い「大量のA」を表す。量を表すのでAには**数えられない名詞**がくるのが原則。

＋ 数について述べるときは amount の代わりに number を用いる。（➔ ポイント整理 43）

345 the number of A 「A〈複数名詞〉の数」 解答 A number of → The number of

» 「高齢者の数」のように，「Aの数」について述べるときは，〈the number of A〉の形を使う。

＋ 量について述べるときは number の代わりに amount を用いる。（➔ ポイント整理 43）

＋ 〈the number of＋複数名詞〉が主語のとき，動詞は単数形で受ける。本問も主語の The number of elderly people を is で受けている。

❗ **a number of A** は，「いくつかの[何人かの]A（複数名詞）／たくさんのA（複数名詞）」の意味になる。また，〈a number of＋複数名詞〉が主語のとき，動詞は複数形で受ける。

A number of people are using the new online service.
（何人かの人がその新しいオンラインサービスを利用している）

346 as far as S+V 「Sが～である限り」 解答 As far as

» far はここでは「程度[範囲]が大きい」の意味で，as far as I know は「私が知る限り（では）」の意味。（➔ Further Expressions 49）

＋ as far as は **so far as** とすることもある。

❗ **as long as S+V** との違いに注意。（➔ 336）

347 as many as A 「A〈数詞〉もの（多くの）」 解答 as, as

» 原級（many）を用いた慣用表現で，Aが「**数**」的に多いことを表す。

＋ as much as A「Aもの（多くの）」は「**量**」的に多いことを表す。

Can you pay **as much as** 100 dollars for the book?
（その本に100ドルも支払うことができますか）

ポイント整理 44 その他の数を強調する表現

- **as long as A「Aもの長い間」**
  You might have to wait *as long as* two hours to get into the ramen shop.
  （そのラーメン店に入るには2時間は待たなければならないかもしれない）
- **as high as A「Aほども高く」**
  The temperature of Death Valley can be *as high as* 50 degrees Celsius.
  （デスバレーの気温は摂氏50度にもなることがある）
- **as early as A「Aほども早く，Aほども昔に」**
  Mobile phones were being used *as early as* in the 1970s.
  （携帯電話は早くも1970年代には使用されていた）

UNIT 39 生活・仕事

□□□ 348 A：What (　　　) (　　　) (　　　) for a living?
(あなたの仕事は何ですか。)
B：I'm a kindergarten teacher.

□□□ 349 A：Can everyone (　　　) the meeting?
(皆さん会議に出席できますか。)
B：No, I can't. I'm going on a business trip on that day.

□□□ 350 A：Could I take a day (　　　) on Thursday?
(木曜日 1 日休みをいただけますか。)
B：Yes, of course.

□□□ 351 A：Does Mark like his new job?
B：No, actually he has just (　　　) the company.
(いいえ，実は彼は会社を辞めたところです。)

Further Expressions 50 | 仕事に関するその他の表現

- **job hunting**「就職活動」
- **find work[a job]**「職を見つける」
- **a job interview**「面接試験」
- **get[take] a job**「就職する」
- **retire**「定年になって辞める」
- **go on a business trip**「出張に行く」
- **work overtime**「残業する／超過勤務をする」

348 B：幼稚園の先生です。
349 B：いいえ，私はできません。その日は出張に行く予定です。
350 B：はい，もちろんですよ。
351 A：マークは新しい仕事が気に入っていますか。

348 What do you do for a living? 「ご職業は何ですか」 解答 do you do

≫ 職業を尋ねる表現の1つ。**for a living** は「生活のために」の意味で，省略することもある。

＋ 外国旅行での入国審査などの際には occupation「職業」を使って **What is your occupation?** と尋ねられることがある。

349 attend A 「Aに出席する」 解答 attend

≫ 会議などに出席するときに用いる比較的フォーマルな表現。結婚式や学校などの幅広い場面で使用される。

＋ くだけた会話では attend A の代わりに **go to A** を用いることが多い。

＋ 学校で「出席を取る」ことを，attend の名詞形 attendance「出席」を使って **take[check] attendance** という。

350 take a day off 「1日休みをとる」 解答 off

≫ 仕事や職場から休暇をとるときに使う表現。**off** には「休んで，休暇で」の意味がある。take two days off「2日の休みをとる」，take a week off「1週間の休みをとる」などのようにも使える。(➔ Further Expressions 51)

＋ 動詞は take が一般的だが，**have a day off**, **get a day off** を使うこともある。

＋「休憩をとる」は **take[have] a break** と言う。

351 leave the company 「会社を辞める」 解答 left

≫ leave はここでは「去る」の意味で，leave the company は「会社を辞める」の意味になる。

＋ フォーマルな表現として **resign from the company** もある。

My brother *resigned from the company* last month.
(私の兄は先月会社を辞めた)

＋ **leave one's job** や〈米〉では **quit one's job** なども使用する。

! leave the office と言うと「(その日の仕事を終えて)退社する」の意味が普通。ただし，leave office と the をつけないで使うと，「会社を辞める」の意味になるので注意。意味を明確にするように，次のように for today「今日は」などをつけるとよい。

"Could I speak to Mr. Maxwell?" "He has already *left the office* for today."
(「マックスウェルさんをお願いします」「彼は，本日は退社しました」)

Further Expressions ㊿ | 「休みをとる」を意味する他の表現

- **on vacation[holiday]**「休暇で」
  He is *on vacation*[*holiday*]. (彼は休暇中です)
- **take a vacation[holiday]**「休暇で出かける」
  He has *taken a* week's *vacation*[*holiday*].
  (彼は1週間の休暇で出かけています)

＊夏休みなどの長期休暇には〈米〉vacation〈英〉holiday(s)が使われる。

□□□ 352 Why do you want to (c　　　) (　　　)?
なぜ転職したいのですか。

□□□ 353 (　　　) ordering from our online stores are mainly young women.
① Passengers　② Guests　③ Clients　④ Customers

□□□ 354 I think prices are becoming (　　　) these days, so I always try to think carefully before I buy something.
① higher　② lower　③ more expensive　④ less expensive

□□□ 355 I would like to ①have a meeting with ②all the members to talk about our project. ③Are you convenient ④to attend on Monday afternoon next week?

□□□ 356 I work (　　　　　) in a fast food restaurant.
私はファストフード店でアルバイトをしています。

4技能 Tips 28　和製英語に注意(2)　S W

- サラリーマン：**an office worker, a company employee, a business person**
  salary「給料」に man をつけた和製英語。
- OL：**an office worker, a company employee, a business person**
  もともとは office と lady の頭文字をとって作られた和製英語。英語では性差をつけない言い換えが進んでいる。
- リストラ：**lay off** 動, **layoff** 名
  restructuring「再編成」から解雇を示す言葉となった和製英語。
- クレーム：**complaint**
  顧客などからの苦情や不平の訴えを指す和製英語だが，もともとの claim は「主張・要求」の意味。
- フリーの：**freelance**
  「特定の会社に属さない」という意味で使う場合，free と略して使うことはできない。

353 私たちのオンラインストアで注文している顧客は主に若い女性です。
354 物価が最近上がっていると思うので，いつも買い物の前にはよく考えるようにしています。
355 私はすべてのメンバーとプロジェクトについて話し合うために会議を開きたいと思います。あなたは来週月曜の午後は都合がつきますか。

352 change jobs 「仕事を変える／転職する」
解答 change jobs

≫ job は具体的な「仕事」の意味で使い，work と異なり数えられる名詞である。「今の仕事から別の仕事へ」と，2つの仕事が関係する行為のため，jobs と複数形になる。(➔ p.63 Further Expressions **17**)

➕ **change one's job** と言うこともある。この場合 job は単数。

My father *changed his job* recently.（父は最近仕事を変えた）

353 「客」を表す名詞 — customer
解答 ④

≫ 店に来て買い物をする「顧客」は customer で表す。

✕ ①は「乗客」。②は「宿泊客」「招待客」，場合によっては「レストランの客」なども意味する。③は「会社などの取引先」，または「弁護士などの依頼人」。

354 prices become higher 「物価が上がる」
解答 ①

≫ prices 「物価」や price 「値段」などの「高い／安い」には **high / low** を用いる。

➕ 値段ではなく「物」が主語の場合「高い／安い」には **expensive**［**cheap**］を用いる。

Vegetables are more *expensive* than usual.（野菜はいつもより値段が高い）

➕ salary 「給料」の「多い／少ない」も high / low で表す。

Your father's salary is higher than my father's.
（あなたのお父さんの給料は私の父の給料よりも高い）

355 it is convenient (for＋A) 「A〈人〉に［が］都合がよい」
解答 ③ Are you convenient ➞ Is it convenient (for you)

≫ 原則として convenient は人を主語にできない形容詞なので，Is it convenient (for you)? とする。

➕ 「月曜は都合がいいですか」と言うときは，Is Monday good for you? や人を主語にして Are you available on Monday? などと表現できる。

356 work part-time 「アルバイトをする」
解答 part-time

≫ 日本語の「アルバイトをする」の英語表現の1つ。「アルバイト」はドイツ語の arbeit 「働く」がもとになった和製英語。

➕ 他に **have a part-time job / have part-time jobs** と言ってもよい。本問は次のように言うこともできる。

I *have a part-time job* in a fast food restaurant

UNIT 40 電話での会話（2）

□□□ 357 When I called Chie at home, her mother (　　　) the phone. At first I thought it was Chie herself.

① answered　② picked　③ reached　④ received

□□□ 358 A：Hello, is that Emily?

B：No, but I'll (g　　　) her.（いいえ，でも彼女を呼び出しますね。）

□□□ 359 A：Hello, this is Geoff Appleby. Can I speak to Mr. Dalton, please?

B：Yes, Mr. Appleby. Please hold the (　　　) for a second.

① line　② wire　③ phone　④ receiver

□□□ 360 A：Hello, is Sarah (i　　　)?（もしもし，サラはいますか？）

B：No, she is out, but she'll be back in thirty minutes.

□□□ 361 A：Could I speak to Mr. Moore, please?

B：He is on (a　　　) (l　　　) at the moment.

（彼はただいま別の電話に出ております。）

Further Expressions 52 ｜ 電話を取り次ぐ表現

「あなたに電話です」

- There is a phone call for you.
- You are wanted on the phone.

「電話をつなぎます」

- I'll put you through.
- I'll transfer your call.

357 私がチエの家に電話をしたとき，彼女のお母さんが出たんだ。最初，私はチエ本人かと思った。
358 A：もしもし，エミリーですか。
359 A：もしもし，ジェフ・アプルビーと申します。ダルトンさんをお願いします。B：はい，アプルビーさん。切らずに少しお待ちください。
360 B：いいえ。外出しています。でも 30 分で戻りますよ。
361 A：ムーアさんにつないでいただけますか。

357 answer the phone 「電話に出る」 解答 ①

» 日本語の「電話に出る」にあたる。answer the phone が決まった言い方。

+ くだけた表現では answer の代わりに get が使われる。電話が鳴ったときに，I'll get it.「私が出ます」などと言う。

+ **answer[get] the door** で「玄関のノックやチャイムに応答する」という意味になる。

358 get A 「(電話口に)A〈人〉を呼ぶ」 解答 get

» get はここでは離れた場所にいる人を呼んでくることを意味する。くだけた表現。

+ ややフォーマルな表現では，**I'll put her on**. などと言う。

359 hold the line 「電話を切らずに待つ」 解答 ①

» line はここでは telephone line「電話線」のことで，その電話線の接続を hold「維持する」ということ。hold on, hang on も同じ意味を表すが(➔ 202)，一般的に **hang on → hold on → hold the line** の順にフォーマルになる。

+ 丁寧な言い方として **Just a moment**, please. や **One moment**, please. などもある。

360 Is A in? 「A〈人〉はいますか」 解答 in

» in には「(家や建物の中に)いる」の意味があり，そこから「出勤している」などを表現するときに使われる。**Is A there?** なども表現できる。

+ 「A は外出中です」は **A is not in.** または本問のように out を使って **A is out**. のように言うことができる。

361 A is on another line. 「A は別の電話に出ています」 解答 another line

» ここでの on は「～している最中で」の意味。line の代わりに phone を使い **be on another phone** とも言う。

□□□ **362** A：Did you talk with Katrina?

B：No, I called her, but the line was (　　　). I'll try later.

① crowded　② busy　③ out　④ off

□□□ **363** A：Could I speak to Mr. Ross?

B：(　　　).

A：Oh, hello. This is Ken Tanaka.

① Speaking　② Calling　③ I'm on　④ This is me

□□□ **364** A：I'll (c　　　) you (　　　) later.

(あとで電話します。)

B：Oh, it's not important. You can just text me.

□□□ **365** A：Oh, there's someone at the door. I have to (　　　).

B：OK. I'll call you tomorrow.

① hold on　② hold up　③ hang on　④ hang up

4技能 Tips 29 「折り返し電話をさせます」の表現に注意 S

「彼に折り返し電話をさせましょうか」と相手に伝える際に，「させる」という表現に×Shall I make him call you back? のように make を使わないように注意したい。make は強制的な意味をもつので(➔ p.13 4技能 Tips 4)別の動詞を使って次のように言うのがよい。

- **get A to do** (➔ 238)を使って
  Shall I *get* him to call you back?
- **have A do** (➔ 426)を使って
  Shall I *have* him call you back?
  ＊have は make ほど強制的ではなく，上司が部下に電話させるなどの場合は使うこともできる。

362 A：カトリーナと話しましたか。B：いいえ，彼女に電話したけれど，話し中でした。後でまたかけてみます。

363 A：ロスさんをお願いできますか。B：私ですが。A：ああ，もしもし。私，タナカ・ケンです。

364 B：ああ，たいしたことじゃないから。メールしてくれればいいよ。

365 A：誰か玄関に来たわ。電話を切らなきゃ。B：了解。明日電話するよ。

362 the line is busy 「話し中である」 解答 ②

» busy には「(電話が)話し中で」の意味がある。〈英〉では busy の代わりに engaged を使い **the line is engaged** と言う。

363 Speaking. 「私(本人)です」 解答 ①

» I'm speaking の I'm が省略された形で「私(本人)が話しています」の意味。ややフォーマルな表現。

＋ 親しい間柄なら **It's me.** などと言う。(➔ p.87 Further Expressions 28)

364 call back A / call A back 「A〈人〉に折り返し電話する」 解答 call, back

» back はここでは「戻して/戻って」の意味から，折り返し電話することを意味する。

＋ 〈英〉では **phone back** も使われ，くだけた会話では **ring back** を使うこともある。

Further Expressions 53 | 相手が不在の場合に使えるその他の表現

- **I'll call again later.** 「あとでもう一度電話をします」
- **Please tell him I called.** 「彼に私が電話をしたことを伝えてください」
- **Could you please ask him to call me back?** 「私に電話をくださいと彼に伝えていただけますか」

365 hang up 「電話を切る」 解答 ④

» hang は「(壁などに)かける」の意味で，以前電話は壁にかけるタイプが多かったことから，この表現が今も使用されている。

✕ ①，③は「電話を切らずに待つ」の意味。(➔ 202)

Further Expressions 54 | 電話を切るときに使われる表現

- **Talk to you later. / Catch you later.** 〈米〉「またね」(親しい間柄で使われる)
- **Thanks for calling. / Thank you for calling.** 「電話をありがとう」

UNIT 41 友人との会話

□□□ 366　A：Is Phil still going out with Jessica?

B：Yes, but (　　　) you and me, I think she wants to break up with him.

(うん，でもここだけの話だけど，彼女は彼と別れたがっていると思うよ。)

□□□ 367　A：My pen doesn't work. Can I just borrow yours?

B：Of course. (　　　).

① Here and there　　② Here I am

③ Here you are　　④ Here we are

□□□ 368　A：*La Piazza* is closing down.

B：What a (s　　　)! It's my favorite restaurant.

(なんて残念な！)

□□□ 369　A：Because of this rain, we should cancel the picnic.

B：I agree. (　　　).

① It's my fault　　② It can't be helped

③ It's far from easy　　④ It's your turn

□□□ 370　A：How (　　　) you didn't come to the party last night?

B：Sorry. I had a slight headache.

366 A：フィルはまだジェシカとつき合っているの？
367 A：私のペンは使えないわ。あなたのをお借りできますか。B：もちろんですよ。さあどうぞ。
368 A：「ラ・ピアッツァ」が閉店するよ。B：私が大好きなレストランなのに。
369 A：この雨じゃ，ピクニックを取りやめるべきだな。B：賛成よ。どうしようもないわ。
370 A：どうして昨晩パーティーに来なかったの？　B：ごめん。ちょっと頭痛がしたんだよ。

366 between you and me 「ここだけの話だけど／内緒だけど」 解答 between

» 「あなたと私の間 → 他の人には言わないで／ここだけの話だけど」という意味になる。

➕ **between ourselves** とも言う。

➕ 「秘密にしてください」の意味では **Please keep it (a) secret.** や，フォーマルな表現では **Please keep it confidential.** などがある。

367 Here you are[go]. 「(人にものを渡しながら)さあどうぞ」 解答 ③

» 相手に何かを直接渡す際に使う表現。are の代わりに go を使うこともできる。

➕ 似た表現に **Here it is.** があるが，これは「ここにあった[あります]よ」と相手に知らせるのに使われる。

✖ ①は「あちこちに」，②は「ただいま」，「さあ着いた」，④は「私たちの探し物はここにある」，「さあ着いた」の意味。

368 What a shame! 「なんて残念な！／なんて気の毒に！」 解答 shame

» shame には「恥ずかしいこと」の他に「残念なこと」の意味があり，ここでは後者の意味で使われている。**That's a shame!** とも言う。

➕ shame の代わりに **pity** を使うこともできる。

369 It can't be helped. 「(それは)やむを得ない／(それは)仕方がない」 解答 ②

» ここでの help は「避ける／防ぐ」の意味で，受動態にすることで「それは避けられない」となる。

➕ この意味での help を使った慣用表現に **cannot help doing** 「～せずにはいられない」などがある。(➔ 224)

✖ ①は「それは私が悪いのです」，③は「それは決して簡単ではない」，④は「あなたの番です」の意味。

370 How come S+V ...? 「どうして…なのか」 解答 come

» 口語的な表現で，why と同じ意味になるが，why とは異なり how come の後ろは平叙文の語順になることに注意。

➕ 本問は why を使うと次のような語順になる。

Why didn't you come to the party last night?

□□□ **371** A：May I take some of these brochures?

B：By all (　　　). They are free.

(ぜひお持ちください。)

□□□ **372** A：You look busy. Shall I (g　　　) (　　　) (　　　) hand?

(手を貸そうか)

B：That would be nice. Can you peel those onions?

A：Sure.

□□□ **373** A：Did you have a nice time at the beach yesterday?

B：Yes, but the weather (　　　), especially since the forecast said it would be sunny.

① could be better　② could have been better

③ could be worse　④ could have been worse

□□□ **374** A：Did Brazil beat Japan?

B：No, it was the other way (　　　). Japan won!

① opposite　② around　③ back　④ over

371 A：これらの案内パンフレットを持って行ってもよろしいですか。B：無料です。

372 A：忙しそうだね。B：それは助かるわ。そこの玉ねぎの皮をむいてくれる？　A：いいよ。

373 A：昨日ビーチでは楽しく過ごしたの？　B：ええ，でも天気がもっとよくてもよかった。とりわけ天気予報は晴れると言っていたから。

374 A：ブラジルは日本を負かしたの。B：いや，逆だった。日本が勝ったよ！

371 **By all means.** 「ぜひどうぞ」　解答 means

≫ この means は「方法」を表し，「すべての方法で→どのようにでもお好きなようにどうぞ」の意味になる。

＋ ほぼ同じ意味の表現に **Certainly**. / **Of course.** / **Definitely**. などがある。

372 **give A a hand** 「A〈人〉を手伝う」　解答 give you a

≫ 日本語では「手を貸す」と言うが，英語では動詞 give を使う。

＋ give の代わりに lend を使った lend A a hand も同じ意味を表すが，やや古い表現。

373 **A could have been better** 「A はもっとよくてもよかったのに」　解答 ②

≫ 仮定法過去完了の形の 1 つで，過去を振り返り，実際よりももっとよい事態になる可能性があったことを表す。「(悪くはなかったけれど)晴れてもよかったはず」の意味。

＋ **it could have been worse** なら「もっと悪かったかもしれない→**それだけで済んでよかった**」の意味になる。

“The heavy rain was terrible. It damaged all the roses in my garden.”

“Well, it could have been worse. Some houses have been flooded.”

(「大雨はひどかった。庭にあるバラはみんな被害を受けたよ」「まあ，その程度で済んでよかったよ。浸水した家もあるのだから」)

374 **the other way around[round]** 「逆の，あべこべの」

解答 ②

≫ 位置，向き，状況などが逆であることを伝える表現。around はここでは「ぐるりと向きを変えて」の意味。会話で頻繁に使用する。〈英〉では round を用いることが多い。

UNIT 42 メール・手紙

□□□ 375 I hope this email (f　　　) you well.
お元気のことと思います。

□□□ 376 I am (p　　　) to tell you that your application for the program has been accepted.

□□□ 377 If you have any questions, please feel (f　　　) to contact us.

□□□ 378 Could you answer my question (　　　)?
① ASAP　② FYI　③ FAQ　④ R.S.V.P.

□□□ 379 You wrote about Italian architecture in your email. Could I (　　　) it to Takashi? He is very interested in buildings in Europe.
① advance　② forward　③ remove　④ attach

Further Expressions 55 | メール・手紙の書き始めの言葉

「お元気のことと思い[願い]ます」

- **I hope you are fine[well].**
- **I hope this letter[email] finds you well.**

「すべてが順調のことと思い[願い]ます」

- **I hope everything is fine with you.**
- **I hope all is well with you.** (→ 205)
- **I hope everything is going well with you.**

＊親しい間柄ならIを省略して Hope ... で始めることが多い。

376 プログラムへのあなたの申し込みが受理されたことを喜んでお伝えいたします。
377 もしご質問がありましたら，どうぞ自由に[遠慮なく]私たちにご連絡ください。
378 私の質問にできるだけ早く答えていただけますか。
379 あなたはメールの中でイタリア建築について書かれました。それ(メール)をタカシに転送してもよろしいでしょうか。彼はヨーロッパの建築物にとても興味があるのです。

375 I hope this email finds you well. 「お元気のことと思います」

解答 finds

» メールの書き出しによく使用する慣用的な表現。find はここでは「～であるとわかる」の意味で「私はこのメールであなたが元気であることがわかることを望みます」が直訳。ややフォーマルな表現。（➔ Further Expressions **55**）

➕ 手紙のやりとりでは email を letter に代えればよい。

376 be pleased to tell you that S+V 「～を喜んでお伝えします」

解答 pleased

» メールや手紙で相手に何かよい知らせを伝える言い方でややフォーマル。本問のような合格通知や採用通知などによく使用する。

➕ さらにフォーマルな文では tell の代わりに **inform** を使う。（➔ **500**）

➕ 逆に，悪い知らせを伝える場合には〈**be sorry to tell you that S+V**〉「残念ながら～をお伝えします」を使う。

377 feel free to do 「自由に～する」 解答 free

» feel free で「自由に（～できると）感じる」の意味で，不定詞で自由にできる内容を示す。

➕ 同じ意味を表す **do not hesitate to do** 「遠慮せず～する」という表現もよく使われる。

If you have any questions, please *do not hesitate to* contact us.

（もしご質問がありましたらどうぞ遠慮せずご連絡ください）

378 ASAP = as soon as possible 「できるだけ早く」 解答 ①

» 手紙やメールでは頭文字だけを用いてメッセージを伝えることがあり，ASAP (as soon as possible) はその 1 つ。略語の文字をそのまま「アサップ」と読むこともある。

Further Expressions 56 | メールや手紙などで用いられる略語

- **ASAP** (as soon as possible)「できるだけ早く」
- **FYI** (for your information)「ご参考までに」
- **FAQ** (frequently asked questions)「よくある質問」
- **BTW** (by the way)「ところで」（➔ 327）

379 forward A 「A を転送する」 解答 ②

» 手紙，メールなどを第三者に転送することを意味する動詞。forward は look forward to A「A を楽しみにして待つ」に見られるように「前へ／前方へ」の意味の副詞で使うことも多い。

□□□ 380 (　　　) are my comments on your presentation.
(メールに)添付しますのはあなたの発表についての私のコメントです。
① Attaching　② Attached　③ Enclosing　④ Enclosed

□□□ 381 (　　　) is my application form for the scholarship.
(手紙に)同封いたしますのは私の奨学金の申込用紙です。
① Attaching　② Attached　③ Enclosing　④ Enclosed

□□□ 382 It (be / could / me / helpful / if / would / you / tell) what time you are likely to arrive.
何時に到着しそうかを私にお知らせいただければ助かります。

□□□ 383 A：Are you still in contact with your elementary school friends?
B：No, I've (l　　　) (t　　　) with most of them.
(いいえ，彼らのほとんどと連絡が途絶えてしまいました。)

□□□ 384 I (　　　) you the best of (　　　) in the exam.
試験での幸運をお祈りします。

Further Expressions 57 ｜ メールや手紙の最後に添える語句

【フォーマルな表現】
Sincerely (yours),〈米〉/ Yours sincerely,〈英〉
▶sincerely は「心から／誠実に」の意味から「真心をこめて」の意味になり，日本語の「敬具」に当たる。Dear Mr. ... など個人名で始まる手紙の最後に用いる表現。

【くだけた表現】
Regards,
Best [Kind] regards,
Best wishes,
Love,

【返信などが欲しい場合】
I hope to hear from you soon.「お便りをお待ちしております」
I hope to see you soon.「近々お会いできることを期待しています」
▶くだけた表現では I を省略して Hope to ... としたり，さらに Hear from you soon. や See you soon. としたりすることもある。

383 A：あなたはまだ小学校の友達と連絡を取っていますか。

380 Attached are[is] A 「Aが添付されている」 解答 ②

» 添付ファイルがあることを知らせる慣用的な表現で，My comments on your presentation are attached. の倒置形。

➕ 次のように言うこともある。
Please look at[see] my attached photos.（添付された写真をご覧ください）

381 Enclosed is A 「Aが同封されている」 解答 ④

» 手紙の場合は enclosed「同封された」を用いる。

➕ 次のように言うこともある。
Please look at[see] my enclosed photos.（同封されている写真をご覧ください）

382 It would be helpful if you could do 「もしあなたが～できるのなら助かります」 解答 would be helpful if you could tell me

» 相手に「もし～できるなら」の意味で頼む際には，could（仮定法）を使い婉曲的にすると丁寧な表現になる。また，be helpful「助かります」の前も will ではなく would（仮定法）を使うことで同様に丁寧な表現になる。

383 lose touch (with A) 「(Aとの)連絡を失う／音信不通になる」 解答 lost touch

» touch は「連絡」の意味。lose touch で日本語の「音信不通になる」にあたる。場合によっては「疎遠になる」と訳すこともある。

➕ touch を使った表現には **keep in touch with A**（Aと連絡を取り合う）(➔ 161) や **get in touch with A**（Aと連絡を取る）などもある。

384 wish you the best of luck in A 「Aでの幸運をお祈りします」 解答 wish, luck

» the best of luck は「最良の幸運」の意味。それを wish「望む」と言っている。メールや手紙の最後に添える言葉。(➔ Further Expressions 57)

➕ 前置詞は in の他にここでは for「～のための」などでもよい。また with を使って with your new job「あなたの新しい仕事で」などという表現も可能。

4技能 Tips 30 homepage と website の違い S W

日本語でよく使用するホームページ(homepage)という言葉は，英語では website（ウェブサイト）の最初のページを指すのが一般的だ。最初に homepage にアクセスしてそこからさまざまな情報を得るために別のページに移動する。そのすべてのページを含めて一般的には website と言っている。
＊ homepage と website はそれぞれ home page, web site と2語で表すこともある。

UNIT 43 身体・健康

□□□ 385 A：What's the (　　　)?
(どうしましたか。)
B：I have a headache.

□□□ 386 A：(　　　) (　　　) (　　　) feel today?
(今日の気分はどうですか。)
B：I feel much better.

□□□ 387 A：I don't feel well, and I've (　　　) my (　　　).
(気分がよくないし，それに食欲がなくなっちゃった。)
B：Do you have any other symptoms?

□□□ 388 She finally (　　　) over her flu.
彼女はやっとインフルエンザから回復した。

□□□ 389 A：I was (　　　) by a mosquito in the garden.
(庭で蚊に刺されちゃった。)
B：Put this cream on it.

4技能 Tips 31 病院の問診で使われる表現 L S

- **What seems to be the problem?** 「どこが悪いのですか」
  ＊患者は悪いところを断定できないことが多いため，医者は seem を使って「どこが悪そうですか」と聞き，What's the problem? と言わない。
- **What symptoms do you have?** 「どのような症状がありますか」
- **What brings you here?** 「どうされましたか」
- **When did it start?** 「いつから始まりましたか」
- **Is there anything else?** 「その他の症状はありますか」

385 B：頭痛がします。
386 B：(今日は) ずっといいです。
387 B：その他に症状はありますか。
389 B：このクリームを塗っておきなさい。

385 What's the matter (with you)?　「どうしたのですか」　解答 matter

» 相手の身を心配して何が問題なのか尋ねる表現。matter は冠詞(the)を伴うと「**困った問題／心配**」などの意味になる。

＋ What's wrong?（どうしたのですか）や Is anything wrong?（何か悪いところがありますか）などを使うこともある。

386 How do you feel?　「気分はどうですか」　解答 How do you

» how は「様子・状態」を聞くのに用いる。ここでは feel（感じる）を使い，気分や体調を尋ねている。

＋ How do you feel about A? と言えば「A についてどう感じますか」の意味。

387 lose one's appetite　「食欲をなくす」　解答 lost, appetite

» appetite は「食欲」の意味。英語でも日本語と同じ発想で動詞は lose「失う」を使う。

＋「食欲がない」は have no appetite / do not have an[any] appetite,「食欲がある」は have an appetite / have a good[healthy] appetite と言う。

388 get over A　「A(病気など)を克服する」　解答 got

» over は「乗り越えて」の意味。

＋ 病気から「回復する」意味では **recover from A**「A(病気など)から回復する」の表現もある。
She finally *recovered from* her flu.（彼女はやっとインフルエンザから回復した）

389 be bitten by A　「A にかまれる[刺される]」　解答 bitten

» bite の基本的な意味は「(口で)かむ」だが，蚊などの昆虫が口器で血を吸うときにも用いる。

＋ 名詞の **bite**「刺し傷」を使った次のような表現もある。
I've got so many mosquito *bites* on my legs.
（脚をたくさん蚊に刺されてしまった）

ポイント整理 45　虫に刺される

日本語では「刺す」を蚊にもハチにも用いるが，英語では異なる語を使用する。

- **bite**「(動物や昆虫などが)口器や牙などでかむ／口器で吸う」(➔ 389)
- **sting**「(昆虫や植物が)主に毒のある針やとげなどで刺す」

I was *stung* by a bee.（私はミツバチに刺された）　活用：sting-stung-stung

□□□ 390 A：Should people walk more instead of using cars?

B：Yes, I think so. Walking will (a) them (b).

① (a) do (b) good ② (a) do (b) well

③ (a) make (b) good ④ (a) make (b) well

□□□ 391 He has been (   ) from asthma for over 20 years.

彼は20年以上喘息を患っています。

□□□ 392 A：My mother broke a bone in her foot, and she is (   ) the (   ).

(私の母は足の骨を折って病院に入院しています。)

B：How long will she be there?

Further Expressions ㊿58 |「入院する」と「退院する」

〈入院する〉

- **be hospitalized**（フォーマル）
- **go into (the) hospital**

＊急病や事故などで病院に運ばれ入院するときは be taken to (a) hospital などと言う。

〈退院する〉

- **be discharged from hospital**（フォーマル）
- **come out of (the) hospital**

He went into hospital last week and came out (of hospital) today.

(彼は先週入院したが，今日退院した)

＊ leave (the) hospital を使うこともあるが，これは病院から抜け出したことも意味する。

390 A：人は車を使わずもっと歩くべきですか。

B：はい，そう思います。歩くことは人(の健康)によいです。

392 B：どれくらい入院することになるの？

390 do A good 「A〈人〉のためになる／A〈人〉の役に立つ」 解答 ①

» do は「～に(…を)もたらす」の意味。good はここでは形容詞ではなく名詞で「**利益**」の意味。本問のように do A good は「健康上よい」という意味で用いられることが多い。

＋ 反対の意味の表現は **do A harm** で「人に害を与える」の意味。
Smoking will *do you harm*.（喫煙はあなたの体に悪いです）

391 suffer from A 「A を患う」 解答 suffering

» 病気などを，ある程度長い間患うことを意味する，ややフォーマルな表現。

＋ 会話では **have** の方がよく使われる。
He has *had* asthma since he was ten.（彼は 10 歳の時から喘息を患っている）

＋ suffer を from なしで他動詞として用いると，一度限りの出来事や短時間に起こったことに原因のあるショックや苦痛を意味することが多い。
He *suffered* a great shock because of the earthquake.
（彼はその地震で大きなショックを受けた）

Further Expressions 59 ｜ 病気に「なる・かかる」の意味の動詞

- **become**：病気の状態になる場合に用いる。
  become sick 〈米〉/ **become ill** 〈英〉
- **catch**：感染によって病気になる場合に用いる。（➔ 189）
  catch a cold 「風邪をひく」，**catch (the) flu** 「インフルエンザになる」
- **develop**：体の内部で変化が起こり発症する病気に用いる。
  develop cancer 「癌になる」，**develop a rash** 「発疹が出る」

会話では catch や develop の意味で get を使うことが多いので，両者を区別する必要がない。ただし，フォーマルな文章では get の使用は避けた方がよいとされる。また，今かかっている状態であれば have を用いる。
have a cold 「風邪をひいている」（➔ 189，p.82 Further Expressions 26）

392 be in (the) hospital 「入院している」 解答 in, hospital

» 入院している状態を表す語。〈英〉では the を省略することが多い。

UNIT 44 議論・発表・エッセイライティング

□□□ 393 Are you (　　　) or (　　　) the idea of doing away with school uniforms at our school?
あなたは私たちの学校で制服を廃止するという考えに賛成ですか，反対ですか。

□□□ 394 English is an important subject for passing the university entrance exams in Japan. (　　　), English is very useful for international communication.
① Moreover　② However　③ In contrast　④ Therefore

□□□ 395 Working for a long time makes you tired. (　　　), it is important to have a rest sometimes.
① Therefore　② However　③ Similarly　④ For example

□□□ 396 Eating less meat is good for your health. (　　　) that, it is said to be better for the environment.
① In spite of　② Moreover
③ In addition　④ In addition to

□□□ 397 (a) I like Japanese food like tempura and soba.
(b) I like Japanese food, (　　　) as tempura and soba.

□□□ 398 English is often used to talk with people whose first language is not English. In (　　　) words, English is an international language.（言い換えれば英語は国際語である。）
① common　② rather　③ fair　④ other

394 英語は日本の大学の入学試験に合格するために重要な科目だ。その上，英語は国際的なコミュニケーションに非常に役立つ。
395 長時間働くと疲れてしまう。したがって，ときどき休むことが大切である。
396 肉の摂取量を減らすことは健康によい。それに加えて環境にもよりよいと言われる。
397 (a)(b)私は天ぷらやそばのような日本食が好きだ。
398 英語は第一言語が英語でない人たちと話すのによく使用される。

393 for or against A 「Aに賛成または反対」 解答 for, against

» 議論，ディベートでよく使用する表現で，forには「賛成の／味方して」の意味が，againstには「反対の／反して」の意味がある。必ずforを先に言う。

394 moreover 「さらに／加えて／しかも」 解答 ①

» 前に述べた内容に，さらに情報を加える働きがある。やや硬い語で，フォーマルな場面で使われる。

＋ 会話ではbesidesやalsoなどを使うことが多い。他にin additionやfurthermore（フォーマル）（➔ p.242 ポイント整理 60）がある。

✕ ②は「しかしながら」，③は「対照的に」，④は「それゆえに」の意味。

395 therefore 「それゆえに」 解答 ①

» その前に述べたことを踏まえて「したがって～だ」と述べるのに用いる副詞。フォーマルなため会話ではsoを用いるのが一般的。

✕ ②は「しかしながら」，③は「同様に」，④は「例えば」の意味。

396 in addition to A 「Aに加えて」 解答 ④

» 3語からなり1つの前置詞として働く。additionは動詞のadd（加える）の名詞形で「追加・付加」の意味。in additionだけで「さらに」という情報を加える働きがあるが，in addition toはその後にA（名詞）を置き「Aに加えて」の意味になる。

✕ ①は「～にかかわらず」，②，③は「さらに，その上」の意味。

397 A such as B 「BのようなA／AたとえばB」 解答 such

» A such as BはA（名詞）の具体例を示すのに用いるややフォーマルなスタイル。書き言葉でよく使用する。会話ではlikeを使うことが多い。

4技能 Tips 32 such asの使い方 W

such asを使った文末にand so on[forth]やetc.「～など」をつける例が見られるが，使い方に注意が必要だ。

× I like Japanese food, *such as* tempura, soba and so on.

such asの後には1つまたは複数の具体例のみを示し，and so on[forth]は一緒に使用しない。and so on[forth]はくだけた表現で，すべてを示さなくても後に続くものが予想できそうな場合に使われる。

I bought potatoes, carrots, onions and so on to make curry.
（私はカレーを作るためにジャガイモ，にんじん，玉ねぎなどを買った）

398 in other words 「換言すると／言い換えると」 解答 ④

» その前にある内容を別の表現を用いてよりわかりやすくするときに用いる表現。文字どおりother words「他の語」で表現することを意味する。ややフォーマルな印象を与えることが多い。

＋ that is (to say)はほぼ同じ意味。

□□□ 399 In my (　　　), school uniforms are very good because we don't have to think about what to wear every day.
(私の考えでは，)

□□□ 400 (　　　) of the typhoon, many houses were flooded.
その台風のせいで多くの家が水に浸かった。

□□□ 401 What can we do in (　　　) to reduce the number of car accidents?
自動車事故の数を減らすために，私たちに何ができるでしょうか。

□□□ 402 Security cameras can make it easier to arrest criminals. However, they record not (　　　) criminals (　　　) also everyone else.
(しかしながら，それらは犯罪者のみならず他のすべての人も記録する。)

ポイント整理 46 〈because of〉と〈because S ＋ V〉

because of は前置詞の働きをするので，その後には名詞(の形をとる語句)がくる。一方，because は接続詞なのでその後は S＋V の形になる。

「ひどい交通渋滞のため，私たちは遅刻した」

(a) We were late *because of* the terrible traffic.
　＊because of the terrible traffic ＝「ひどい交通渋滞のせいで」

(b) We were late *because* the traffic was terrible.
　＊because the traffic was terrible ＝「交通渋滞がひどかったせいで」

399 学校の制服はとてもよいです，というのは毎日何を着るべきか考える必要がないからです。
402 防犯カメラは犯罪者を逮捕しやすくしてくれる。

399 in my opinion 「私の考えでは」 解答 opinion

» opinion は「意見／考え」の意味。ややフォーマルな表現で議論やディベートなどで自分の考えを述べる際によく用いられる。

400 because of A 「A によって／A のせいで」 解答 Because

» because of は 2 語で 1 つの前置詞として働く。(➔ ポイント整理 46)

＋ ネガティブな内容についてだけでなく，**thanks to**「～のおかげで」と同じようにポジティブな内容について使うこともある。

We finished the job earlier *because of* everyone's effort.
(私たちはみんなの努力のおかげで，その仕事を予定よりも早く終えた)

401 in order to do 「～するために」 解答 order

» 「～するために」の意味で，単に to do とするよりも明確に〈目的〉の意味を示す，ややフォーマルな表現。

＋ 同じ意味でさらにフォーマルな表現に **so as to do** がある。

402 not only A but (also) B「A だけでなく B もまた」 解答 only, but

» A に B を追加し，A よりも B の方がより重要な情報であることを述べる，比較的フォーマルな，文章向きの表現。also を省くこともある。

＋ **A as well as B**「B だけでなく A も／B と同様に A も」を使って同じ内容を表すこともできる。こちらはより重要な情報が B よりも A になる。会話でもよく使用する。

However, they record everyone else *as well as* criminals.

□□□ 403 School uniforms make everyone look the same. On the (　　　) (　　　), you do not have to think about what to wear every morning.
制服は全員を同じに見せる。その一方で毎朝何を着るべきか考えなくてよい。

□□□ 404 In online shopping, you can see products only in photos. In (　　　), if you visit stores, you can touch them.
オンラインショッピングでは，写真でしか商品を見ることができない。それとは対照的に，もし店を訪れたらそれらを触ることができる。

□□□ 405 (　　　) our efforts, the CO_2 levels in the air are still very high.
私たちの努力にもかかわらず大気中の二酸化炭素の濃度はいまだにとても高い。

□□□ 406 (a) I thought he was a strict person, (b) later I found he was not.
① (a) At first　(b) and　　② (a) At first　(b) but
③ (a) In first　(b) and　　④ (a) In first　(b) but

□□□ 407 My family sometimes eat out on Friday evenings (i　　　) (　　　) eating at home.
私たち家族は，金曜の晩はときどき家で食べる代わりに外食をする。

4技能 Tips 33　フォーマルな文章での get の使用　W

get はとても便利で，特に会話でよく使用されるが，フォーマルな場面や文書での多用は避けた方がよい。エッセイライティングなどでは，内容に合わせて get の代わりに次のような語を使うとよい。

- **earn**：〈金や尊敬など〉を得る
- **gain**：〈利益など〉を手に入れる
- **obtain**：（努力して）〈物〉を手に入れる
- **acquire**：〈能力や知識〉を獲得する
- **receive**：受け取る

I got a letter from the company. → I received a letter from the company.
（私はその会社から手紙を受け取った）

406 最初彼をとても厳しい人だと思ったが，後でそうではないとわかった。

403 on the other hand 「その一方で」 解答 other hand

» それまでに述べたことと反対の内容を述べるのに用いる。

+ on one hand「一方では」とともに，on one hand A, and on the other hand B「一方ではA，その一方ではB」という形で使われることも多い。

404 in contrast 「(それとは)対照的に」 解答 contrast

» それまでに述べたこととは反対の内容を述べる場合に用いる。contrast は「対照／対比」の意味の名詞。

+ in の代わりに by を使うこともある。

+ **in contrast to**［**with**］**A** とすれば「Aとは対照的に」の意味になる。

405 despite A 「Aにもかかわらず」 解答 Despite

» despite は前置詞なので，その後に名詞または名詞として働く語句が来る。

! 同じ意味を持つ **in spite of** との混同から despite of とする誤りがよく見られる。

In spite of our efforts, the CO_2 levels in the air are still very high.

406 at first ～, but ... 「最初は～，しかし…」 解答 ②

» at first は「初めのうちは／最初は」の意味で，その後に but を使い「しかし…だ」と話題転換することが多い。後半部分に言いたいことの重点が置かれる。

407 instead of A[doing] 「Aの[～する]代わりに／Aなし[～しない]で」 解答 instead of

» instead だけでは「その代わりに」の意味の副詞だが，instead of で2語からなる1つの前置詞として働く。

+ 副詞の instead は次のように使う。

My father usually takes a bus to work, but today he went by taxi *instead*.
(私の父は普段はバスで会社へ行くが，今日は代わりにタクシーを使った)

4技能 Tips 34 発表の始め方 S

発表を始めるとき，I'm going to talk about A「私はAについてお話しします」という基本的なフレーズがある。
I'm going to talk about how playing online games affects our lives.
(オンラインゲームが私たちの生活にどう影響を及ぼすのかについてお話しします)

一方で，発表の導入には，何か工夫をして聴衆の注意を引きつけたいところである。そこで次のように質問から入るのも効果的な方法だ。
How long did you play online games last night?
(昨晩オンラインゲームをどのくらいしましたか)

発表の基本の形に慣れてきたら，次は聞き手を引きつけられる導入を考えてみよう。

□□□ 408 (C) the aging population in the countryside, more public transportation is needed.
地方の高齢化人口を考慮すれば，もっと公共交通機関が必要だ。

□□□ 409 People tend to use different expressions (d) on their age.
人々は年齢に応じて異なる表現を使用する傾向がある。

□□□ 410 A：What is the winter weather like in Tokyo?
B：Generally ( ), there are many sunny days.
(一般的に言えば，晴れの日が多いですね。)

□□□ 411 We often put our personal information on social media.
As a ( ), we are losing our privacy.
(その結果，私たちはプライバシーを失いつつある。)

□□□ 412 Tofu is cheap. It is also very healthy. ( ) these ( ), I want my family to eat more tofu.
(このような理由で私は家族にもっと豆腐を食べてほしい。)

□□□ 413 [歩きスマホについての問題点を十分に述べた後で]
Using smartphones while walking causes various problems.
( ), we should stop at a safe place to use them.
① In contrast ② Nevertheless ③ However ④ In conclusion

410 A：東京の冬の天気はどのようですか。
411 私たちはよくSNSに個人情報を載せる。
412 豆腐は安い。それはとても健康的でもある。
413 歩きながらスマホを使うとさまざまな問題を引き起こす。結論として，私たちは安全な場所に立ち止まってスマホを使うべきである。

408 considering A 「A を考慮すると」 解答 Considering

» consider「…を考慮する」を使用した慣用的な分詞構文。ややフォーマルなスタイルだが，会話でも使用する。

＋ **considering (that) S+V** の形もある。

＋ ほぼ同じ意味で **given A** や **given (that) S+V** (➔ p.226 Further Expressions 65)の形もある。

409 depending on A 「A に応じて／A 次第で」 解答 depending

» depend on「～を頼る，～次第である」を使用した慣用的な分詞構文。

＋ depending on は文頭に置くこともある。また文中では depending の前にカンマを置くこともある。

410 generally speaking 「一般的に言えば」 解答 speaking

» 分詞構文を使った慣用表現の 1 つ。generally は「一般的に」の意味。ややフォーマルなスタイル。

＋ 会話では **in general**「一般に」を使用することが多い。

411 as a result 「その結果」 解答 result

» 原因や根拠を述べた後，それに基づく結果を述べるのに用いる表現。

＋ **consequently** (➔ 538)もほぼ同じ意味で用いる。

412 for these reasons 「これらの理由により」 解答 For, reasons

» その前に述べた複数の根拠をもとに結論を述べるときに用いる表現。for は理由を表す。

＋ 根拠が 1 つであれば **for this reason**「この理由により」とする。

413 in conclusion 「結論として」 解答 ④

» 根拠などに基づく結論を述べるときに用いる表現の 1 つ。代わりに **To conclude** (➔ 539)「結論を言えば」を使ってもよい。

✕ ①は「対照的に」，②は「それにもかかわらず」，③は「しかしながら」の意味。

Writing

以下はトシがニュージーランドに留学した時にお世話になったホストファミリーへのメールです。(　　)に適切な語を入れ完成させよう。

To : The Appleby Family

Subject : Hi from Japan

Dear Appleby Family,

❶ I hope this email (　　　　) you (　　　　). After I came back,
お元気のことと思います

❷ I was (　　　　)(　　　　) for the university entrance exams, and
私はずっと大学入試の準備をする (prepare) のに忙しかったです

❸ I'm (p　　　)(　　　　) tell you that I have been accepted by the
私は喜んでお伝えします

university I applied for.

❹ (　　　　)(　　　　) exams, you said that your daughter
試験と言えば

Sarah has very important entrance exams for her music school this year. ❺ I once (　　　　) her (　　　　) the piano and
彼女がピアノを弾くのを聞き,

❻ I was so (　　　　) by her performance. ❼ I (　　　　) her the
彼女の演奏に感動しました　　　　幸運を祈っています

(　　　　) of luck in the exams.

Spring is coming in Japan. ❽ (　　　　) are some photos of
添付しますのは写真です

cherry blossoms I took in the park near my house.

I miss all of you. ❾ (H　　　　), I can see you soon again,
願わくば，近いうちに

(　　　　) in New Zealand (　　　　) here in Japan.
ニュージーランドか，ここ日本でお会いしたいです

Best wishes,
Toshi

❶ **I hope this email finds you well.** (➔375) 解答 finds, well

❷ **be busy doing** (➔250) 解答 busy preparing

❸ **be pleased to tell you that S + V** (➔376) 解答 pleased to

≫ that 以下の内容 I have been accepted by the university I applied for「出願した大学に合格したこと」を「喜んでお伝えします」という表現。

❹ **speaking[talking] of A** (➔321) 解答 Speaking[Talking] of

❺ **hear A do** (➔ ポイント整理 30) 解答 heard, play

❻ **be impressed by A** (➔226) 解答 impressed

❼ **wish you the best of luck in A** (➔384) 解答 wish, best

❽ **attached are A** (➔380) 解答 Attached

❾ **Hopefully, S + V** (➔228), **either A or B** (➔269)

解答 Hopefully, either, or

宛先：アプルビー一家

件名：日本からこんにちは

親愛なるアプルビー一家,

お元気のことと思います。私は帰国して以来，ずっと大学入試の準備をするのに忙しかったです。そして，出願した大学に合格したことを喜んでお伝えします。

試験と言えば，あなたの娘のサラが今年彼女の音楽学校のとても重要な入学試験があると言っていましたね。私はいちど彼女がピアノを弾くのを聞き，彼女の演奏に感動しました。試験での彼女の幸運を祈っています。

日本には春が近づいています。添付しますのは私の家の近くの公園で撮った桜の花の写真です。

みなさんに会えなくてさびしく思っております。願わくば，近いうちにニュージーランドかここ日本でまたお会いしたいです。

それでは,

トシ

Listening

対話を聞いて，問いの答えとして最も適切なものを選びなさい。

1 ［友達同士が話をしています］

What do you know from this conversation?

❶ The woman feels like going to a movie.

❷ The man thinks there is no point in going on a hike.

❸ The woman thinks they both need to get some exercise.

❹ The man forgot to hand in the report.

2 ［男性が SF 映画について女性と話をしています］

What do the two people think about recent science fiction movies?

❶ The man thinks they are much better than old ones.

❷ The man has the same opinion as the woman.

❸ The woman thinks they are worth watching many times.

❹ The woman thinks they are all bad.

3 ［女性がコンサートについて男性に話しかけています］

What did the man say about what happened to him?

❶ The train had already left when he arrived at the station.

❷ He took a taxi and he was able to arrive on time.

❸ He couldn't leave the office early, but the trains were on time.

❹ He was late, and he missed his daughter's performance.

1 この会話から何が分かりますか。
❶ 女性は映画に行きたい。 ❷ 男性はハイキングに行くことには意味がないと思っている。 ❸ 女性は，2 人とも運動をする必要があると思っている。 ❹ 男性はレポートを提出することを忘れた。

2 2 人は最近の SF 映画についてどのように考えていますか。
❶ 男性は昔のものよりずっといいと思っている。 ❷ 男性は女性と同じ意見だ。 ❸ 女性はそれは何度も見る価値があると思っている。 ❹ 女性はそれらはすべてだめだと思っている。

3 男性は自分に起こったことについてどのように言っていますか。
❶ 彼が駅に到着した時には，列車はすでに出てしまっていた。 ❷ 彼はタクシーに乗って時間通りに到着することができた。 ❸ 彼は会社を早く出ることができなかったが，列車は時間通りに動いていた。 ❹ 彼は遅刻して，彼の娘の演奏を聞き逃した。

1 解答 ③

Script

M：How about going to the movie tomorrow?
W：Hmm ... **I'd rather go for a hike than see a movie.** (➔220) **I spent the whole week writing** a report and I need some exercise. (➔249)
M：**Speaking of exercise,** (➔321) I put on weight over the winter.
W：Then we both **had better get** some exercise outdoors!

男性：明日，映画に行くのはどう？
女性：うーん，私は映画に行くよりむしろハイキングに行きたいな。1週間ずっとレポートを書いて過ごしたから，少し運動が必要なの。
男性：運動と言えば，ぼくはこの冬で体重が増えたんだよね。
女性：それなら，私たちはどちらも外で少し運動をしたほうがいいね。

» we both had better get some exercise outdoors (We had better do ➔235) と女性が言っているので，❸が最適となる。❶ feel like doing (➔225) ❷ There is no point in doing (➔293)，❹ hand in (➔Stage 1 146)

2 解答 ②

Script

M：What do you think about recent science fiction movies?
W：Well, the stories are usually interesting, and most actors are not bad at all. But they make a lot of scenes by using computer graphics. I **prefer the old analogue effects to digital effects.** (➔285)
M：**You can say that again.**

男性：最近のSF映画をどう思う？
女性：うーん，話はたいていおもしろいし，ほとんどの俳優はまったく悪くない。でも，多くの場面をCGで作るよね。私はデジタルの効果よりも昔のアナログの効果が好きなんだ。
男性：まったくそのとおりだよ。

» 女性の意見に対して You can say that again. (➔291) と男性が答えているので，❷が最適となる。❶ 比較級を強調する much (➔277)，❸ be worth doing (➔292)，女性の発言 not bad at all (not ... at all ➔273) は「まったく悪くない」という意味になるので❹の all bad「すべてだめ」とは異なる。

3 解答 ④

Script

W：I heard your daughter singing the solo part at the Christmas concert. It was wonderful!
M：Thanks, but I wasn't able to arrive **in** (➔335) time to hear her sing.
W：Oh, no! How come you were late?
M：I had a long meeting that day and couldn't leave the office early. And **what was worse,** when I arrived at the station, all the trains were stopped because of an accident. I took a taxi, but I missed her performance.

女性：クリスマスコンサートであなたの娘さんがソロで歌っているのを聞いたわ。とてもすばらしかった！
男性：ありがとう，でも私は彼女が歌うのを聞くのに間に合わなかったんだ。
女性：ええ！　どうして遅れてしまったの？
男性：その日は長い会議があって，会社を早く出られなかったんだ。さらに悪いことに，駅に着いたら事故のために列車がすべて止まっていたんだ。タクシーに乗ったけど，彼女の演奏は聞き逃してしまった。

» 駅に着いた時に列車は事故で止まっていたので，❶ The train had already left (過去完了形 ➔239)「列車は出てしまっていた」は不適。❷ he was able to arrive on time (be able to do ➔255) も不適。会社を早く出られなかった後に，what was worse (what is worse ➔288)「さらに悪いことには」，列車が止まっていたと言っているので，❸の the trains were on time (on time ➔334) も不適。

Stage 2 文法リスト 2

	問題番号
時制	223，239，240，241，242，256，295，296，330
態	226，243，257，258，276，297，376，389
助動詞	220，223，224，235，236，255，295，296，297
不定詞	244，253，290，329，401
動名詞	249，250，251，292，319
分詞	246，248，252
比較	220，221，267，277，278，279，281，282，283，284，285，286，347
関係詞	259，260，261，262，265，266，268，287，288
仮定法	222，231，232，299，300，301，302，303，304，305，306，307，314，373，382
疑問文	231，309，310，311，312，313，314，315，317，348，370，385，386
否定表現	221，273，274，275，293，294，317
分詞構文	307，308，321，408，410
前置詞	227，254，280，315，320，333，334，335，337，393，396，400，405，407
接続詞	264，269，270，271，272，302，330，331，332，336，346，402，406
動詞の語法	225，229，230，233，234，237，238，245，246，247，248，253，289，322，325，349，351，357，358，359，364，365，369，372，375，379，383，384，387，388，390，391
形容詞・副詞の語法	228，263，292，324，344，354，355，362，377，394，395，397，406
名詞・冠詞の語法	338，340，341，342，345，352，353
代名詞の語法	276，298，310，323，339，355，382
倒置・語順	272，312，313
強調	277，278，279，281，343

Stage 3 発展的な会話や聞き取り，読解で役立つ表現

ここでは主に英語を聞いたり読んだりする際に理解を助ける表現を中心に学びます。また，発展的な会話や自己表現をする際に役立つ表現も学びます。

Function 機能別表現

Situation 場面別表現

UNIT 45 気持ちを伝える(4) 希望 感謝 心配 後悔

□□□ **414** (a) I wish I could speak English better.
(b) If (　　　) I could speak English better.

□□□ **415** A : (　　　) if you could lend me some money. I've left my wallet at home.
B : Don't worry. I'll pay for our lunch.
① I want　② I wanted you
③ I would like　④ I was wondering

□□□ **416** Without your help, we could not have completed our project. We really (　　　) your cooperation.
① thank　② regard　③ appreciate　④ please

□□□ **417** I'm very (　　　) to my parents for their support and advice.
① gratitude　② grateful　③ thank　④ appreciate

4技能 Tips 35 wonder の用法 S

- **wonder+wh 節「～だろうかと思う」**
I *wonder why* he was angry last night.
(なぜ彼は昨晩怒っていたのだろうか)
- **wonder if「～かどうかと思う」**
I *wonder if* it's going to snow tomorrow.
(明日雪が降るのかなあ)
- **I was wondering if you could do / I wonder if you could do**
「～していただけないでしょうか」(➔ 415)
- **No wonder S+V「～は当然だ」(➔ 294)**

414 (a) (b) 英語がもっと上手に話せたらなあ。
415 A：お金をいくらか貸してもらえないでしょうか。家に財布を忘れてきてしまったのです。
B：心配しないで。お昼の分は私が払うよ。
416 あなたの手助けがなかったら，私たちはプロジェクトを完成させることができなかったでしょう。私たちはあなたのご協力に深く感謝しております。
417 私は両親の支援とアドバイスにとても感謝しています。

414 If only + 仮定法(!) 「～ならいいのに」 解答 only

» I wish を使った表現(➔ 7)より**強い願望**を表す。本問は仮定法過去の形を使った表現。

➕ I wish と同様に，仮定法過去完了を使って「(あの時)～ならよかったのに」と表現することもできる。(➔ 222)

If only I had studied harder in junior high school.
(中学校の時もっとしっかり勉強すればよかったなあ)

ポイント整理 47 only if との違い

only if は only が if を強めて「～の場合のみ」の意味になる。if only と形が似ているのでリーディングやリスニングの際に注意しよう。

Take this medicine *only if* you have a sharp pain.
(強い痛みがある場合のみこの薬を飲んでください)

415 I was wondering if you could do 「～していただけないでしょうか」 解答 ④

» I wonder if ではなく I was wondering if と，過去進行形を使い，また if の後は仮定法を使った，**かなり控えめに相手に依頼する**表現。相手の反応を伺いながらためらいがちに聞く場面などにも使われる。(➔ 4 技能 Tips 35)

➕ Let's ～や Why don't we ～？などと同じ意味も持つので，**相手を誘う時の丁寧な表現**としても使われる。

I *was wondering if* we could meet tomorrow. (明日お会いできませんか)

➕ I was wondering if I could do の場合は「～してもよろしいでしょうか」と丁寧に許可を得る意味になる。

416 appreciate A 「A〈こと・もの〉を感謝する」 解答 ③

» 「感謝する」という表現では，thank A が A に〈**人**〉をとる(➔ 11)のに対して，appreciate A は A に〈**こと・もの**〉をとる点に注意。

✖ ①は thank you for your cooperation であれば可。

417 be grateful (to A) for B 「B のことで(A〈人〉に)感謝する」 解答 ②

» grateful は「感謝して」の意味の形容詞。B〈行為など〉に対して A〈人〉に感謝するという表現。

➕ A〈人〉が明らかな場合は to A は省略されることが多い。

I'm grateful for all your help. (あなたの援助すべてに感謝いたします)

❗ grateful を ✖ greatful としないように，つづりに注意。

✖ ①は「感謝の気持ち」という意味の名詞。

□□□ 418 A：If you are busy, I'm (　　　) you.
B：Thank you for offering.
① will to help　② willing to help
③ willing help　④ willing helping

□□□ 419 (　　　) all your wishes come true!
① Shall　② May　③ Would　④ Can

□□□ 420 A：Thank you very much for your help. Without your help, I couldn't have finished the report.
B：(　　　).
① Leave me alone　② It's none of your business
③ I could have done better　④ The pleasure is mine

□□□ 421 My parents are now rather <u>worried</u> about my grandmother's health.
① conscious　② concerned　③ indifferent　④ inevitable

□□□ 422 This ring is very nice, but you (　　　) have bought me such an expensive present.
この指輪はとてもすてきだけど，こんなに高価なプレゼントを私に買ってくれる必要はなかったのに。
① needn't　② cannot　③ may not　④ won't

4技能 Tips 36　相手のお礼にどう答えるか？　S

相手からお礼の言葉をもらったときに言う表現には次のようなものがある。
(a) That's OK. / No problem.
(b) You are welcome. / Don't mention it.
(c) It's my pleasure.（420 の表現とほぼ同じ）
＊上から下の順でよりフォーマルになる。(c)はかなりフォーマル。また親しい間柄なら(b)でも改まった印象があるのでむしろ(a)を使うことが多い。

418 A：もしあなたが忙しいならお手伝いいたします。
B：お申し出ありがとうございます。
419 あなたのすべての願いごとがかないますように！
420 A：援助をいただきありがとうございます。あなたの援助がなかったらそのレポートを書き終えることはできなかったでしょう。B：どういたしまして。
421 私の両親は今かなり祖母の健康を心配している。

418 be willing to do 「～する気持ちがある／～するのをいとわない」 解答 ②

≫ 形容詞 willing は will「望む」に ing を付けてできた語。be willing to do で「～しましょう」と提案するときに用いるが，自ら積極的に望むのではなく，**相手を思い何かをしてあげてもよい**という気持ちを伝える表現。

＋ **be happy to do**「喜んで～します」(➔ **14**)の方が，より積極的に相手のためにしてあげたい気持ちを伝えられる。

＋ 反意表現として，「～することに気が進まない」を表すときには **be unwilling to do** や **be reluctant to do** などの言い方がある。

419 May ＋ S ＋ 原形(!) 「S が～しますように」 解答 ②

≫ 助動詞 may には〈May＋S＋原形〉で「S が～しますように」という〈**祈願**〉を表す用法がある。

＋ 主に書き言葉で使用し，結婚を祝うカードに May you always be happy together.「お二人がいつも共に幸せでありますように」などと書いたり，May his soul rest in peace.「彼の魂が安らかに眠れますように(ご冥福をお祈りいたします)」などのお悔やみのことばに使ったりする。会話では普通用いない。

420 The pleasure is mine. 「どういたしまして」 解答 ④

≫「その喜びは私のものです→うれしいのは私の方です」という意味になり，**お礼を言われたときの返答**の表現になる。改まった表現で，丁寧なお礼を受けたときなどに使われる。

＋ 同じ意味の表現に **(It's) my pleasure.** もある。(➔ **4 技能 Tips 36**)

✕ ①は「ほっといてくれ」，②は「君には関係のないことだ」，③は「もっとうまくやれたかもしれない」の意味。

421 be concerned about A 「A のことが心配である」 解答 ②

≫ **be worried about A** (➔ **15**)と同じ意味を表す。ややフォーマル。

＋ **be concerned with A** は「A に関係がある」の意味になる。

422 need not have done 「～する必要はなかったのに」 解答 ①

≫ need はここでは助動詞で，need not have done で「～する必要はなかったのに(した)」と過去にしたことに対する〈**後悔・非難**〉を表す。

＋ この用法は主に〈英〉で見られ，〈米〉では need を動詞で用い **didn't need to do**，または **didn't have to do** とすることが多い。

❗ 助動詞の need は否定文・疑問文の場合のみに使われる。

✕ ②は「～したはずがない」，③は「～しなかったかもしれない」，④は「未来において(まだ)～していないだろう」となり不適。

ポイント整理 48 need を使った否定文

	助動詞の need	動詞の need
「～する必要はない」	needn't do	don't need to do
「～する必要はなかったのに(した)」	needn't have done	didn't need to do

UNIT 46 相手の行動を促す(4) 助言 命令 使役

□□□ 423 We (　　　) out, because the typhoon is coming this way, so the weather will be terrible. (私たちは外出するべきではないよ.)

① needn't go　　② don't need to go
③ had not better go　　④ had better not go

□□□ 424 A : Are you going to the beach next weekend?
B : No, my grandmother advised (　　　). She says it is dangerous to swim in the sea after the *Obon* holidays.

① me not to　　② me to not
③ not me to go　　④ me not go to

□□□ 425 You (　　　) spend so much money on clothes. Save your money for something else.

① ought to not　　② ought not to
③ wouldn't mind　　④ would mind not

□□□ 426 The king had his servants (　　　) on Christmas Day, but he gave them a holiday the following day.

① work　② worked　③ to work　④ be working

423 台風がこっちへ向かっていて，天気は大荒れだろうから。
424 A：来週末は海に行くの？　B：ううん。おばあさんが行かないように忠告してくれたんだ。お盆が過ぎてからの海で泳ぐのは危ないって。
425 そんなに多くのお金を服に費やすべきではない。何か別のもののためにお金を貯めなさい。
426 王様は従者にクリスマスの日に働かせた(働いてもらった)が，次の日には彼らに休暇を与えた。

423 had better not do 「～するべきではない／～してはいけない」 解答 ④

» **had better do** (➔ 235)の**否定形**で，not の位置とその後の動詞の原形がポイント。会話では通例 We had better は短縮形の We'd better とする。

❗ you を主語にした場合はかなり命令的な響きを持つので使う相手に注意。

424 advise A not to do 「A に～しないようにと助言する」 解答 ①

» **advise A to do**「A に～するように助言する」(➔ p.109 ポイント整理 27)の to do を否定した「A に～しないように助言する」は advise A not to do だが，会話では本問のように do にあたる動詞の反復を避けて to だけを残し，後は省略することが多い。(➔ ポイント整理 49)

➕ tell を使って **tell A not to do** で「A に～しないように言う」とすることもできる。

ポイント整理 49 代不定詞

同じ言葉の繰り返しを避けるために，to 不定詞の to に続く語句を省略する場合があり，これを**代不定詞**という。代不定詞の否定形は，**not to** の形になる。(➔ 424)

425 ought not to do 「～すべきではない」 解答 ②

» **ought to do**「～すべきだ」(➔ 236)の**否定形**。not の位置に注意。

➕ 構造的にやや複雑なこともあり，ほぼ同じ意味を持つ **should not do** を使用することが多い。

426 have A do 「A に～させる[～してもらう]」 解答 ①

» 人に何かをさせる場合に用いる表現で，**目下の人への指示や当然の権利**として「～させる[してもらう]」が基本的な意味。

4 技能 Tips 37 have A do の持つ意味 S

have A do の形は上下関係を連想させることが多く，目上や対等の関係の相手に対しては普通使用しない。「(A に頼んで)～してもらう」と言いたい場合は **get A to do** (➔ 238)を使うとよい。

I got my mother to tie up my hair. (私は母に髪を結ってもらった)

△ I had my mother tie up my hair.

make A do も含めて比較すると，命令の度合いが強い順として，次のようになる。(➔ p.13 4 技能 Tips 4, 27)

make A do > have A do > get A to do

Stage 3 Function

□□□ **427** My parents (　　　) we go shopping on Sunday, but I didn't go since I had an English test on Monday.

① suggested　② told　③ supported　④ encouraged

□□□ **428** We (　　　) finish this work today as put it off to the next day.

① may well　② may as well

③ must well　④ must as well

□□□ **429** (　　　) to it that you turn off all the lights when you leave the room.

① Make　② See　③ Take　④ Have

□□□ **430** Please (　　　) me to buy some rice the next time I go out.

① remember　② remind　③ notice　④ inform

□□□ **431** Your essay is almost complete. All you have to do is to read it again for a final check.

① You still have to read the essay

② You don't have to read everything

③ You only have to read the essay

④ You need to read everything

Further Expressions 60 ｜ 注意したい提案や要求などの表現

suggest「提案する」, **insist**「要求する／主張する」, **recommend**「勧める」, **demand**「要求する」, **require**「要求する」, **propose**「提案する」など，提案や要求を表す動詞の目的語となる that 節の中では，動詞は**原形**をとることが多い。

Many people *demanded* (*that*) the tax (*should*) *be* decreased.
(多くの人々がその税金が下げられることを要求した)

427 両親は日曜日に買い物に行くことを提案したが，私は月曜日に英語のテストがあったので行かなかった。

428 私たちは，この仕事を明日に持ち越すくらいなら今日終えてしまう方がよい。

429 部屋を出るときにはすべての照明を消すようにしなさい。

430 次に外出するときにお米を買うことを思い出させて。

431 あなたのエッセイは，ほとんど完成している。最後のチェックとしてもう一度読みさえすればよい。

427 suggest (that) S (should)＋原形 「Sが～することを提案する」 解答 ①

» suggestは人に「～してはどうか」と**提案**する意味で用いる。

＋ 文法的にはthat節内ではS should doが使われるが，実際にはshouldは省略されることが多い。shouldが省略されても**動詞の原形**を用いることに注意。(➔ Further Expressions 60)

! advise A to do (➔p.109 ポイント整理 27)とは異なり✕ suggest A to doの形はとれない。

428 may[might] as well do A as do B 「BするくらいならAする方がよい」 解答 ②

» 「Aすること」と「Bすること」を〈as ～ as〉を用いて比較し，「AすることとBすることは同じくらいよいだろう」と言っている。そこから「(あまり違いはないが)Aした方がよい」の意味で使われる。wellの後の動詞もasの後の動詞も原形になることに注意する。

＋ mayの代わりにmightを使うこともある。

429 see (to it) that S＋V 「～するよう取り計らう」 解答 ②

» see to itのseeは自動詞で，toを伴い「～に気を配る」の意味。itはthat以下を示す。人に何かをやってもらうときによく用いる。

＋ Iを主語にすれば「私が～します」という申し出になる。

Don't worry. I'll *see* (*to it*) that this work is done before Friday.

(心配しないで。この仕事は金曜日までに済ませるようにします)

430 remind A to do 「Aに～することを思い出させる」 解答 ②

» remindは「(人に)何かを思い出させる」の意味で，**不定詞**を使いこれからするべきことを思い出させる表現になる。(➔ p.20 ポイント整理 6)

＋ **remind A that ～**で「Aに～ということを思い出させる」という表現もある。(➔ 322)

Please *remind me that* I must buy some rice the next time I go out.

(次に外出するときにはお米を買わなければならないことを思い出させて)

✕ ④は**inform A of B**の形で「AにBのことを知らせる」の意味になる。

Further Expressions 61 | remind A of B

remind A of Bは「A〈人〉にBのことを思い出させる」の意味になる。

This song *reminds* me *of* my high school days.

(この歌は私に私の高校時代を思い出させます)

＊同じ内容を次のように言うこともできる。

When I hear this song, I think of my high school days.

431 All S have to do is (to) do 「Sは～しさえすればよい」 解答 ③

» allの後に関係代名詞のthatが省略された形で「Sがしなければならないすべては～→Sは～しさえすればよい」の意味になる。これは③の**S only have to do**のように言いかえることができる。会話ではisの後のtoを省略して原形不定詞にすることも多い。

UNIT 47 報告・説明・描写する(5) 状態 行動

□□□ **432** My grandparents (　　　) together in their house for seventy years next year.

祖父母は来年，自分たちの家に 70 年間一緒に住んだことになる。

① lives　② will live　③ will have lived　④ will be living

□□□ **433** If he ①can reach the summit ②this time, he ③will climb Mt. Everest ④ten times.

□□□ **434** If we cannot stop global warming, many small islands (　　　) by the end of the century.

① disappear　② are disappearing
③ will be disappearing　④ will have disappeared

□□□ **435** More effective treatments for cancer are now (　　　) in many countries.

より効果的ながんの治療法が今や世界の多くの国で開発されつつある。

① developed　② developing
③ been developed　④ being developed

□□□ **436** The girl needs to have an operation in the U.S., and enough money (　　　) for her.

① has collected　② had collected
③ has been collected　④ had been collected

433 もし彼が今回頂上に到達できれば，彼はエベレストに 10 回登ったことになる。
434 もし私たちが地球温暖化を止められなければ，多くの小さい島が今世紀末までに消滅してしまっているだろう。
436 その女の子はアメリカで手術を受ける必要があり，十分な資金が彼女のために集められた。

432 未来完了 — 状態の継続
解答 ③

» 未来のある時点を基点として，それまでの〈**完了・結果**〉〈**経験**〉〈**状態の継続**〉を表す場合には**未来完了**(**will have done**)を使う。本問は next year という未来の時点を基点にして，それまでに祖父母の暮らしが「70 年間」にわたって継続していることを表している。(➔ ポイント整理 50)

＋ will の他に may などを使う場合もある。

433 未来完了 — 経験
解答 ③ will climb → will have climbed

» 本問は「今回登頂する」という未来のある時点で「エベレストに 10 回登ったことになる」という〈**経験**〉を表すことから，未来完了の形 **will have climbed** にする。

434 未来完了 — 完了
解答 ④

» 本問は「今世紀末までに」という未来のある時点で，その前からすでに始まっていることが〈**完了**〉していることを意味する。

ポイント整理 50 未来完了形と未来進行形

未来のある時点で現時点から続いていることが継続または完了している場合に，未来完了形が使える。一方，今の時点でまだ始まっていないことが未来の時点で起こっているだろうという予測であれば，未来進行形を用いる。

Please don't call me after 10 p.m. I'll be sleeping.
(夜 10 時以降は私に電話をしないでください。眠っているでしょうから)

435 A is being done 「A は～されつつある」
解答 ④

» 「～されつつある」という**進行形の受動態**は，**be being done** で表す。

436 現在完了形の受動態 — A have been done
解答 ③

» **現在完了形を使った受動態**では，過去に始まったことが今の時点で「～されてしまった〈完了〉」ことを表している。ここでは十分なお金が集められて，今そのお金があることを意味する。

✕ ④は過去のある時点までに何かが「～されてしまった」という意味の完了を表す。本問では過去のある時点となる語句も文脈もない。

□□□ **437** When I go abroad, I can usually (　　　) in English.
私は外国に行くとき，たいてい自分の言いたいことを英語で伝えることができる。
① make you understand　② make you understood
③ make myself understand　④ make myself understood

□□□ **438** The invention of the airplane (it / made / travel / much quicker / to) long distances.
航空機の発明は長距離の旅(移動)をはるかに迅速にした。

□□□ **439** We should (　　　) to believe fake news on social media.
① know enough　② do enough
③ know better than　④ do better than

□□□ **440** (　　　) I saw the car, I thought I should buy it.
私はその車を見た瞬間，買うべきだと思った。
① Hardly　② The moment　③ Soon　④ For a while

□□□ **441** I went to ①see an opera in Covent Garden in London last month. After the performance, I ②took a taxi to a hotel, where I ③had reserved a room a few days ④ago.

ポイント整理 51 **形式目的語の it**

形式目的語構文に使われる動詞には **think[consider], find, make** などがある。
The prime minister *thinks*[*considers*] it important to raise taxes.
(首相は税を上げることが重要だと考えている)
これはフォーマルな用法なので，会話では **S think[consider] it is important to** ～と言うのが普通。

439 SNS のウソのニュースを信じないくらいの分別を持つべきだ。
441 私は先月オペラを見るためにロンドンのコベントガーデンに行った。公演の後，タクシーでホテルに行ったが，部屋はその数日前に予約してあった。

437 make oneself understood 「自分が言うことを理解してもらう」 解答 ④

» **make A done**「Aを～された状態にする」の構造を使った慣用表現。ここでは「自分が言うことを相手に理解されるようにする」の意味から「英語が通じる」となる。

＋ 同様の構文に **make oneself heard**「話すことを聞きとってもらう／自分の意見を聞いてもらう」がある。

I can't recommend that new restaurant. The music was so loud inside that we couldn't *make ourselves heard*.

(私にはあの新しいレストランは推薦できません。室内の音楽がすごくうるさくて，お互いが話すことを聞き取ることができませんでした)

438 形式目的語の it 〈make it＋形容詞＋to do〉「～することを…にする」

解答 made it much quicker to travel

» make A B「AをBにする」の形で，Aの部分が長い場合，**形式目的語の it** が使われる。make の後の it は仮の目的語で，真の目的語は後の to 不定詞で表す。本問では不定詞が表す内容 to travel long distances「長距離を旅すること」を much quicker「はるかにより速い」ものにしたと言っている。(➔ ポイント整理 51)

439 know better than to do 「～しないだけの分別を持つ／～するほど愚かではない」 解答 ③

» know better than to do「～することよりも，もっと(物事を)よく知っている→～しないだけの分別を持つ」の意味になる。比較級を用いた慣用表現。

❗ than の後には**不定詞**が続く。

440 the moment S＋V 「～する瞬間に」 解答 ②

» moment は「瞬間」の意味で〈at the moment when S＋V〉が元の形。**as soon as S＋V** (➔ 121) よりも短い時間での反応を意味する。

＋ moment の代わりに **minute**, **instant** を用いることもある。

✕ ① Hardly のような否定語が文頭に来た時には倒置が起こる。(➔ 556) ③は「まもなく」，④は「しばらくの間」。③は **soon after** の形であれば可。

441 before 「過去のある時よりも～前に」 解答 ④ ago → before

» 副詞の before と ago は時間を表す語句を前に伴って「～前に」という意味を表すが，before は過去完了形とともに使うことが多く，「過去のある時点から～前に」の意味を表す。これに対して，**ago** は**常に過去形**とともに使い，「**今から**～前に」を表す。本問ではホテルを予約したのが「ホテルに行った」過去の時点よりも数日前だったので，④で ago は使えない。

＋ before には本問の用法の他に，時間を表す語句を伴わずに単独で「**以前に**」の意味を表す用法がある。

I have seen the movie *before*. (私はその映画を以前見たことがある)

UNIT 48 報告・説明・描写する(6) 様子 状況

□□□ 442 The information we can obtain on the internet is (　　　), but we should be careful about false information.

① great use　② great useful
③ of great use　④ of great useful

□□□ 443 I was not (　　　) of the time, because I was reading a very interesting book.

① aware　② beware　③ realize　④ notice

□□□ 444 Look! That sign says "(　　　) of bears."

① Be aware　② Beware　③ Pay attention　④ Attention

□□□ 445 The woman was (　　　) of her purse.

① taken　② robbed　③ stolen　④ banned

□□□ 446 The factory (　　　) of discharging harmful chemicals into the environment.

① was criticized　② was punished
③ was blamed　④ was accused

Further Expressions 62 | 〈of ＋抽象名詞〉を用いた表現

- of help「役に立つ」(= **helpful**)
- of importance「重要な」(= **important**)
- of value「価値ある」(= **valuable**)
- of use「役に立つ／有用な」(= **useful**)
- of no use「役に立たない／無益な」(= **useless**)

＊ of と名詞の間に (a) little, any などが置かれることもある。
Could I be *of any help*?（私は何かお役に立つことができますか）

442 インターネットで手に入る情報はとても有用だが，誤った情報に気をつけるべきだ。
443 私は時間がたつのに気づかなかったが，それはとてもおもしろい本を読んでいたからだ。
444 見て！　あの標識に「クマに注意」って書いてあるよ。
445 その女性は財布を奪われた。
446 その工場は自然環境に害のある化学物質を排出したことで訴えられた。

442 of use 「役に立つ／有用な」 解答 ③

» 「特徴・性質」を表す of を使った〈**of＋抽象名詞**〉の中には形容詞と同じ働きをするものがある。名詞 use「使用」は of use で形容詞 **useful** の代わりをする。useful よりもフォーマルとされる。(➜ Further Expressions **62**)

✕ ②は very useful であれば可。use は名詞なので，強めるには形容詞を修飾する very は使わずに，much や great などを用いる。

443 be aware of A 「A に気がついている／A を知って[認識して]いる」 解答 ①

» aware は形容詞で，be aware of A（名詞または動名詞）で「A に気づいている／知っている」という意味になる。

＋ 〈**be aware that S＋V**〉とする形もある。また，**be conscious of A** も同意表現。

444 beware of A 「A に注意する／ A に用心する」 解答 ②

» beware は「(～に)気をつける」の意味の動詞。自動詞で前置詞(of)をとる。また，命令形で使用し，注意を促すのに使うことが多い。

＋ くだけた会話では同じ意味で **watch out for A** も使われる。

！ 形容詞の aware，特にその前に be が置かれて be aware となったときは発音が似ているのでリスニングの際には注意したい。

4 技能 Tips 38 be aware of と beware of　L

この２つの表現は似ているが，be aware of doing は「～に気がついている」の意味であるのに対し，beware of の後に動名詞がくると「～しないように気をつける」の意味になるので，用法の違いに気をつけよう。

- She *was aware of* being followed by somebody.
  (彼女は誰かに後をつけられていることに気がついていた)
- You should *beware of* falling asleep in the bath.
  (入浴中に眠ってしまわないように気をつけなさい)

445 rob A of B 「A から B を奪う」 解答 ②

» rob A「A から奪う」と「分離・引き離し」を意味する of を使った表現の受動態 **A is robbed of B**「A は B を奪われる」が本問の形。A には〈人〉がくることが多い。

＋ 似た表現の steal A「A〈物〉を盗む」は **steal A from B** の形で使われる。

Someone *stole* my bicycle *from* the bike rack.
(誰かが自転車置き場から私の自転車を盗んだ)

446 accuse A of B 「A を B（のこと)で非難する／告発する」 解答 ④

» accuse A「A を非難する」と「～の理由で」を表す of を使った表現の受動態 **A is accused of B**「A は B の理由で訴えられる」が本問の形。

✕ ①は「批判される」，②は「罰せられる」，③は「非難される」の意味でいずれも前置詞は for をとる。(➜ p.206 4 技能 Tips 39)

□□□ 447 Amundsen succeeded (　　　) the South Pole in 1911.

＊ Amundsen：アムンゼン(ノルウェーの探検家)

① reach　② reaching　③ in reach　④ in reaching

□□□ 448 The skater (　　　) enough points to win a gold medal.

① failed getting　② failed to get

③ succeeded getting　④ succeeded to get

□□□ 449 Something is wrong with my computer. I think it (　　　).

① must repair　② must repairing

③ needs repair　④ needs repairing

□□□ 450 People (　　　) smoking on the streets around here.

① banned to　② banned from

③ are banned to　④ are banned from

□□□ 451 A：Where is Oliver?

B：He is still in bed, (　　　) a book.

(彼はまだベッドの中で本を読んでいるよ。)

4技能 Tips 39　blame と accuse の違い

blame も accuse と似た意味を表すが，accuse の方が意味が強く，相手からの謝罪や回答を求めることが多い。法廷に訴える場合は accuse を用いる。また blame の場合は「A of B」ではなく「A for B」の形になる点に注意。

- **accuse A of B**「A を B のことで非難する・告発する」
- **blame A for B**「A を B のことで責める・B を A のせいにする」

My parents *blamed* me *for* breaking the window.
(両親は私がその窓ガラスを割ったことで責めた)

447 アムンゼンは1911年に南極点に到達するのに成功した。
448 そのスケーターは金メダルを取るのに十分な点を取りそこなった。
449 私のコンピューターはどこか不具合がある。修理の必要があると思う。
450 この辺りでは通りでの喫煙は禁止されている。
451 A：オリヴァーはどこ？

447 succeed in A 「A するのに成功する」 解答 ④

» succeed は「成功する」の意味では自動詞なので，何において成功するかを言う場合は前置詞(in)が必要となる。A には動名詞がくることが多い。

❗ × succeed to do の形は誤り。fail to do（➔ **448**）との混同に注意。

➕ succeed の副詞 successfully を使い次のように言うこともできる。

Amundsen successfully reached the South Pole in 1911.
（アムンゼンは 1911 年に首尾よく南極点に到達した）

448 fail to do 「～しようとして失敗する／～しそこなう」 解答 ②

» fail は「失敗する」という意味。ここでは「～しようとして失敗する」の意味なので，時間的にこれから先のことに用いる不定詞をとる。

➕ **never fail to do** で「決して～しそこなうことはない→必ず～する」という意味になる。

My grandfather *never fails to walk* his dog every morning.
（私の祖父は毎朝必ず犬を散歩させる）

✖ ③，④の succeed は succeed in doing（動名詞）の形で用いる。

449 need doing 「～される必要がある」 解答 ④

» 動詞 need に続く動名詞は「～されること」という受動的な意味を持つ。

➕ **need to be done** の形を使って My computer needs to be repaired. としてもよい。

➕ need の代わりに want を用いて want doing とすることもあるが，やや古風な表現とされ，need ほどは使われない。

450 ban A from doing 「A が～することを禁止する」 解答 ④

» ban A 「A に禁止する」と「～から離して」の意味の from を使った表現。本問はこの受動態 **A is banned from doing** 「A は～することを禁止されている」の形。

➕ ban の代わりに **prohibit** や **forbid** を使うことができる。

➕ 誰が禁止したのかを特定する必要のない場合は，本問のように受動態で使うのが普通である。禁止されるものを主語にすることもできる。

Smoking is *banned* [*prohibited* / *forbidden*] on the streets around here.

451 分詞構文で状況を追加説明する ― S+V, doing[done] 解答 reading

» S+V で述べた内容に分詞でさらに情報を追加する形。ここでは現在分詞でつなげているので「～しながら／そして～する」の意味になる。

➕ 追加する情報や説明が「～された」の意味の時は過去分詞になる。

The castle had been abandoned, *hidden* away deep in the forest.
（その城は放棄され，森の奥に隠された）

❗ S+V の後のカンマは入れないこともある。

UNIT 49 情報を伝える(7) 修飾 目的

□□□ **452** 下線部 which が指すものは何か。

My brother lied to my parents, which made them very angry.

① My brother ② a lie

③ my parents ④ My brother lied to my parents

□□□ **453** My father is a photographer and has many special cameras, (　　　) he can take unique photos.

① which ② what ③ with which ④ of which

□□□ **454** The weather forecast says it'll rain on Sunday, in (　　　) case what will happen to the fireworks display?

＊ fireworks display：花火大会

① which ② what ③ whose ④ whichever

□□□ **455** (a) People who like fast food may say that it is tasty and cheap.

(b) (T　　　) who like fast food may say that it is tasty and cheap.

Further Expressions 63 |〈前置詞＋関係代名詞〉を含む文

前置詞を伴う関係代名詞を含む文では，①〈前置詞＋関係代名詞〉をセットにする，②前置詞と関係代名詞を分離させて前置詞を文の末尾に回す，の２つのパターンがある。

① The person to whom the letter was addressed had passed away ten years before.
(その手紙の宛先だった人物は 10 年前に他界していた)
＊この形の場合，目的格関係代名詞は省略できない。先行詞が人の場合は〈前置詞＋who〉ではなく〈前置詞＋whom〉が使われる。また，〈前置詞＋that〉の形はない。

② This is the new model of the air cleaner which I told you about.
(これが，私があなたにお話しした空気清浄機の新しいモデルです)
＊look for などのような句動詞では，普通前置詞と動詞を分けない。
These are the vintage jeans which I've been looking for.
(それは私が探していたビンテージのジーンズだ)

①の方がフォーマルな用法で，口語では普通②のパターンを使う。

452 私の弟は両親にうそをついた。それが両親をとても怒らせた。
453 私の父は写真家で多くの特別なカメラを持っている。それで彼は独特な写真を撮ることができる。
454 天気予報では日曜日は雨が降ると言っているけれど，その場合，花火大会はどうなるのだろう？
455 ファストフードが好きな人は，それはおいしくて安いと言うかもしれない。

452 前の内容を先行詞とする非制限用法 — , which 「そしてそのことは[を]～」

解答 ④

» 非制限用法の関係代名詞 which は 259 のように名詞を先行詞とするだけでなく，前の文全体またはその一部の内容を先行詞とすることがある。本問では，which はその前の文全体 My brother lied to my parents を先行詞としている。

453 〈前置詞＋関係代名詞〉の非制限用法 — , with which S+V

解答 ③

» 関係代名詞が前置詞の目的語になる場合，〈前置詞＋関係代名詞〉を関係詞節の先頭に置くことができる(➔ Further Expressions 63)が，非制限用法でも，この〈前置詞＋関係代名詞〉の形をとることができる。本問では，カンマの前の many special cameras が先行詞で，he can take unique photos **with** the many special cameras「彼はその多くの特別なカメラで独特な写真を撮ることができる」と考えられるので関係代名詞 which に with が必要となる。

✕ ② what は非制限用法に使うことができない。(➔ p.120 ポイント整理 33)

454 〈前置詞＋which＋名詞〉の非制限用法 — , in which case 「(そして)その場合は」

解答 ①

» 非制限用法の which には，〈which＋名詞〉の形で，前の文全体またはその一部の内容を受ける用法がある。この which は名詞を修飾する働きから，**関係形容詞**と呼ばれる。本問は〈前置詞＋which＋名詞〉の形で，in which case の which case が前文の一部(it'll rain on Sunday)の内容を受けている。

＋ 〈前置詞＋関係形容詞＋名詞〉は一般的にはフォーマルだが，in which case は会話でも使用する。

＋ 関係形容詞を使った表現には次のようなものがある。

He lived in Switzerland for two years, *during which time* he climbed world-famous mountains.
(彼はスイスに２年間住んだが，その間に世界的に有名な山々に登った)

455 those who 「～する[である]人々」

解答 Those

» 代名詞 **those** には「人々」の意味があり，those who で「～する[である]人々」の意味になる。会話では people who と言うところを，書き言葉ではよく those who を用いる。比較的フォーマルなスタイルの英作文向けの表現である。

＋ those に続く who are[were] はしばしば省略される。**those present**「出席者」という表現は those who are[were] present の who are[were] が省略された形。

□□□ **456** (a) Passengers are requested to arrive at the airport two hours before the departure time so as not to miss their flights.

(b) Passengers are requested to arrive at the airport two hours before the departure time (i　　　)(　　　)(　　　) to miss their flights.

□□□ **457** We always try to turn off the lights in empty classrooms (energy / can / so / save / we / that).

□□□ **458** Tom's graduation is (　　　) take place on June 17th.
トムの卒業式は 6 月 17 日に行われる予定です。

□□□ **459** Tourists (　　　) to eat while walking in the temple grounds.
旅行者は寺の境内では歩きながらの飲食は控えてください。

① are supposed　② are not supposed
③ are willing　④ are not willing

ポイント整理 52 〈be + to do〉が表すさまざまな意味

(1) 予定「(これから)～することになっている」
The summit meeting *is to be* held in May.
(そのサミット会議は 5 月に開催される予定だ)

(2) 義務・命令「～すべきだ」
This essay *is to be* submitted by May 10th.
(このエッセイは 5 月 10 日までに提出することになっている)

(3) 可能「～することができる」
Not a soul *was to be* seen in the streets.
(通りには誰ひとり見当たらなかった)
＊この意味では否定文で使われる場合が多い。

(4) 意図・目的「～するつもりなら／～するためには」
If you *are to* win the game, you must train hard.
(その試合に勝つつもりなら，一生懸命練習しなければならない)

456 航空便の乗客は自分たちの便に乗り遅れないよう，出発時間の 2 時間前に空港に到着することが求められている。

457 私たちはエネルギーを節約できるように，いつも空き教室の照明を消すようにしています。

456 in order not to do / so as not to do 「~しないために」

解答 in order not

» 〈**目的**〉を表す不定詞の用法である **in order to do** と **so as to do** (➔401) をそれぞれ**否定形**にした表現。いずれも not を不定詞の**前**に置く。

457 so (that) S+can[will / may] do 「S が~できるように」

解答 so that we can save energy

» 〈**目的**〉を表すのに用いる表現。so は「~するように/~するために」の意味。

➕ that を入れるとややフォーマルになり, 口語では省略することが多い。

➕ can の代わりに will, may を使う形もある。

I always take notes while talking on the phone so (that) I *won't* forget.
(私は電話で話すときは忘れないようにいつもメモを取ります)

458 be+to do 「(これから)~することになっている」 解答 to

» be 動詞と to 不定詞を組み合わせたこの形の基本的な意味は「(あらかじめ)~することになっている」の〈**予定**〉の意味である。(➔ ポイント整理 52)

4 技能 Tips 40 〈be + to do〉で表される〈予定〉〈義務〉 S W

話し手の都合や意志による予定には用いない。
× Our apartment is too small, so we are to move to a bigger place.
→○ Our apartment is too small, so we are going to move to a bigger place.
(私たちのアパートは小さすぎるので, もっと大きなところに引っ越す予定だ)
○ My husband has changed jobs. We are to move to Tokyo next month.
(私の夫が仕事を変えた。私たちは来月東京に引っ越す予定だ)
＊話し手の意思ではなく勤務先が変わったことで生じた義務を表す場合には可。

459 be supposed to do 「~することになっている/~してください」 解答 ②

» suppose は「思う」の意味。be supposed to do のもとの意味「~すると思われる」から,「~することになっている」〈**予定**〉/「~してください」〈**義務**〉の意味で使われるが, 強制力はないので, ルールや取り決めができているが罰則はない場合に用いる。本問のように否定形になると「~しないでください」という意味になる。

UNIT 50 情報を伝える(8) 否定

□□□ 460 There was (　　　) milk left in the fridge.

① hard any　② hardly any　③ hard some　④ hardly some

□□□ 461 The number of younger people in our city has been decreasing for a long time. We have (　　　) to find a solution to this problem.

① not　② yet　③ already　④ still

□□□ 462 Learning a foreign language is (　　　) easy, but it is worthwhile.

① free from　② free off　③ far from　④ far off

□□□ 463 Solving labor shortage problems is (　　　) easy.

労働力不足の問題を解決することは決して簡単ではない。

① enough　② anything　③ nothing but　④ anything but

□□□ 464 A：He was the (　　　) person I expected to be elected.

(私は彼が最も選挙で選ばれそうにない人だと思っていたのに。)

B：I agree. Why did people vote for him?

4技能 Tips 41 the last person の意味のとり方に注意 R

(a) He would be the last person to be elected.

これは「彼は最も選挙で選ばれそうもない人だ」の意味になるが，the last person to do の形で文脈次第では文字どおり「最後に～した人」の意味になることもある。

(b) He was the last person to be elected.

この文では選挙の開票の結果「彼は最後に当選が決まった人」の意味になり，過去の事実を報告する文である。

460 冷蔵庫にはミルクはほとんど残っていなかった。

461 長い間，私たちの都市では若者の数が減少してきている。私たちはこの問題の解決策をまだ見つけていない。

462 外国語を学ぶことは決して簡単ではないが，学ぶことには価値がある。

464 B：同感です。どうして人々は彼に投票したんだろう。

460 hardly[scarcely] any＋名詞 「ほとんど~がない」 解答 ②

» hardly は**準否定語**(➔ p.29 Further Expressions 5)の中で使用頻度の高い語。any を修飾して〈**hardly[scarcely] any＋A**〉で「ほとんど A がない」の意味を表す。副詞の hardly では名詞を修飾できないので，名詞の前に形容詞の any を置いている。意味的には否定の度合いは〈no＋A〉より弱く，〈few[little]＋A〉よりは強い。

➕ any の他に ever と一緒に用いることが多い。

I hardly *ever* eat out.（私はほとんど外食をしない）

461 have yet to do 「まだ~していない」 解答 ②

» yet は「まだ」の意味。have to do と組み合わせて「まだ~しなければならない→まだ~していない」の意味で用いることが多い。肯定文の形であるが，**否定の意味**を表すので注意。

➕ have の代わりに be を用い **be yet to do** とすることもある。この場合は be to do が予定を表し(➔ **458**)「~することになっているがまだしていない」の意味。

➕ have yet to **be done** / be yet to **be done** で「まだ~されていない」の意味になる。同じ意味を表す表現に **remain to be done** がある。

The theory *has yet to be proved.* = The theory *remains to be proved.*
（その理論はまだ証明されていない）

462 far from A 「決して A ではない」 解答 ③

» 直訳すると「A から遠い」となることからこの意味になる。通例 A には動名詞・名詞・形容詞がくる。

➕ 同意表現として **anything but A** がある。(➔ **463**)

463 anything but A 「決して A ではない／A どころではない」 解答 ④

» この but は「~を除いて」。anything but A で「A を除いて何でも→決して A ではない」の意味になる。本問は「決して簡単ではない」という意味になる。

➕ 普段の会話では ... **not at all** easy と言うことが多い。

➕ 文字どおり「~を除いて何でも」の意味でも用いる。

I can eat *anything but*[except] liver.（私はレバーを除き何でも食べられます）

✖ ③は「~だけ」，「~にすぎない」の意味(➔ **469**)。

464 the last person 「最も~しそうにない人」 解答 last

» the last は「最も~（しそう）にない」の意味。この表現は，**the last person to do** または〈**the last person＋関係代名詞節**〉の形をとる。本問は who(m) が the last person の後に省略されていて，「彼は私が選挙で選ばれるだろうと最も思っていなかった人だった」という意味。(➔ 4 技能 Tips 41)

□□□ 465 (a) It is not certain at all that the president will be reelected.
(b) It is (　　　) certain that the president will be reelected.
① by no means　② by all means
③ by mistake　④ by chance

□□□ 466 We should develop energy technologies that use (　　　).
私たちは石炭も石油も使わないエネルギー技術を開発するべきだと思います。
① either coal and oil　② either coal or oil
③ neither coal and oil　④ neither coal nor oil

□□□ 467 I'm very interested in politics, but (n　　　) (　　　) my classmates are.
私は政治にとても興味があるが，私のクラスメートは誰もそれに興味がない。

□□□ 468 A：Are you interested in politics?
B：(　　　), but I think I should be.
① Believe it or not　② For nothing
③ At least　④ Not in the least

□□□ 469 My brother buys (　　　) cheap clothes. He never pays over 3,000 yen for clothes.
① nothing　② anything　③ nothing but　④ anything but

465 大統領が再選されることは，まったく定かではない。
468 A：あなたは政治に興味がありますか。
B：まったくありませんが，興味を持つべきだと思います。
469 私の弟は安い服しか買わない。彼は決して服に 3,000 円以上かけない。

465 by no means 「決して〜ない」　解答 ①

» 名詞 **means** は「手段」の意味で，「いかなる手段でも〜ない」の意味から**強い否定**を表す。

➕ 会話で強い否定を表す時は，本問(a)のように **not (...) at all** が使われることが多い。

✖ ②は「ぜひ」(➔ **371**)，③は「誤って」，④ は「偶然に」

466 neither A nor B 「A も B も〜ない」　解答 ④

» neither A nor B で「A も B も〜ない」を表す。**either A or B**「A か B かどちらか」の形(➔ **269**)の or と nor の違いに注意。硬い表現のため書き言葉での使用が多い。

➕ neither A nor B が主語の場合，原則として動詞は B に一致させる。

467 none of A 「A のどれも〜ない」　解答 none of

» 対象となる A が **3 つ[3 人]以上の場合**に，「A の何も[誰も]〜ない」という表現として用いる。A には(代)名詞の複数形がきて，the, my, these のような限定する語がつくことが多い。ここでは人についての話なので「3 人以上の中で誰も〜ない」となる。本問では同じ語の繰り返しを避けるため are の後の interested in it が省略されている。

✖ 2 つ[2 人]の場合で「どちらも〜ない」の意味を表すなら **neither of A** を用いる。

468 Not in the least. 「まったくない」　解答 ④

» **little の最上級 least** (➔ p.32 ポイント整理 10)を not で否定することで「ほんの少しもない→まったくない」の意味になる。会話では「まったく(〜ない)」「ちっとも(〜ない)」という返答に使われる。

➕ 同じ否定の返答では **Not at all.** (➔ **273**)も使われることが多い。

✖ ①は「信じようが信じまいが」，②は「むだに／ただで」，③は「少なくとも」

469 nothing but A 「A だけ／A にすぎない」　解答 ③

» ここでの but は **anything but** と同様に「**〜を除いて**」の意味で，「〜を除けば何もない」，逆に言えば「**〜だけ(ある)**」の意味になる。

➕ **only A** と意味は同じだが，こちらは only の意味をさらに強調している。

✖ ④は「決して〜ではない」の意味。(➔ **463**)

UNIT 51 情報を伝える(9) 対比 比較

☐☐☐ **470** (a) Our company needs (　　　) more money but more ideas.
(b) Our company needs more ideas, not more money.

☐☐☐ **471** A：Is that your new coat? It looks expensive!
B：Yes, but it was (　　　) expensive than yours.
① more　② less　③ most　④ least

☐☐☐ **472** Most of the students gave (　　　) the same answer to question 5.
ほとんどの生徒の問5への解答はほぼ同じだった。
① more and more　② more or less
③ sooner or later　④ so so

☐☐☐ **473** Space travel is (　　　) just a childhood dream.
① any longer　② not more　③ so long　④ no longer

Further Expressions 64 ｜ not A but B を応用した表現

- **not because A but because B**「AだからではなくBだからだ」
I am studying English *not because* it is tested in the entrance exams *but because* it is useful for communication.
(私が英語を学んでいるのは，それが入試に出されるからではなく，それがコミュニケーションに役立つからです)

▶ この表現も書き言葉で使用することが多い。会話なら次のように「～だからではない」の内容を後にもってきた表現の方が言いやすい。
I am studying English because it is useful for communication, *not because* it is tested in the entrance exams.

470 (a)(b)私たちの会社に必要なのはもっと多くの金ではなくもっと多くのアイデアだ。
471 A：それはあなたの新しいコートですか。高そうですね！
B：はい，でもあなたのものほど高くはありませんでした。
473 宇宙旅行やもはや単なる子どものころの夢ではない。

470 not A but B 「A ではなく B だ」 解答 not

» not A but B「A ではなく B だ」は書き言葉でよく見られるやや改まったスタイル。but は先行する否定に続いて「～ではなくむしろ…」の意味になる。会話では **B, not A** の(b)の表現が一般的である。

＋ 本問は Our company does not need more money but more ideas. と表すこともできる。

! **not only A but also B** (➔ **402**)は，形は似ているが A を否定せずに B を追加している表現であることに注意。

471 less＋形容詞[副詞]＋than A 「A より～でない」 解答 ②

» less は little の比較級で「より少ない」の意味(➔ p.32 ポイント整理 10)。**less expensive** は「より値段が低い→安い」となる。

＋ 比較級を作る less は，会話ではあまり使われない。本問の less expensive「より安価だ」のように，好ましい意味になる表現は普通に使われるが，基本的には **not as ～ as** の原級を使った表現を使うことが多い。

472 more or less 「多かれ少なかれ／およそ／ほぼ」 解答 ②

» more「より多い」と less「より少ない」を並べることで，多少の差はあるが「**およそ**」の意味になる。

✕ ①は意味を強調して「ますます」，③は「遅かれ早かれ」，④は「まずまず，悪くもよくもない」の意味。いずれもその後の the same と組み合わせて使うことはできない。

473 no longer 「もはや～ない」 解答 ④

» no longer で「もはや～ない」という**強い否定**を表す。

＋ **not ... any longer** も同じ意味を表す。

Winter is almost over, so we do*n't* have to wear a thick coat *any longer*.
(もうすぐ冬が終わるので，私たちはもはや分厚いコートを着る必要はない)

Stage 3 Function

□□□ **474** The bus fare to the airport will cost <u>no more than</u> ten dollars.

① only　② as much as　③ at least　④ over

□□□ **475** I'm going to a friend's wedding on Saturday. He was one year (　　　) to me in college.

① junior　② younger　③ small　④ more junior

□□□ **476** I thought that the new model would be <u>better than</u> the old model, but there is not much difference.

① inferior than　② inferior to

③ superior than　④ superior to

□□□ **477** A：You have a very nice ring. Wasn't it expensive?

B：Thank you. Yes, it is (I / ever / ring / bought / have / expensive / the most).

□□□ **478** (　　　) (　　　) I learn about foreign cultures, (　　　) (　　　) I want to go abroad.

外国の文化について学べば学ぶほど，ますます外国に行きたくなる。

4 技能 Tips 42　〈the ＋比較級 , the ＋比較級〉の表現

〈the＋比較級＋S＋V ～，the＋比較級＋S'＋V' ...〉(➔ 478)は，S や V を省略した形もよく使用する。

A：When should I hand in my homework?

B：*The sooner*(,) *the better*. The deadline was yesterday.

(A：いつまでに宿題を提出すればいいかな。B：早ければ早いほどいいよ。期限は昨日だったからね)

474 空港までのバスの料金はわずか 10 ドルだ。

475 私は土曜日に友人の結婚式に行きます。彼は大学で 1 年後輩でした。

476 その新しいモデルは古いものよりも優れているだろうと思ったが，あまり違いはない。

477 A：あなたはとてもすてきな指輪をしていますね。高くありませんでしたか。

B：ありがとう。ええ，今まで買った中で最も高い指輪です。

474 no more than A 「わずか A ／ A しかない」 解答 ①

» more「～より多い」を no で否定することから「A よりも決して多くない」の意味になり，その後に数字がくるときには **only A** と同じ「A にすぎない」という意味になる。

+ **no less than A** は「～ほども多くの A」という意味。

+ no を not で置き換え **not more than A** にすると「A を超えることはない」の意味から，**at most A**（➔ **126**）と同じ「多くても A ／せいぜい A」の意味になる。**not less than A** は「A を下回ることはない」の意味から，**at least A**（➔ **125**）と同じ「少なくとも A」の意味になる。

475 be junior to A 「A の後輩だ」 解答 ①

» **285** でも扱ったラテン比較級と呼ばれる表現の 1 つ。He was one year junior to me in college. で「彼は大学で 1 年後輩だった」という意味になる。「A の先輩だ」を表すには **be senior to A** を使う。

+ be junior to A や be senior to A は年齢に関係なく「A より後輩だ／ A より地位が下だ」「A より先輩だ／ A より地位が上だ」の意味で使われることが多く，英作文で年齢の上下を表す場合は **be older than A** や **be younger than A** を使う方がよい。

476 be superior to A 「A よりも優れている」 解答 ④

» ラテン比較級の表現。superior は「優れた」の意味のやや硬い語で，その後に比較する対象を置く場合，**to** を用いる。

+ 会話では本問のように **be better than A** を使うことが多い。

+ 「A よりも劣っている」は **be inferior to A** と表現する。

477 the＋最上級＋A＋(that) I have ever done 「私が今まで～した中で最も…な A」 解答 the most expensive ring I have ever bought

» 最上級を使った表現。本問は〈the＋形容詞の最上級＋名詞＋(that) I have ever done〉の形にまとめればよい。that は目的格の関係代名詞で，省略されることが多い。

478 the＋比較級＋S＋V ～ , the＋比較級＋S'＋V'...

「S が～すればするほど，S'がますます…する」 解答 The more, the more

» ある動作や状況が変わると，それに応じて別の動作や状況が比例して変化することを表す慣用的な表現。（➔ **4 技能 Tips 42**）

+ やや難しい表現なので接続詞の **as** を使って As I learn more about foreign cultures, I want to go abroad more. と表してもよい。

UNIT 52 考えや意図を伝える(5) 主張 評価 推量

□□□ 479 If sales do not improve, we will have no (　　　) but to close some stores.

① ways　② means　③ chance　④ choice

□□□ 480 The teacher made a mistake on purpose to see if the students were listening.

① absolutely　② intentionally
③ immediately　④ particularly

□□□ 481 We are in (f　　　) of a total ban on smoking in public places.
私たちは公共の場での全面的な禁煙に賛成です。

□□□ 482 (　　　) to university in Japan. I want to study abroad.
(私は日本の大学に行かないことにしました。)

① I've not decided to go　② I've not decide going
③ I've decided not to go　④ I've decided not going

□□□ 483 When you drive on icy roads, you (　　　).

① can be careful　② can be too careful
③ can't be too careful　④ can't be careful, too

ポイント整理 53 not が否定する範囲

(a) not で述語動詞を否定すると，文全体を否定することになる。
(b) 述語動詞以外の要素を否定する場合は，not は原則としてその後ろにある語句を否定する。不定詞を否定するには，原則として否定語を to の直前に置く。

▶(a)(b)の not の位置の違いで文意が変わる場合もあるので注意したい。
- I told Tom not *to stay up* late.
(トムに夜更かししないように言った)
＊これは(b)の不定詞を否定する形だが，(a)の形にすると×I did not *tell* Tom to stay up late.「トムに夜更かしするように言わなかった」という意味になり，不自然な文となる。

479 もし売り上げが伸びなければ，いくつかの店を閉じるしかない。
480 先生は，生徒たちが聞いているかどうか確かめるためにわざと間違いをした。
482 私は留学したいのです。
483 凍った道路を運転するときは，どんなに注意してもしすぎることはない。

479 have no choice but to do 「～するしかない／～せざるを得ない」 解答 ④

» ここでの but は「～を除いて」の意味。have no choice 「選択肢がない」と合わせてこのような意味になる。

480 on purpose 「故意に／わざと」 解答 ②

» purpose は「目的・意図」, on はここでは「～により／に基づいて」の意味。

+ 同意表現として **intentionally**, **deliberately** がある。

+ 反対の意味を持つ表現に **by chance** 「偶然に」, または **by accident**, **accidentally** 「偶然に, 誤って」がある。

481 be in favor of A 「A に賛成している」 解答 favor

» favor はここでは「支持」の意味で, 討論などで賛成意見を述べる際によく使用する。

+ favor には「親切な行為」の意味もある。(➔ **229**)

+ **be for A** (➔ **393**) と同じ意味を表すが, より丁寧な表現である。

+ 反対の意味の「～に反対している」は **be against**, **be opposed to** などで表す。

482 decide not to do 「～しないことに決める」 解答 ③

» 「私は日本の大学に行かないことに決めた」という意味にするには, not を不定詞の前に置いて否定する。not の位置により意味が異なる場合があるので注意を要する。(➔ ポイント整理 53)

✕ ①は not が述語動詞 decide を否定し「私は日本の大学へ行くことを決めていない」になるため不適。

4技能 Tips 43 「～ではないと思う」の表現 S W

英語では, **位置によって意味が変わらない場合, 否定語はなるべく前に置く**傾向があるので, 「～ではないと思う」と表現するとき, △ I think ~ not ... ではなく○ I don't think that ... とするほうが好まれる。

I don't think that they will win the game.
(私は彼らは試合に勝たないと思う)

このような使い方をすることが多い動詞は, think の他に believe / expect / imagine / guess / suppose などがある。

483 cannot[can't] ~ too ... 「どんなに…してもしすぎることはない」 解答 ③

» 助動詞 can の否定形を使った慣用表現。too の後ろには形容詞や副詞が続く。本問は **cannot be too careful** で「注意深くしすぎることはできない→どんなに注意してもしすぎることはない」の意味になる。

+ 会話では普通 can't を使う。

Stage 3 Function

□□□ 484 Our school insists (　　　) black shoes.
私たちの学校は，生徒に黒い靴を履くよう求めています。
① wearing　② on the students wearing
③ on wearing　④ the students to wear

□□□ 485 We take it for granted that we have water and electricity, but we should be prepared to have neither if there is a big earthquake.
① are always careful not to waste water or electricity
② should be grateful to people who supply water and electricity
③ think we can always use water and electricity
④ should make efforts to save water and electricity

□□□ 486 The police (　　　) that he stole the money.
警察は，彼がその金を盗んだのではないかと疑っている。
① doubt　② suppose　③ don't think　④ suspect

485 私たちは水と電気があるのは当たり前だと思っているが，もし大きな地震が起こったらどちらもないという事態に備えるべきだ。

484 動名詞の意味上の主語

解答 ②

≫ insist on doing「～すると主張する」(➔ 289)の形で,「Aが～するように主張する」と**動名詞の主語**を示す必要があるとき，代名詞の場合は所有格または目的格，名詞の場合は所有格かそのままの形で表す。一般的な会話では目的格(名詞の場合はそのままの形)になることが多く，フォーマルな文では所有格が使われる。本問では the students が動名詞の主語となり「生徒たちが～することを主張する」の意味になる。

➕ that 節を使って次のように言うこともできる。

Our school insists *that* the students (should) wear black shoes. (➔ p.198 Further Expressions 60)

485 take it for granted that S+V 「Sが～することを当然のことと思う」

解答 ③

≫ **take A for B**「AをBと思う」のBに grant「～を認める」の過去分詞 granted を置いた **take A for granted** は「Aを認められたものとして思う→Aを当然のことと思う」という意味を表す。この take は「受け取る，考える」の意味である。本問はこのAの部分に形式目的語 it を用いた〈take it for granted＋that 節〉の形である。

➕ take A for B「AをBと思う」は次のような「誤解」を表現する場合にも使われる。**mistake A for B** も同じ意味を表す。

If you heard her speak English, you would *take* her *for* a native speaker.
(彼女が英語を話すのを聞くと，彼女をネイティブスピーカーだと思うだろう)

✖ ①水や電気をむだにしないようにいつも注意している
②水と電気を供給してくれる人に感謝すべきです
④水と電気を節約するように努力すべきです

486 suspect (that) S+V 「Sが～するのではないかと疑う」

解答 ④

≫ suspect の後に〈(that) S+V〉を置くと,「(好ましくないことについて)～だと考える／疑う」の意味になる。

ポイント整理 54 〈suspect (that) S + V〉と〈doubt (that) S + V〉の違い

- **suspect (that) S+V**「Sが～するのではないかと疑う／Sが～すると思う」
≒ think that S+V
- **doubt (that) S+V**「Sが～するということを疑う／Sは～しないと思う」
≒ don't think that S+V
The police doubt that he was at home when the money was stolen.
(警察はその金が盗まれたときに彼が自宅にいたということを[自宅にいなかったのではないかと]疑っている)

UNIT 53 考えや意図を伝える(6) 条件 仮定

□□□ 487 After learning about global warming, the boy thought, "What would happen if all the ice on earth (　　　) melt?"

① will　② are　③ were　④ were to

□□□ 488 I don't think I'll be late for the meeting, but if I (　　　) be late, please wait for me.

① should　② would　③ could　④ might

□□□ 489 If (　　　) the sudden heavy rain, we would have arrived at Tokyo Station an hour ago.

① it were for　② it had been for
③ it were not for　④ it had not been for

□□□ 490 A：My little brother talked as if he (　　　) in the sky.
B：He probably had a dream.

① is flying　② flew　③ flown　④ had flown

□□□ 491 (　　　) him speak Japanese, you would think he is Japanese, but he is from America.

① To hear　② In order to hear
③ To hearing　④ In hearing

487 地球温暖化について学んだあとに，その少年は「もし地球上の氷がすべて溶けてしまったらどうなってしまうだろう？」と考えた。

488 私は会議に遅れるとは思わないが，しかし万一遅れたら待っていてください。

489 もし突然の大雨がなかったなら，私たちは東京駅に１時間前に着いていたのに。

490 A：ぼくの幼い弟はまるで空を飛んだかのように話したよ。
B：おそらく夢を見たのね。

491 もし彼が日本語を話すのを聞けば，彼を日本人だと思うだろう。でも彼はアメリカの出身だ。

487 If S were to do 「もしSが～するようなことがあれば」　解答 ④

» 一般に**未来の事柄に対する仮定**を表す。仮定法過去を使った表現だが，were to do は予定を表す〈be＋to 不定詞〉(➔458)の過去形であり，未来の意味を含んでいる。

➕ **実現しそうにない仮定**から，**実現の可能性がある仮定**の場合まで使われる表現である。

If you *were to give* your mother a bunch of roses, she would be very happy.
(もしバラの花束をあなたのお母さんにあげたら，とても喜ぶでしょう)

488 If S should do 「万一Sが～すれば」　解答 ①

» If S were to do と同様に，一般に未来の事柄に対する仮定を表すが，should を使ったこの表現は，**実現の可能性が低い仮定**の場合に使われる。ややフォーマルな表現。

➕ 主節には助動詞の現在形が使われたり，本問のように命令文になったりすることもある。

➕ この表現の倒置形は形式的なメールや手紙でよく使用される。(➔497)

489 If it had not been for A 「もし(過去に)Aがなかったならば」　解答 ④

» If it were not for A (➔303)の仮定法過去完了の形で，「もし，過去にAがなかったならば」という**過去の事実に反することを仮定**して述べている。

➕ 会話では **without A** (➔305)を使うことが多い。

➕ **Had it not been for A** という if を省略した倒置形で表すこともある。If it were not for A も同様に **Were it not for A** という倒置形がある。

490 as if[though]＋仮定法過去完了 「まるで～であったかのように」　解答 ④

» 〈as if[though]＋仮定法過去〉(➔300)は，主節と同時点の事実に反することを前提とした表現である。本問は talked「話した」が過去のことで，「(それよりも前に)実際は空を飛んでいなかっただろう」という前提があるので，**主節よりも前の時点の事実に反する**ことを仮定する〈**as if[though]＋仮定法過去完了**〉の形を使用する。

491 不定詞による if 節の代用　解答 ①

» 不定詞が「**もし～なら**」の意味を持つことがある。本問の主節で you would think と助動詞の過去形が使用されていることから，(　)内には仮定法の if 節に相当するものが入ることがわかる。To hear him speak Japanese は，If you heard him speak Japanese の意味を表す。(その他の仮定法の if を代用する表現➔ ポイント整理 55)

ポイント整理 55 仮定法の if 節を代用する表現

- **without A** (➔305)　• **with A** (➔306)　• **otherwise** (➔301)
- **不定詞による if 節の代用**(➔491)
- **主語による if 節の代用**

A simple apology from you *would* have solved the problem.
(君の簡単な謝罪があれば問題は解決していただろうに)

□□□ 492 The view of this lake would be much more beautiful now if this area (　　) developed.

① is not　② were not　③ has not been　④ had not been

□□□ 493 I keep a flashlight next to my bed (　　) there is a power failure in the night.

① in time　② to time　③ in case　④ to case

□□□ 494 People are allowed to eat and drink in this park, provided that they take their garbage home.

① as long as　② even if　③ unless　④ otherwise

□□□ 495 (　　) that we didn't have a lot of time to prepare, the festival was a huge success.

① Given　② Giving　③ Made　④ Making

□□□ 496 You can have a dog on (　　) that you walk it.

① condition　② rule　③ environment　④ custom

Further Expressions ⑮ |「〜を考慮すると」の表現

- **considering A (➔ 408) / considering (that) S+V**

次の２つは，よりフォーマルな表現。

- **taking into consideration (that) S+V**

Taking into consideration that there are fewer young people, we may have to depend on more foreign workers.

(若者の数が減ってきていることを考慮すれば，さらに多くの外国人労働者に頼る必要があるかもしれない)

- **given A / given (that) S+V (➔ 495)**

Given her lack of experience, she did well.

(彼女の経験不足を考慮すれば，彼女はよくやった)

492 もしこの地域が開発されていなかったなら，今この湖の光景ははるかに美しいだろうに。
493 私は，夜中に停電があった場合に備えて枕元に懐中電灯を置いている。
494 この公園では，ごみを持ち帰るという条件で飲食が許される。
495 準備する時間があまりなかったことを考慮すれば，その催しは大成功だった。
496 あなたが散歩させるという条件なら犬を飼うのを許します。

492 仮定法過去・過去完了の併用形 — If S＋過去完了形，S'＋would do ... (now).「もし(あの時)Sが～していたら，S'は(今では)…だろうに」 解答 ④

» 仮定法過去と仮定法過去完了を組み合わせて「もしあの時～であったら」と過去の時点での仮定をし，「(その結果)今は～であろうに」と現在起きているかもしれないことを述べることができる。

493 in case S＋V 「～するといけないから／～する場合に備えて」 解答 ③

» case は「場合」という意味の名詞で，in case はその後に〈S＋V〉の形が来ることで1つの接続詞として働いている。in case 以下は「条件」を表す節なので，基本的には〈**in case S＋現在形**〉の形で，未来の内容でも現在形で表す。(➔ p.40 ポイント整理 12)

＋ 〈米〉では「もし～なら」(＝ if)の意味で使用することもある。
In case there is a problem, please contact us.
(もし問題がある場合には，我々にご連絡ください)

＋ **in case of A** は「A の場合には」の意味になり，前置詞として働く。
In case of fire, you mustn't use the elevators.
(火災の場合にはエレベーターを使用してはいけない)

＋ (**just**) **in case** という形で文尾に置かれると「万一の場合に備えて」の意味になる。
Take an umbrella *just in case*.
(念のため傘を持っていきなさい)

494 provided (that) S＋V 「もし～ならば／～するという条件で」 解答 ①

» provide「与える」を使うことで，ここでは「もし～という条件が与えられれば」の意味になる。硬い表現の**分詞構文**。(慣用的な分詞構文➔ p.140 Further Expressions 44，p.147 Further Expressions 46)

＋ provided の代わりに **providing** を使用することもある。その場合「～という条件を与えれば」の意味。

＋ **suppose[supposing] that** も同じ意味を表す。× suppose<u>d</u> that の形はないので注意。

＋ 会話であれば **if** や **as long as** を用いる。

495 given (that) S＋V 「～を考慮すると／～と仮定すると」 解答 ①

» give「与える」を使うことで，ここでは「(that 以下の事情)が与えられれば」の意味になる。フォーマルな**分詞構文**。

＋ **given A** の形もある。(➔ Further Expressions 65)

❗ 494 の provided の場合と異なり，giving を使った分詞構文の表現はない。

496 on (the) condition that S＋V 「～という条件で」 解答 ①

» condition はここでは「条件」を意味し，on は「～に基づいて」の意味。やや硬い表現。

＋ condition の前に the を置くこともある。

UNIT 54 フォーマルなメール・手紙

□□□ 497 (　　　) have any questions, don't hesitate to contact us.
ご質問がございましたら，遠慮なく当社までご連絡ください。
① If should you　② If would you
③ Should if you　④ Should you

□□□ 498 I (it / could / if / you / appreciate / would) answer my questions.
もし私の質問にお答えいただければ感謝申し上げます。

□□□ 499 [メールや手紙などの文頭で]
To whom it may (　　　),
① respond　② receive　③ connect　④ concern

□□□ 500 I am writing this email to (　a　) you (　b　) my change of address.
私は私の住所の変更をお知らせするためにこのメールを書いています。
① (a) inform　(b) to　② (a) inform　(b) of
③ (a) notice　(b) to　④ (a) notice　(b) of

□□□ 501 When you visit Catherine next week, please give her my best regards.
① say thank you for me　② say hello to her from me
③ keep in touch with me　④ say congratulations for me

□□□ 502 I'd rather discuss it in (　　　) than by email.
① privacy　② person　③ myself　④ ourselves

499 関係各位
501 来週キャサリンを訪ねたら，どうかよろしくお伝えください。
502 それについてはメールではなく，むしろ直接お会いしてお話ししたいです。

497 **Should you have any questions 「もしご質問がございましたら」** 解答 ④

» **If S should do**「万一～なら」(➔ 488)の**倒置形**で，フォーマルなメールや手紙で使われる表現。

➕ *If you should have* any questions が普通の語順で，こちらを使うことも可能。

498 **I would appreciate it if you could do 「もし～していただければありがたいです」** 解答 would appreciate it if you could

» **appreciate A**「A（こと・もの）を感謝する」(➔ 416)と仮定法を使った，とても丁寧な依頼の表現。メールや手紙で使われることが多い。appreciate の後の it は形式目的語で，if 以下の内容を指している。

➕ if 節を使わずに次のように表すことも可能。

I *would appreciate* your response.（お返事をいただければありがたいです）

499 **To whom it may concern, 「関係各位」** 解答 ④

» concern は「〈事柄が〉〈人に〉関係する」，また it は手紙やメールの中身を表すことから「この手紙(メール)が関係する方へ」の意味。個人名がわからない相手や不特定の相手に宛てて正式な手紙を書くときに，冒頭で用いる。

500 **inform A of[about] B 「A〈人〉に B を知らせる」** 解答 ②

» フォーマルなメールや手紙で見られる表現。

➕ **〈inform A that S+V〉**で「A〈人〉に～と知らせる」という表現もある。(➔ 376)

501 **give my best regards to A / give A my best regards**

「A〈人〉によろしくお伝えください」 解答 ②

» **say hello to A** (➔ p.69 Further Expressions 18)と同じ「よろしく伝えて」の意味だが，目上の人を対象に，フォーマルな場面やメールや手紙で使われる。

➕ regard は「尊敬の気持ち／心遣い」の意味だが，regards と複数形で用いると「よろしくという挨拶」の意味になる。手紙の文末にも用いられる。(➔ p.172 Further Expressions 57)

✖ ①は「ありがとうと伝えて」，③は「連絡を取り合って」，④は「おめでとうと伝えて」の意味。

502 **in person 「直接会って」** 解答 ②

» メールなどで間接的なコミュニケーションをとるのではなく，人と直接会って話をする場合に用いる表現。

Further Expressions 66 | on[in] behalf of A

on[in] behalf of A は「A の代わりに／ A の代表として」の意味を表し，フォーマルな表現だが，スピーチやビジネスメールで使用されることが多い。on A's behalf という表現もある。

I'm writing this email *on behalf of* Mr. Evans.
（エヴァンズ氏の代理でこのメールを書いております）

I would like to thank you all *on behalf of* the committee.
（委員会の代表として，みなさまに御礼申し上げます）

UNIT 55 ウェブサイト・広告

503 You cannot go to Dublin (　　　) visiting Trinity College. Its library is spectacular.
(ダブリンに行かれたら必ずトリニティーカレッジをご訪問ください。)
① with　② without　③ unless　④ unlike

504 (　　　) your time in Kyoto by visiting historic temples and gardens on our tours.
① Look up to　② Make sure of
③ Give way to　④ Make the most of

505 (a) If you walk only five minutes from our hotel, you will get to a beautiful beach.
(b) Only five minutes' walk from our hotel will (　　　).
① arrive at a beautiful beach　② arrive you at a beautiful beach
③ take to a beautiful beach　④ take you to a beautiful beach

506 The beauty of the Alps in the evening sun is (　　　) description.
① over　② beyond　③ far　④ without

ポイント整理 56 make the most of A と make the best of A

make the most of A が「**A(よい状況)を最大限に生かす**」という意味であるのに対して，**make the best of A** は「**A(悪条件／不利な状況)の中で最大限に努力する**」という意味。両者は形が似ているが，後者の意味を「悪条件だがベスト(best)を尽くそう！」と覚えておくとよい。

(1) It's a beautiful day. Let's make the most of it.
(よい天気だ。この天気を最大限に生かそう)

(2) It is raining today, but let's make the best of it.
(今日は雨が降っているけれども最大限努力しよう[ベストを尽くそう])

503 その図書館は壮観です。
504 私たちのツアーで歴史上重要な寺院や庭園を訪れることで，あなたの京都でのお時間を最大限に生かしてください。
505 私どものホテルから５分歩くだけで美しい浜辺に行くことができます。
506 夕日の中のアルプス山脈の美しさは言葉で表すことはできません。

503 cannot do ～ without doing ... 「～すれば必ず…する」　解答 ②

» 1つの文の中に否定の意味を含む語が2つあると，強い肯定の意味を表すことになる。これを「**二重否定**」という。本問は「トリニティーカレッジを訪れることなくダブリンに行くことはできない→ダブリンに行ったら必ずトリニティーカレッジを訪問する」ということを意味する。おすすめの場所を紹介するパンフレットやウェブサイトなどでよく見られる表現。

＋ 似た形に **never do ～ without doing ...** がある。(➔ **564**)

＋ **a must**「不可欠なもの／必見」を使って Visiting Trinity College is *a must* in Dublin.「ダブリンではトリニティーカレッジを訪問することが不可欠です」などと表現することもできる。

504 make the most of A 「A を最大限に生かす」　解答 ④

» 与えられた好機を最大限に生かすという意味の慣用的な表現。

＋ 似た表現に **make the best of A**「A を精一杯利用する／A をなんとか切り抜ける」がある。両者の違いに注意。(➔ ポイント整理 **56**)

✕ ①は「～を尊敬する」，② は「～を確実にする／～を確かめる」，③は「～に譲歩する」の意味。

505 無生物主語構文を使った道案内 — five minutes' walk takes A to ～ 「徒歩 5 分で～に着く」　解答 ④

» **無生物主語構文**(➔ p.247 ポイント整理 63)を使った，道案内で使われる表現。(b)は Only five minutes' walk from our hotel が主語となる。

＋ 観光地の案内などによく見られる表現であるが，会話では(a)のように if を使った表現や，単に It is only five minutes' walk from our hotel to the beach. のような表現が好まれる。five minutes' walk は a five-minute walk とも表現できる。

＋ 無生物主語を使った道案内の表現には次のようなものもある。

This road will lead[take] you to the beach.（この道を行けば浜辺に出ます）

506 beyond description 「言葉では表現できない」　解答 ②

» beyond「～を超えて」は，物理的な空間だけでなく，このような抽象的なものについても用いる。文学的スタイルで，広告などでも使用する。

＋ 次も beyond を用いた同様の例である。

beyond one's understanding[comprehension]（理解を超えている→理解できない）

☐☐☐ 507 The hotel will provide extra towels (　　　).
① on advance　② in advance　③ on request　④ in request

☐☐☐ 508 Our ski resort is less than a one-hour drive from Nagano Station, (　　　) in the middle of the Japanese Alps.
〈locate を適切な形にして〉

☐☐☐ 509 If you would like (　　　) information about our company, please visit our website. 〈far を適切な形にして〉

☐☐☐ 510 We (p　　　) you (　　　) accommodation, ski tickets and a shuttle bus service between your hotel and the airport.
私たちは皆様に宿泊施設，スキーチケット，そしてホテルと空港を結ぶシャトルバスのサービスを提供いたします。

☐☐☐ 511 Please (　　　) that the payment must be made before the end of this month.
お支払いを今月末より前にしていただきますようにご留意ください。
① inform　② mind　③ note　④ notice

☐☐☐ 512 To make sure you get a seat on the tour, we advise you to book your tickets beforehand.
① by chance　② in contrast
③ in advance　④ on purpose

507 そのホテルは，要望すれば追加のタオルを用意してくれます。
508 私たちのスキー場は長野駅から車で１時間以内で，日本アルプスの真ん中に位置しております。
509 私たちの会社につきまして，さらなる情報をご希望でしたらどうぞ私たちのウェブサイトを訪れてください。
512 確実にツアーの席がとれるように，あらかじめチケットを予約されることをお勧めいたします。

507 on request 「要請があり次第」 解答 ③

» request は「要請」。またここでの on は「～するとすぐに」の意味。

+ on の代わりに upon を使うとより硬い表現になる。

+ 同じ意味の on を使った表現に，**on demand**「要求があり次第」，**on one's arrival**「到着次第」，**on doing**「～するとすぐに」(➔ **557**)などがある。

✕ ② **in advance** は「あらかじめ」の意味。

508 be located in A 「A に位置している」 解答 located

» locate は「〈人が〉〈建物など〉をある場所に位置させる[設置する]」を意味する。したがって建物を主語にするときは受動態になる。本問はカンマ以下で分詞構文が使われていて，being located の being が省略された形である。

+ ほぼ同じ意味を表す表現に **be situated in A** もある。

509 further information 「さらなる情報」 解答 further

» further は far の比較級の 1 つで「(程度や時間，量などが)さらに多く」の意味を持つ。

+ 会話では further information の代わりに **more** information と言うことが多い。

510 provide A with B 「A に B を供給する／提供する」 解答 provide, with

» provide は「供給する／提供する」の意味のフォーマルな語。前置詞の with は提供する物(材料・事柄・情報など)の前に置く。この文のように，顧客に提供するサービス内容を表すのによく使われる表現。

+ provide の後に B がくると **provide B for A** となる。同意表現であるが，provide の目的語の内容によって後に置く前置詞が異なる点に注意。

511 note that S+V 「～ということに注意する」 解答 ③

» note はここでは「気をつける」の意味の動詞で，〈note that S+V〉は手紙やメールで**相手に注意を促すとき**に使われるフォーマルな表現。

512 in advance 「あらかじめ／前もって」 解答 ③

» advance はここでは「時間的に前」を意味する。in advance で副詞の **beforehand** と同じ意味を表す。

! beforehand は 1 語なので before hand としないように注意。

✕ ①は「偶然に」，②は「対照的に」，④は「故意に」の意味。

Stage 3 Situation

UNIT 56 統計・グラフ

☐☐☐ **513** The problem of the (d　　　) number of children is difficult to solve.
子どもの数が減少しつつあるという問題は解決が難しい。

☐☐☐ **514** As for the economy of the nation, the largest revenue comes from tourism, (　　　).
① led by farming　② leading farming
③ followed by farming　④ following farming

☐☐☐ **515** According to our survey, (　　　) in our class sleep for less than eight hours a night.
① almost students　② almost the students
③ almost all students　④ almost all the students

☐☐☐ **516** Aomori-ken is about (　　　) the (s　　　) of Fukuoka-ken.
青森県は福岡県のおよそ２倍の大きさです。

Further Expressions 67 | 「～の数が増える」の表現

「日本では高齢者が(以前よりも)増えている」を表すには，次のような言い方ができる。
(a) There is an increasing number of elderly people in Japan. / The number of elderly people is increasing in Japan. (➔ 345)
(b) There is a larger number of elderly people than before in Japan.
＊(a)の increasing は「以前よりも増えている」の意味なので than before は必要ないが，(b)の a larger number of ... では何よりも数が多いかわからないため「以前よりも」を表す than before が必要となる。

会話では number を使わず，もっと簡単に次のように表すこともできる。
There are more elderly people than before in Japan.
(日本では以前よりも高齢者が増加している)

514 その国の経済に関しては，最も大きな収入源は観光業，それに続いて農業である。
515 私たちの調査によれば，私たちのクラスのほとんどの生徒の平均睡眠時間は８時間以下だ。

513 the[a] decreasing number of A 「減少しつつある A」 解答 decreasing

» the number of A に decrease「減少する」の現在分詞を使って「今減少しつつある A」の意味を表した形。(➔ Further Expression 67)

＋ 反対の意味を表すには **increase**（増加する）を用い **the[an] increasing number of A** と言う。

514 ... , followed by A 「(それに)A が続く」 解答 ③

» follow には「～（の後）に続く」の意味がある。「A が B に続く」と表現するのであれば A follows B となり，受動態を使って B is followed by A とすると「B の後に A が続く」となる。本問はこの受動態の分詞構文を使った表現で being followed by A の being が省略されている。この〈 ... , followed by A〉は新聞記事などでもよく使われる。

515 almost all (of) the A 「(限定された特定の)A のほとんどすべて」 解答 ④

» almost「ほとんど」は**副詞**なので，名詞を直接修飾できないため，「ほとんどすべての A（名詞）」と表現したい場合には **almost all A** の形で使う。また本問のように，名詞 students が in our class によって「**限定された特定の名詞**」になる場合は the が必要で，**almost all (of) the A** という表現になる。of は省略されることがある。

✕ ① almost students とする誤りが多い。③限定された特定の名詞の場合には the が必要。

ポイント整理 57 most を使った「ほとんどの～」の表現

- **most A**「(限定されない)ほとんどの A」*most は形容詞
  → almost all A と似た意味を持つ。
- **most of the A**「(限定された特定の)A のほとんど」*most は代名詞
  → almost all (of) the A と似た意味を持つ。

516 twice the size of A 「A の 2 倍の大きさ」 解答 twice, size

» 「A の 2 倍」を表す表現には〈**twice as＋原級＋as A**〉(➔ 69) があるが，大きさが 2 倍であることを表すときは〈twice as＋large[big]＋as〉の代わりに〈twice the size of A〉のように**抽象名詞 size** を使って表現することもできる。

Further Expressions 68 | 〈twice the ＋抽象名詞＋ of A〉の形

この形で使える抽象名詞には次のようなものがある。

- **weight**「重さ」 • **length**「長さ」 • **width**「幅」 • **depth**「深さ」
- **height**「高さ」 • **number**「数字」 • **age**「年齢」

また twice を **three times**「3 倍」や **five times**「5 倍」など〈**X(数詞) times**〉に変えることで表現がさらに増える。

□□□ 517 This year we had three (　　　)(　　　)(　　　) snow as last year.
今年は去年の３倍の雪が降った。

□□□ 518 This year we had only (　　　)(　　　) much snow as last year.
今年は昨年の半分しか雪が降らなかった。

□□□ 519 Last year, three (q　　　) of the students at our school went on to college.
昨年私たちの学校の４分の３の生徒が大学へ進学しました。

□□□ 520 (　　　)(　　　) of the land in Japan is forests and mountains.
日本の国土の３分の２が森林や山岳地帯である。

□□□ 521 The greenhouse gases emitted in the U.S. (　　　) 15% of the world's total.
① count for　② count on　③ account for　④ account on

□□□ 522 The population of Tokyo is (than / Osaka/ of / larger / that).

ポイント整理 58 分数の表現(基数詞／序数詞)

分数表現は，個数を表す基数詞(one, two, three ...)と，順序を表す序数詞(first, second, third, fourth, fifth ...)の組み合わせで表す。

- 分子は基数詞，分母は序数詞で読む。
  1/3　a[one] third
- 分子が２以上の場合は，分母の序数詞を複数形にする。ハイフンを使って表すこともある。
  2/3　two thirds, two-thirds
  3 4/5　three and four(-)fifths
- 「半分」「1/2」は a[one] half，「1/4」は a[one] quarter と表すことができる。

521 アメリカで排出される温室効果ガスは世界の合計の 15%を占める。
522 東京の人口は大阪の人口よりも多い。

517 X (数詞) times＋as＋原級＋as A 「A の X 倍～」 解答 times as much

» 原級を使った「A の X 倍」を表す表現。last year の前に as があることから原級比較だと判断できる。「X 倍」は〈**数詞＋times**〉を用いる。2 倍の時は普通 twice を使う。(➔ 69)

＋ 比較級を使った表現〈**X (数詞) times＋比較級＋than A**〉「A よりも X 倍～」の形の表現も可。この場合，2 倍は **two times** を使う。

This year we had three times *more* snow *than* last year.

518 half as＋原級＋as A 「A の半分の～」 解答 half as

» 原級を用いた「A の半分の」を表す表現。本問では snow が不可算名詞なので，量を表す much を使って half as much snow as となる。(➔ 68, 69)

519 分数表現－three quarters 「4 分の 3」 解答 quarters

» **a[one] quarter** で「4 分の 1」の意味。本問のように分子が three と 2 以上の場合は three quarters と分母は複数形になる点に注意。(➔ ポイント整理 58)

＋ 2 分の 1（半分）の場合は **a**[**one**] **half** を用いる。

520 分数表現 — two(-)thirds 「3 分の 2」 解答 Two thirds

» 分数は「分子(基数詞)→分母(序数詞)」の順で読むので，「3 分の 2」は two(-)thirds となる。分子が 2 以上なので分母は複数形になる。分子と分母の間のハイフンはなくてもよい(➔ ポイント整理 58)

＋ 〈**分数＋of A**〉が主語の場合，動詞は A の数に対応させる。本問では A が the land と単数なので，動詞は is となっている。

521 account for A 「A の割合を占める」 解答 ③

» account には「割合を占める」の意味があり，前置詞 for を用いる。

＋ account for A で「**A を説明する**」(＝ explain)の意味もある。

✕ ② count on で「～を頼る」の意味。

522 同じ名詞の繰り返しを避ける that 解答 larger than that of Osaka

» 同種のものを比較する文で前に出た**単数名詞の繰り返しを避ける**ために，硬い書き言葉では **that** が使われる。本問は the population を that で受けている。

＋ この that は that of の形になることが多いが，of 以外の前置詞も使える。また，同じ**複数名詞の繰り返しを避ける**場合には，**those** を使う。

Students in Country A have longer vacations than those in Country B.

(A 国の学生は B 国の学生よりも休みが長い)

＋ 会話では that を使わずに more A than B (➔ **72**)の表現を使って次のように言う方が自然である。

There are more people in Tokyo than (in) Osaka.

□□□ 523 Now let's (　　　) Graph A with Graph B.
それではグラフ A とグラフ B を比較しましょう。

□□□ 524 Prices went up a little (　　　) with last year.
昨年に比べて物価が少し上昇しました。
① compare　② compared　③ comparing　④ comparison

□□□ 525 (　　　) to our survey, 20% of the students in our class do not eat breakfast.
私たちの調査によると，私たちのクラスの生徒の 20%が朝食を食べません。

□□□ 526 This presentation is (　　　) on our recent research.
このプレゼンテーションは最近の私たちの調査に基づいています。

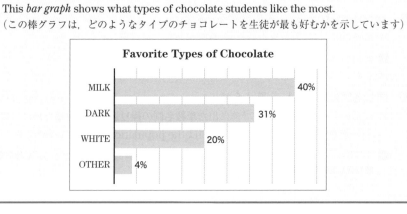

Further Expressions ⑥⑨ | グラフや図表の呼び方

- **line graph**「折れ線グラフ」
- **pie graph[chart]**「円グラフ」
- **bar graph[chart]**「棒グラフ」
- **table**「表」
- **figure**「図表／イラスト」

This *bar graph* shows what types of chocolate students like the most.
(この棒グラフは，どのようなタイプのチョコレートを生徒が最も好むかを示しています)

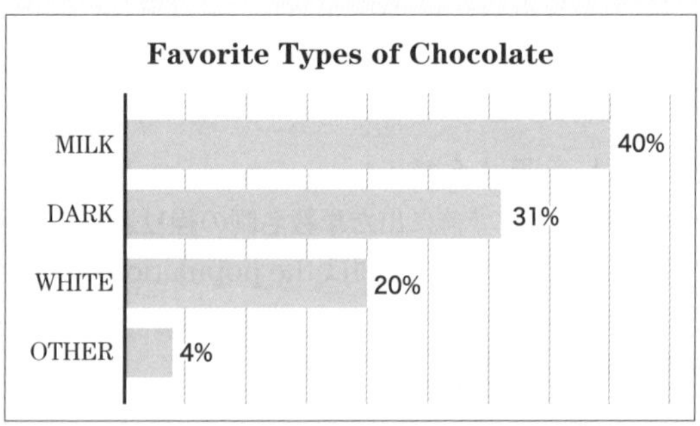

523 compare A with[to] B 「AとBを比較する」 解答 compare

» compare A with[to] B で「AとBを比較する」の意味を表す。

＋ compare A to B には「**AをBに例える**」の意味もある。

524 compared with[to] A 「Aと比較すると」 解答 ②

» 比較の対象を示すときに用いる分詞構文による表現で，「それはAと比較される（と）」の意味から過去分詞（compared）にする。文頭に置いてもよい。

✕ ④ comparison「比較」は **in[by] comparison with A** の形で「Aと比較すると」という意味を表す。

525 according to A 「A〈情報源〉によれば」 解答 According

» according to で1つの前置詞として働き，情報源を示す際によく使用する。

＋「Aに従って／Aに応じて」の意味でも使われる。

The eggs are graded *according to* size.
（その卵は大きさに応じて等級がつけられる）

526 be based on[upon] A 「Aに基づいている」 解答 based

» base は「基づかせる」という意味の動詞なので「基づく」の意味にするには受動態を用いる。また on も「～の上に立って→基づいて」の意味を持つ。

❗ research は数えられない名詞。

4技能 Tips 44 research と survey の違い S W

- **research**：「研究」の意味の語で，さまざまな方法による調査を含む語。原則として数えられない。
  University teachers often do some research and write academic papers.
  （大学の先生はたびたび研究をして学術論文を執筆する）
- **survey**：個別の「調査」を意味する。数えられる名詞である。インタビューやアンケート調査などがよく見られる survey の例である。
  We conducted a survey last week. We interviewed 30 students and got some very interesting data.
  （私たちは先週アンケート調査を行った。30人の生徒にインタビューをして，非常に興味深いデータを得た）

Stage 3 Situation

UNIT 57 論説文・レポート

527 The amount of plastic garbage found in the sea is a serious problem. Thus, we need to recycle more plastic.

① Therefore　② Otherwise　③ However　④ Similarly

528 Some types of plastic products, (　　　) bags and bottles, are easily collected for recycling. Therefore, we should not throw them away.

① namely　② despite　③ instead of　④ apart from

529 The average wages declined by 5% (　　　) the recession.

① because　② thanks to　③ in comparison to　④ due to

530 Many flights were delayed up to two hours yesterday (　　　) the strong wind.

① in contrast to　② on account of

③ in the meantime　④ depending on

531 Food shortages are expected to be much more serious in the future. (　　　), most people do not seem to be worried.

① Thus　② For instance　③ Nevertheless　④ Therefore

527 海洋で見つかるプラスチックごみの量は深刻な問題だ。それゆえ，私たちはプラスチックをさらにリサイクルする必要がある。

528 あるタイプのプラスチック製品，すなわち袋やボトルはリサイクルのために回収することが容易だ。それゆえ，私たちはそれらを捨てるべきではない。

529 景気後退により，平均賃金は５パーセント下がった。

530 昨日は強風のために多くの便に最大２時間の遅れが出た。

531 食糧不足は将来，はるかに深刻になると予想される。それにもかかわらず，ほとんどの人々は心配していないようである。

527 thus 「したがって／それゆえ」 解答 ①

» その前に述べたことを受けて「だから～だ」と話を展開する**順接**の働きがある。**therefore**（→ 395）と同じ意味。

✖ ②は「さもなければ」，③は「しかしながら」，④は「同様に」の意味。

528 namely 「すなわち／つまり」 解答 ①

» namely は「名前(name)を挙げて具体的に言うと→すなわち」の意味になる。前に述べた内容の**具体的な名前や例を挙げる**場合に使われる。

➕ **that is to say** も意味が近いが namely の方がよりフォーマル。

✖ ②は「～にもかかわらず」，③は「～の代わりに」，④は「～は別にすると」の意味。

529 due to A 「A により／A が原因で」 解答 ④

» **原因・理由**を表す表現で，この 2 語で 1 つの前置詞として働く。**because of A**（→ 400）と同意だが，フォーマルな表現。

✖ ①は **because of** であれば可。②は「～のおかげで」の意味で，よいことの原因に用いる。③は「～と比較して」の意味。

530 on account of A 「A のせいで／A という理由で」 解答 ②

» account はここでは「理由・根拠・原因」の意味。前置詞 on も「～に基づき／～の理由で」の意味を持つフォーマルな表現。

✖ ①は「～とは対照的に」，③は「その間に」，④は「～次第で」の意味。

Further Expressions ⑳ | 原因・理由を表す表現

- **because of A**（→ 400）
- **due to A**（→ 529）
- **owing to A**
- **on account of A**（→ 530）

▶ because of A が最も広く用いられ，ライティングはもちろん，会話にも使える。owing to A と on account of A は due to A よりもさらにフォーマルとされるため，使用はかなり形式的な文章に限られるが，リーディングで意味を読み取れるようにしておくことが大切である。

531 nevertheless 「それにもかかわらず」 解答 ③

» nevertheless は前に示した内容に対して**逆接・対立**の意味を表す。

➕ 同義語に **nonetheless** がある。

✖ ①と④は「したがって／だから」，②は「例えば」。

ポイント整理 59 文頭には避けたい接続詞

小論文などを書くときに，次のような文を書くことはないだろうか。

△ We can vote at the age of 18. But the legal age for drinking is 20.

（私たちは 18 歳で投票ができます。でも飲酒のできる年齢は 20 です）

接続詞（and，or，but，so など）を文頭で使用することは，会話文では問題ないが，フォーマルな文では推奨されない。上の例の場合はカンマに続けて小文字で出すようにする方がよい。

We can vote at the age of 18, but the legal age for drinking is 20.

□□□ **532** School starts in April in Japan, whereas in many other countries school starts in September.

① while ② even if ③ unless ④ since

□□□ **533** By and large, students in my class think that it is important to be able to express themselves in English.

① In the first place ② In the long run

③ Needless to say ④ On the whole

□□□ **534** The school gym needs to be renovated. (　　　), PE classes will be held outside.

① Nevertheless ② On the whole

③ In the meantime ④ In return

□□□ **535** It is said that traveling by train is better for the environment (　　　) flying.

① in addition to ② as well as

③ in spite of ④ as opposed to

□□□ **536** Problems (　　　) poverty seem to be more serious than before.

貧困に関連した問題は以前よりもずっと深刻になっているように思われる。

① despite ② in contrast to

③ concerning ④ on account of

ポイント整理 60 「順接・追加」などを表すつなぎの言葉

【順接】therefore（➔ 395）/ thus（➔ 527）「ゆえに」, consequently（➔ 538）/ as a result（➔ 411）「その結果」, for this reason（➔ 412）「この理由により」, due to（➔ 529）/ because of（➔ 400）/ on account of（➔ 530）/ owing to「～のせいで／～の理由で」

【追加】moreover（➔ 394）/ furthermore / besides / what is more（➔ 287）/ in addition（➔ 396）「その上／さらに」, indeed「実際」, at the same time「それと同時に」

532 日本では学校は４月に始まるが，その一方で，他の多くの国では学校は９月に始まる。

533 概して，私のクラスの生徒は英語で自己表現できることは重要なことだと考えています。

534 学校の体育館は改修が必要です。その間，体育の授業は屋外で行われます。

535 列車による旅は飛行機の旅とは反対に[対照的に]環境によいと言われる。

532 whereas 「～，一方で…」 解答 ①

» 前に述べた内容との**対比**の意味を表す接続詞。

➕ **while** にもこの働きがあるが，whereas の方がフォーマルな語。

✖ ②は「たとえ～したとしても」，③「～しない限りは」，④は「～以来，～なので」の意味。

533 by and large 「概して」 解答 ④

» それまで述べたことのまとめや，全体的なことを話す場合に用いる表現で，**on the whole** がほぼ同じ意味を持つ。

✖ ①は「まず第一に」，②は「結局は」，③は「言うまでもなく」の意味。

534 in the meantime 「その間に／そうこうするうちに」 解答 ③

» meantime は the を伴い「～の合間」を表す。そこからこのような意味になる。

➕ ほぼ同じ意味の語に **meanwhile** がある。

✖ ①は「それにもかかわらず」，②は「概して，全体的に見て」，④「お返しに」の意味。

535 as opposed to A 「A とは対照的に／ A とは違って」 解答 ④

» oppose は be opposed to で「～に反対している」(➔ **481**) の意味を表すが，as opposed to A は「A とは対照的に／ A とは違って」という意味の一つの前置詞として働く。

➕ **in contrast to A** も同じ意味を表す。

✖ ①は「～に加え」，②は「～のみならず」，③は「～にもかかわらず」の意味。

536 concerning A 「A に関する」 解答 ③

» 文章で用いるフォーマルな前置詞で **about** の意味を持つ。

➕ 文頭では「～に関して言えば」の意味になる。**regarding A** や **with regard**[**respect**] **to A**，**as for A** (➔ **320**) も同意。

✖ ①は「～にもかかわらず」，②は「～とは対照的に」，④は「～のせいで」の意味。

ポイント整理 61 「例示・逆接・対比」などを表すつなぎの言葉

【例示・言い換え】**for example**[**instance**]「例えば」，**with regard to / regarding**「～に関して言うと」，**in particular**「特に」，**in a sense**「ある意味では」(➔ **543**)，**in other words** (➔ **398**)「言い換えれば」，**namely** (➔ **528**)「すなわち」，**that is**「つまり」

【逆接】**however / yet**「しかしながら」，**nevertheless / nonetheless** (➔ **531**)「それにもかかわらず」，**even though**「ではあるが」，**even if** (➔ **299**)「たとえ～だとしても」，**still / all the same**「それでもやはり」

【対比】**whereas** (➔ **532**) / **on the other hand** (➔ **403**)「その一方で」，**in contrast** (➔ **404**)「それとは対照的に」，**in spite of / despite** (➔ **405**)「～にもかかわらず」，**regardless of** (➔ **540**)「～とは関係なく」，**instead** (➔ **407**)「その代わりに／それよりも」

☐ **537** That restaurant does not have a good reputation (　　　) service.
① according to　　② in terms of
③ on behalf of　　④ in addition to

☐ **538** More meat is consumed in Japan than before. (　　　), it is said that Japanese people now have a higher risk of developing bowel cancer.　＊ bowel cancer：大腸がん
① Similarly　　② Consequently
③ For instance　　④ Furthermore

☐ **539** As I have stated in my essay, there is a lot of false information on social media. (　　　), we need to develop our critical thinking skills.
① In addition　　② In contrast
③ To conclude　　④ On the other hand

☐ **540** Everyone must be treated fairly, (　　　) race, gender or age.
① in addition to　　② regardless of
③ due to　　④ on account of

☐ **541** I think living in a large city is exciting, but from my parents' point of (　　　), cities are too noisy.
① sight　② scene　③ view　④ scenery

537 あのレストランは，サービスの点ではあまりよい評判はない。
538 日本では以前よりも肉が消費されている。その結果，今では日本人は大腸がんを発症するリスクがより高いと言われる。
539 私が自分のエッセイで述べたとおり，ソーシャルメディアには多くの誤った情報がある。結論を言えば，私たちは批判的思考力を養う必要がある。
540 誰もが人種，性別，年齢に関係なく公平に扱われなければならない。
541 大都市で暮らすことはワクワクするとは思うが，私の両親の考えでは都市はあまりにも騒がしいそうだ。

537 in terms of A 「A の観点では／A においては」 解答 ②

» term はここでは「(～の)点」の意味。したがって「～の観点においては」の意味になる。

✕ ①は「～によると」, ③は「～のために／～を代表して」, ④は「～に加えて」の意味。

538 consequently 「その結果」 解答 ②

» consequence は名詞で「結果」を表す。consequently はその副詞形で「その結果」という意味で因果関係を表す。主に文頭で使われる。**as a result** (→ 411) も同じ意味だが, consequently の方がフォーマルな表現。アクセントの位置(第一音節)に注意したい。

✕ ①は「同様に」, ③は「例えば」, ④は「その上」の意味。

539 to conclude 「結論を言えば／結論としては」 解答 ③

» conclude は「結論づける」の意味で, to conclude は**独立不定詞**(→ p.135 Further Expressions **41**)の 1 つ。

＋ 名詞 conclusion 「結論」を使って **in conclusion** (→ **413**)と言うこともできる。

✕ ①は「加えて」, ②は「(それとは)対照的に」, ④は「その一方で」の意味。

540 regardless of A 「A (のいかん)にかかわらず」 解答 ②

» 形容詞 regardless 「気にかけない／考慮しない」と of の 2 語から成る前置詞として働く。

✕ ①は「～に加えて」, ③は「～のせいで」, ④は「～の理由で」の意味。

541 from A's point of view 「A の視点から」 解答 ③

» view はここでは「見解, 考え」の意味。viewpoint 「視点」を使った **from the viewpoint of A** という表現もある。

＋ **from the perspective of A / from A's perspective** も同意。

＋ **from a political[scientific] point of view** 「政治的[科学的]な観点から」のように形容詞を使った表現も可能。

ポイント整理 62 「結論」を表すつなぎの言葉

【結論】 **to conclude** (→ 539)「結論を言えば」, **in conclusion** (→ 413)「結論として」, **after all** 「結局」, **to sum up** 「要するに」, **by and large** (→ 533) / **on the whole** 「概して」

□□□ **542** Educational reforms usually sound good ( ), but they often do not work.

① in theory ② in practice ③ in effect ④ in detail

□□□ **543** Working part-time is, ( ), better than working full-time, because I can spend more time with my family.

(アルバイトで働くことは，ある意味で正規労働よりもよいことがある)

① for instance ② on the other hand

③ in a sense ④ in theory

□□□ **544** Buying too many books online might (a) actual book stores (b) being able to sell books, and eventually they might disappear.

① (a) cause (b) to ② (a) prevent b) to

③ (a) cause (b) from ④ (a) prevent (b) from

□□□ **545** The earthquake (a) more than 1,000 people (b) in temporary housing for over a year.

① (a) caused (b) stay ② (a) caused (b) to stay

③ (a) resulted (b) stay ④ (a) resultled (b) to stay

□□□ **546** The internet (e) us to stay in contact with people far away from us.

インターネットは遠く離れている人と連絡を取り続けることを可能にしてくれる。

542 教育改革は理屈の上ではたいてい聞こえがよいが，うまくいかないことが多い。

543 なぜなら，私はより多くの時間を家族と過ごせるからだ。

544 オンラインで本を買いすぎることは実店舗の書店が本を売ることを妨げてしまい，結果的にそれらが姿を消すことになるかもしれない。

545 その地震は千人以上の人々に仮設住宅で１年以上過ごすことを強いた。

542 in theory 「理論上は」 解答①

» 名詞 theory「理論」を前置詞 in と組み合わせて「理論上は」の意味で慣用的に用いる。

➕ ②の **in practice**「**実際は**」は「理論上は」とは対照的な表現。

✕ ③は「事実上」，④は「詳細に」の意味。

543 in a sense 「ある意味では」 解答③

» in a sense で「ある意味では」を表し，本問のように文中に挿入して使われることも多い。

➕ **in one sense**，**in some sense**，**in a certain sense** などと言うときもある。また，**in this sense** は「**この意味では**」の意味。

➕ **in a way** もほぼ同じ意味を表す。

✕ ①は「例えば」，②は「その一方で」，④は「理論上は」の意味。

544 S（無生物主語） prevent[keep / stop] A from doing 「S のせいで A は～できない」 解答④

» prevent は「～を妨げる」，from は「～から離れて」の意味。「S は A が～するのを妨げる」が直訳。

➕ prevent はフォーマルな表現なので，会話では同意の keep や stop が使われる。

545 S（無生物主語） cause A to do 「S は A が～する原因となる／～することを引き起こす」 解答②

» やや硬い表現なので，エッセイライティングなどの際に使用するとよい。不定詞以下が引き起こした内容を表している。

✕ result は in を伴って「～という結果になる」の意味。（➔ 548）

546 S（無生物主語） enable A to do 「S は A が～することを可能にする」 解答 enables

» やや硬い表現なので，エッセイライティングなどの際に使用するとよい。**545** の cause と同じ形をとる。enable は形容詞 able を動詞化した語で「～を可能にする」の意味。

ポイント整理 63 無生物主語構文

無生物（〈人〉以外のもの）を主語にして，「〈無生物〉が〈人〉に～する」という形の文を**無生物主語構文**という。無生物主語構文の多くはフォーマルな表現で，書き言葉で使われることが多い。この構文で使われる主な動詞には次のようなものがある。

stop / keep / prevent A from doing（➔ 544） **remind A of B**（➔ p.199 Further Expressions 61）

enable A to do（➔ 546） **allow A to do**（➔ 233）

cause A to do（➔ 545） **make A do**（➔ 27）

その他にも **say**，**show**，**tell** など，人に情報を伝える働きを持つ動詞も使われる。

The report *says* (that) global warming will accelerate the rise in sea levels.
（報告によると，地球温暖化は海面上昇を加速させるそうだ）

□□□ **547** It is important that everyone (　　　) try to save energy.

① will　② shall　③ would　④ should

□□□ **548** Throwing away plastic bags and bottles may (　　　) the loss of a lot of marine life.

① result in　② result from　③ turn into　④ turn on

□□□ **549** We cannot ignore the fact (　　　) extreme weather occurs more often than before.

① that　② which　③ what　④ whose

□□□ **550** Although the government's report says the economy is recovering, (　　　) people are spending less money than before.

① a truth is what　② a truth is that

③ the truth is what　④ the truth is that

□□□ **551** I think Aki's idea (　　　) locally produced food is very important. That can save fuel and resources by reducing the cost of transporting goods.

① to buy　② to buying　③ of buying　④ of to buy

Further Expressions ㉑ | that を使った同格の表現

名詞の内容を，それに続く that 節が説明する形がある。この場合，that 節は「**同格**の that 節」と言う。この同格節と結びつく主な名詞は次のようなものがある。

decision「決定」，**thought / idea**「考え」，**news**「知らせ」，**hope**「希望」，**rumor**「うわさ」，**chance**「可能性／見込み」，**possibility**「可能性」，**feeling**「感じ」，**conclusion**「結論」，**demand**「要求」，**proposal / suggestion**「提案」，**fact**「事実」(➔ 549)

これらは一般的に気持ち，考え，情報，提案・要求などの概念を表す語である。

▶同格の that と関係代名詞の that を見分けるには，that 以下が完成した文になっている場合は同格の that，完成した文になっていない場合は関係代名詞の that だと考えるとよい。

547 誰もがエネルギーを節約しようとすることが大切です。
548 プラスチックの袋やボトルを捨てることが，多くの海洋生物が死ぬことになるかもしれない。
549 私たちは，極端な気象が以前よりもより頻繁に発生するという事実を無視することはできない。
550 政府の報告では経済は回復しつつあるが，実情は，人々は以前よりお金を使わなくなっている。
551 地元で生産された食物を買うというアキの考えはとても大切だと思う。それは，商品の輸送にかかるコストを削減することで燃料や資源の節約になる。

547 It is＋「必要・願望」などを表す形容詞＋(that) S (should)＋原形「S が～することは…だ」 解答④

≫「必要・願望」などを表す形容詞(➔ Further Expressions 72)に続く that 節中では should や動詞の原形が使われる。このような表現は主に書き言葉で用いる。

Further Expressions 72 ｜ 必要・願望などを表す形容詞

- **essential**「必須の／きわめて重要な」
- **necessary**「必要な」
- **indispensable**「必須の／なくてはならない」
- **important**「重要な」
- **desirable**「望ましい」
- **appropriate**「適切な／妥当な」

548 result in A 「(結果として)A に終わる／ A になる」 解答①

≫ result は「結果になる，帰着する」，前置詞 in は「中へ向かう」の意味で，「結果が～になる」ことを表す。

＋ 結果が何かに起因する場合は **result from A**「(結果として)A から生じる」を使う。〈A result from B ＝ B result in A〉の違いに注意。

Some illnesses result from stress.（ストレスに起因する病気があります）

549 the fact that S+V 「～という事実」 解答①

≫ 名詞(ここでは the fact)の内容をその後の that 以下が説明する形で，the fact と that 以下が**同格**の関係になっている。

! この that は接続詞であり関係代名詞ではない。(➔ Further Expressions 71)

550 the truth is (that) S+V 「真実は[実際のところ]～だ」 解答④

≫ truth は名詞で「真実・事実」の意味。「(ところが)その真実は～なのです」などと説明する表現。

Further Expressions 73 ｜ 〈The ＋名詞 is (that) S ＋ V〉の形の表現

The fact is (that) S ＋ V「事実は～です／実は～です」

The trouble[problem] is (that) S ＋ V「困ったこと[問題]は～だ」

The thing is (that) S ＋ V「実は／その理由は～だ」

551 the[one's] idea of doing[A] 「～をする[A]という[人の]考え」 解答③

≫ of には「～という」の意味があり，A of B の形を使って**同格**の意味を表すことができる。本問では Aki's idea「アキの考え」の内容を，後ろの of buying locally produced food「地元で生産された食物を買うこと」が説明している。of の後ろには動名詞または名詞を置く。

＋ idea の他に **goal**「目標」，**purpose**「目的」，**dream**「夢」なども使われる。

I have a *dream of traveling* all over the world.

（私には世界中を旅するという夢がある）

UNIT 58 小説・随筆

□□□ 552 (　　　), he went to bed without watching his favorite TV drama.

① He so tired　② He being so tired
③ Being so tired　④ To be so tired

□□□ 553 (　　　) what to read to the children, she drew some pictures instead.

① She did not know　② Not knowing
③ Knowing not　④ She not know

□□□ 554 (　　　) no reply from the company, she assumed that she had not gotten the job.

① Receiving　② To receive
③ Having received　④ To have received

□□□ 555 (　　　) Cinderella dreamed of marrying a prince.

① Did never　② Never did　③ Had never　④ Never had

□□□ 556 (　　　) I heard the earthquake warning on my phone when I felt my house shake.

① Even if　② Even though　③ Hardly　④ Hardly had

4 技能 Tips 45　論説文での分詞構文の使用について　W

分詞構文は一般的には文学的な表現とされ，接続詞を使わないことで読者に解釈を任せるという側面がある。一方，論説文では論理性が求められるため，意味を正確に伝えることが重要だ。したがって一般的には論説文では分詞構文を使用せず，接続詞を使って書く方がよいとされる。
ただし compared with A「A と比較すれば」や，〈considering[given] that S+V〉「S が V であることを考慮すれば」のような慣用的な分詞構文は，会話文や論説文でも使用する。

552 すごく疲れていたので，彼はお気に入りのテレビドラマも見ずに寝た。
553 子どもたちに何を読んであげたらいいかわからなかったので，代わりに彼女は絵を描いた。
554 会社から返事がなかったので，彼女はその仕事を得られなかったのだと思った。
555 シンデレラは王子と結婚するとは夢にも思っていなかった。
556 携帯で地震の警報が聞こえるやいなや，家が揺れるのを感じた。

552 -ing, S+V 「〈分詞構文〉～なので…だ」　解答 ③

» 接続詞を使った As he was so tired を分詞構文で表した文。動詞(ここでは be 動詞)を分詞に変えて接続詞や主語を取り除く。

＋ 文頭に置かれた現在分詞は，本問のように〈**原因・理由**〉などの意味を表す他に，〈**時**〉(～するとき)や〈**付帯状況**〉(～しながら／そして～する)なども表す。この形の分詞構文は主に小説などの文章でよく使用される。

553 分詞構文の否定形 — not[never] doing　解答 ②

» 分詞構文の否定形は，分詞の前に not または never を置く。

✕ ①は理由を表す接続詞(As，Because など)が文頭に必要となる。

554 完了形の分詞構文 — having done　解答 ③

» 文の述語動詞よりも「前」の時点のことを表す分詞構文は，having done の形にする。本問では「返事がなかった」のは「彼女が思った(assumed)」ときよりも前のことなので，完了形の分詞構文で表す。

＋ 完了形の分詞構文を否定形にするには，having の前に否定語を置く。

555 否定語の強調による倒置 — Never V+S　解答 ④

» 否定語や否定表現を強調のために文頭に置くと，主語と述語が**倒置**を起こす。本問では否定語 never「決して～ない」を強調している。dreamed とあるので「王子と結婚したとき」よりも前の時点まで「夢にも思わなかった」という意味の過去完了形の文であり，Never had が入る。

＋ 普通の語順にすれば Cinderella had never dreamed of ～となる。

556 Hardly[Scarcely] had S done ～ when[before] S'＋過去形 ...「～するとすぐに…」　解答 ④

» 〈**S+had hardly+過去完了+when+S'+過去形**〉で「～するとすぐに…」の意味を表す。本問は準否定語の hardly (➔ p.29 Further Expressions 5)が文頭にきて〈Hardly had S〉と主語と助動詞が**倒置**になった形。**as soon as S+V** (➔ 121)と同意だが，かなりフォーマルな表現。hardly の代わりに **scarcely** を使うこともある。

＋ 否定の表現 no sooner を使った〈**No sooner had S done ～ than S'＋過去形 ...**〉も同意。

ポイント整理 64 強調のための倒置

倒置は，文章を印象的にする効果もあり，小説などの書き言葉で使うことが多い表現形式である。強調のために否定語や否定表現が文頭にくると，その後が疑問文の語順になる。(➔ 555, 556)

□□□ **557** (　　　) the results of the election on TV, she jumped for joy.
① On to see　② At to see　③ On seeing　④ At seeing

□□□ **558** 英文の意味に合うものを選びなさい。
Painting is not so much a job as a way of life for me.
私にとって絵を描くことは，(　　　)
① 仕事というよりはむしろ1つの生き方なのです。
② 1つの生き方として，仕事と同じくらい大切なことです。
③ 1つの生き方として，仕事よりもずっと大切なことです。
④ 仕事と同じくらいの生きがいを感じるものです。

□□□ **559** We woke up this morning (　　　) that it was snowing.
① found　② to find　③ said　④ to say

□□□ **560** I could not (　　　) but feel sorry for the children who lost their parents in the war.
① make　② tell　③ save　④ help

□□□ **561** (　　　) Mr. Darcy's help, they would have been in great trouble.
① Without for　② But for　③ With　④ But with

4技能 Tips 46　詩人 Byron が使用した形　R

イギリスの詩人 Byron（バイロン，1788 ~ 1824）が結果を表す 559 の形を使用して言ったとされる次の文が有名。

One morning I awoke *to find* myself famous.
（ある朝目覚めると私は有名になっていた）

557 選挙の結果をテレビで見るとすぐに，彼女は喜びで跳び上がった。
559 私たちは今朝目覚めたら，雪が降っていることに気づいた。
560 私は，その戦争で親を亡くした子どもたちを気の毒に思わずにいられなかった。
561 もしダーシーさんの助けがなかったならば，彼らは大変な苦境に陥っていただろう。

557 on doing 「～するとすぐに」 解答 ③

» 「～するとすぐに」の意味の on と動名詞を使った慣用的な表現で，接続詞を使わずに「～するとすぐに」を表す。小説や説明書など，主に書き言葉で使われる。

➕ **on request** 「要請があり次第」のように〈on＋動作を表す名詞〉の形もある。(➔ **507**)

➕ 同じ意味を表す場合，**as soon as S+V** (➔ **121**)が使われることが多い。 **the moment S+V** (➔ **440**)も同意。

558 not so much A as B 「A というよりむしろ B」 解答 ①

» 「B ほど A ではない→ A よりは B だ」の意味。硬い表現で，形式的な文章で使用される。

➕ 本問の文章は，会話では **B rather than A** 「A よりもむしろ B」(➔ **286**)を使って次のように言うとよい。

Painting is a way of life *rather than* a job for me.
(B = a way of life, A = a job)

559 ～ to find A 「～の結果 A だとわかる[気づく]」 解答 ②

» 不定詞には「その結果～だとわかる[気づく]」という〈**結果**〉を表す用法がある。本問の **wake up to find A** の形は「目が覚めて(その結果)A だとわかる[気づく]」という意味になり，小説などの記述でよく見られる。**awake to find A** も同意。

➕ only をつけて **only to find A** とすれば「(～したが，)**結局 A とわかっただけだった**」の意味になる。

➕ 「結果」を表す不定詞を使った表現には，他に **grow up to be ～** 「成長して～になる」，**never to do** 「そして二度と～しなかった」などがある。

560 cannot help but do 「～せずにはいられない」 解答 ④

» 書き言葉で用いられる文学的な表現。一般的な会話などでは **can't help doing** (➔ **224**)が使われる。

561 but for A 「もし A がなければ[なかったなら]」 解答 ②

» **仮定法**で用いる表現。やや古風な表現で，現代英語では小説などを除くとあまり見られない。if 節で表すのであれば，本問は仮定法過去完了の文なので If it had not been for Mr. Darcy's help となる。

➕ 会話であれば，一般的には **without A** (➔ **305**)を用いるとよい。

□□□ **562** (　　　) that women were able to vote in elections in Japan.
① They were after the war　② They were not after the war
③ It was until after the war　④ It was not until after the war

□□□ **563** It doesn't matter whether our team wins or not. On our team, (is / matters / friendship / it / that).（重要なものは友情である。）

□□□ **564** He never writes comments on social media (　　　) being criticized.
① despite　② instead of　③ because of　④ without

□□□ **565** The old lady looked at her wedding photo (　　　) with tears.
① her eyes filling　② filling her eyes
③ with her eyes filled　④ with filling her eyes

4技能 Tips 47　強調構文と形式主語構文の見分け方　R

It is[was] ～ that ... の形が文中に出てきた場合，It is[was]と that を取り除いたときに，完全な文のパーツが残れば強調構文，不完全な文になれば形式主語構文になる。

- **It was** my brother **that** won the speech contest.
  （そのスピーチコンテストに勝ったのは私の弟だ）
  →完成した文(my brother won the speech contest)となるので**強調構文**
- **It was** unfortunate **that** you weren't able to attend the conference.
  （あなたがその会議に参加できなかったのは残念でした）
  →不完全な文なので，**形式主語構文**

562 日本では，戦後になって初めて女性は選挙で投票することができた。
563 私たちのチームが勝つかどうかは問題ではない。私たちのチームで，
564 彼はソーシャルメディアにコメントを書くと必ず批判される。
565 その年配の女性は，自分の結婚式の写真を目に涙をためて見た。

562 It is not until ～ that ... 「～して初めて…する」 解答 ④

» It is ～ that[which / who] ...「…は～だ」の形で，強調したい語句を It is と that[which / who]ではさんだものを**強調構文**と言う。本問は not until ～「～して初めて…」を強調構文にした形で，It was と that の間の not until after the war「戦後になって初めて」が強調されている。構造的に複雑なことから，硬い文章体である。

＋ 強調構文を用いなければ，次のような文になる。

Women were not able to vote in elections until after the war in Japan.

563 It is A that matters 「(強調構文で)重要なのは A だ」

解答 it is friendship that matters

» **強調構文**でよく見られる形。ここでは friendship を強調している。A が人以外の場合はこのように that を用いる。matter は「大事である」の意味の動詞。

564 never do ～ without doing ... 「～すれば必ず…する」 解答 ④

» never「決して～ない」と without「～なしで」の2つの否定の意味を含む言葉がある**二重否定**(➔ 503)の文で，「批判されることなしでは決してコメントを書かない→書けば必ず批判される」という強い肯定の意味になる。

4 技能 Tips 48 二重否定の使用について S R

There were not many students who did not pass the test.
(そのテストに合格しなかった生徒はあまりいなかった)

このような**二重否定**(➔ 564)の文は，小説などで見られるが，2か所での否定は意味がとりにくいことから，会話ではあまり使用しない方がよいとされる。上の文の場合は，次のように表現するとわかりやすい。

Most of the students passed the test.
(生徒のほとんどがそのテストに合格した)

565 with A done 「A が～された状態で」 解答 ③

» 〈with＋名詞／代名詞＋分詞〉の形で「～しながら／～の状態で」という**付帯状況**を表す。本問では「彼女は目に涙をためて」という状況が加えられており，A (her eyes)と分詞の原形(fill「～を満たす」)の間が**受動関係**になるので，**with A done** の形を使った③が入る。

＋ A と分詞との間が**能動関係**であれば，**with A doing** の形が使われる。

That truck is parked with the engine running. What a waste of gas!
(あのトラックはエンジンをかけたまま駐車している。ガソリンがもったいない！)

□□□ 566 The tensions between the two countries are very high. (　　　) what will happen in the near future.

① We cannot help knowing　② We are used to knowing
③ It is no use knowing　④ There is no knowing

□□□ 567 (　　　) a doctor, I would do my best to save as many lives as I could.

① I were　② Were I　③ If I am　④ If I had been

□□□ 568 (　　　) that a hurricane was approaching Florida, I would have canceled my trip there.

① If I know　② If I knew　③ Known I　④ Had I known

□□□ 569 It was (a) beautiful a day (b) they could not resist the urge to have a picnic by the river.

① (a) so　(b) but　② (a) so　(b) that
③ (a) such　(b) but　④ (a) such　(b) that

□□□ 570 He is not on good (　　　) with his neighbors.

① account　② terms　③ friendship　④ impressions

4技能 Tips 49 仮定法の倒置構文 R W

仮定法の if が省略されると，**倒置**が起こり，〈(助)動詞＋主語〉の語順になる。フォーマルな書き言葉や小説などでは，仮定法をこの倒置形で表すことがある。

- このような倒置で前に置かれるのは，**were**（→567）/ **had**（→568），**should**（→497）に限られる。If I knew her address →× Did I know her address
- were / had / should が文頭にくれば識別しやすいが，次のように if を省略した節が文中に置かれた場合は注意が必要である。
  We would have visited her, had we known your mother was in (the) hospital.
  （もし私たちがあなたのお母さまの入院を知っていたら，お見舞いに行ったのに）

566 その２か国間の緊張はきわめて高い。近い将来，何が起こるのかはわからない。
567 もし私が(今)医者なら，できるだけ多くの命を救うのに全力を尽くすのだが。
568 もし私が(あの時)ハリケーンがフロリダに近づいていることを知っていたなら，そこへの旅行は取りやめていただろう。
569 とても天気のよい日だったので，彼らはその川辺でピクニックをしたくてたまらない気持を抑えられなかった。
570 彼は隣人たちと良好な関係にない。

566 There is no doing 「～することはできない」 解答 ④

» 動名詞を使った慣用表現。本問は there is no の後に knowing を置くことで「知ることはできない」の意味になる。

＋ 会話では次のような表現が好まれる。

No one knows what will happen.（何が起こるか誰にもわからない）

It is impossible to know what will happen.（何が起こるか知るのは不可能だ）

＋ この形で使われる主な動詞には know の他に tell, deny, stop, account などがある。

There is no accounting for tastes.（人の好みは説明できない＝ たで食う虫も好き好き）

567 仮定法の倒置 ― If I were → Were I 解答 ②

» 現在「もし～であれば」という仮定を表す**仮定法過去**（→ 92）の文 If I were ... の if を省略した倒置形。硬い表現になるため，会話では if で始まる形を用いるのが普通。

✕ ④は「もしあの時，医者であったなら」と過去のある時点での仮定を表す。

568 仮定法過去完了の倒置 ― If I had known → Had I known 解答 ④

» 過去を振り返って「もしあの時～であったなら」という仮定を表す**仮定法過去完了**（→ 304）の文 If I had known ... の if を省略した倒置形。硬い表現になるため，会話では if で始まる形を用いるのが普通。

✕ ②は「もし今ハリケーンが近づいているのを知っていれば」と現在の仮定を表す。

569 〈so＋形容詞＋a/an＋名詞〉の語順 解答 ②

» 〈so[such]～ that S＋V〉「とても～なので…する」の表現では，so の後は原則として形容詞か副詞を使うが（→ 271, 272），本問のように so の後の形容詞が単数形の名詞を伴う場合は〈so＋形容詞＋a/an＋名詞〉の語順となる。

! この語順は文学的な文体であるため，会話では〈**such＋a/an＋形容詞＋名詞**〉の形を使う。

It was such a beautiful day that we had a picnic by the lake.

（とても天気のよい日だったので私たちはその湖のほとりでピクニックをした）

570 be on good terms with A 「A〈人〉とよい関係でいる」 解答 ②

» term はさまざまな意味を持つ語だが，この terms は常に複数形で使い「**人との関係**」という意味になる。前置詞の on は「～の状態で」の意味。

＋ good の他に **friendly**「親しい」，**speaking**「言葉を交わす」，**first-name**「ファーストネームで呼び合う」といった形容詞を使った表現が可能である。

It would be helpful to *be on speaking terms with* your neighbors.

（近所の人たちと言葉を交わす関係でいることは役に立つだろう）

Writing

日本語をもとにして空欄を補い，高校生のアルバイトについてのAさんとB君の主張を完成させましょう。

(1) [Aさんの意見]

❶In ( ) ( ), high school students should work part-time. They
私の考えでは

are ❷( ) ( ) to work. ❸It ( ) them a lot of money
彼らは働くには十分な年齢です　高校の教育を受けるにはたくさんのお金がかかります

( ) get a high school education. ❹(M), if they want to go to
さらに

university, they will need a larger amount of money. ❺( ), it is better
よって

to get a part-time job and save money for university. I think they should not

❻( ) it ( ) granted that their parents will pay all the money.
保護者がすべて払ってくれることが当然だと

❼( ) these ( ), high school students should have part-time
これらの理由により

jobs to help their parents.

(2) [B君の意見]

Some people think that high school students shouldn't have part-time jobs.

❶( ) the ( ) ( ), many think that high school students
その一方で

should work part-time to help their parents. I understand this idea

❷in ( ). ❸( ), I think students should ❹( ) the most
理論上は　それにもかかわらず　彼らの時間を最大限に生かす

of their time studying. They need to study very hard ❺( ) that they
彼らが入試に合格できるように

( ) pass the entrance exams. ❻(C), they will not have enough
その結果

time to work part-time. ❼To ( ), students should concentrate on their
結論としては

school work.

(1)

❶ **in my opinion** (→ Stage 2 399) 解答 my opinion

❷ **形容詞[副詞] + enough to do** (→ Stage 2 263) 解答 old enough

❸ **it costs + A +金額+ to do** (→ Stage 1 132) 解答 costs, to

❹ **moreover** (→ Stage 2 394) 解答 Moreover

≫ furthermore, what is more なども同意。(→ p.242 ポイント整理 60)

❺ **thus** (→ 527)/ **therefore** (→ Stage 2 395) 解答 Thus[Therefore]

❻ **take it for granted that S + V** (→ 485) 解答 take, for

❼ **for these reasons** (→ Stage 2 412) 解答 For, reasons

(2)

❶ **on the other hand** (→ Stage 2 403) 解答 On, other hand

❷ **in theory** (→ 542) 解答 theory

❸ **nevertheless** (→ 531) 解答 Nevertheless

❹ **make the most of A** (→ 504) 解答 make

❺ **so that S + can do** (→ 457) 解答 so, can

❻ **consequently** (→ 538) 解答 Consequently

≫ as a result も同意。(→ Stage 2 411)

❼ **to conclude** (→ 539) 解答 conclude

(1) 私の考えでは，高校生はアルバイトをするべきだと思います。彼らは働くには十分な年齢です。高校の教育を受けるにはたくさんのお金がかかります。さらに，大学に行きたいのであれば，もっと大きな額のお金が必要になります。よって，アルバイトをして大学のために節約したほうがよいです。保護者がすべてお金を払ってくれることが当然だと思うべきではないと私は考えます。これらの理由により，高校生は保護者を助けるためにアルバイトをするべきです。

(2) 高校生はアルバイトをするべきではないと考える人たちもいます。その一方で，保護者を助けるためにアルバイトをするべきだと考える多くの人もいます。私は理論的にはこの考えを理解します。それにもかかわらず，私は，学生たちは彼らの時間を最大限に勉強のために使うべきだと思います。彼らは入試に合格できるように一生懸命勉強する必要があります。その結果，彼らはアルバイトをするための十分な時間はありません。結論としては，学生たちは学業に専念するべきです。

Listening

あなたは転職に対する若者の意識調査の講義を，メモを取りながら聞いています。

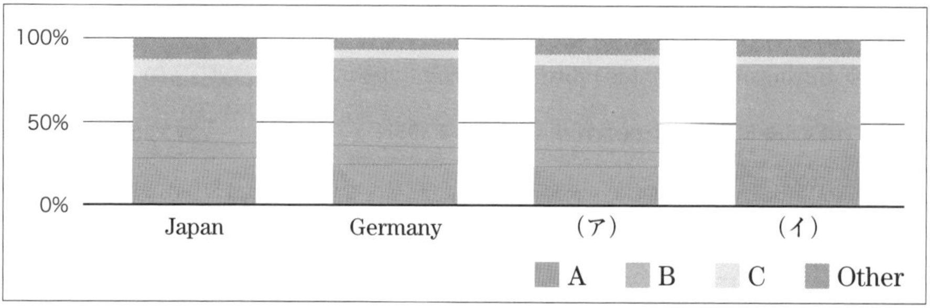

内閣府「我が国と諸外国の若者の意識に関する調査（平成 30 年度）」より作成

The names of the countries

COUNTRY（ア） → 1

COUNTRY（イ） → 2

Each category in the graph

A → 3

B → 4

C → 5

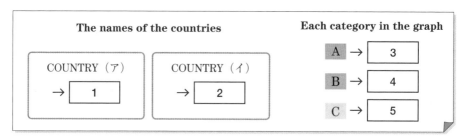

(1) 空欄 **1**，**2** に入るのに最も適切なものをそれぞれ 1 つずつ選びなさい。

❶ the U.S.　❷ Sweden　❸ the U.K.

(2) 空欄 **3** ～ **5** に入るのに最も適切なものをそれぞれ 1 つずつ選びなさい。

❶ If possible, you should not change jobs.
❷ If you are dissatisfied, it is unavoidable to change jobs.
❸ If you can use your ability better, you should change jobs.

(3) 講義の内容と一致するものを 1 つ選びなさい。

❶ Over three quarters of the respondents in Japan want to change jobs.
❷ 28% of the young people in Japan are happy to work in the same place.
❸ Young people in the U.K. and Japan have more or less similar ideas.
❹ All the European countries showed similar results.

解答 (1) [1] ② [2] ① (2) [3] ① [4] ② [5] ③ (3) ③

Script

This graph **is based on** (➔ 526) the results of a survey in which 1,000 young people in several different countries were asked what they think about changing jobs.

According to (➔ 525) this survey, 28% of young Japanese people responded that they should continue to work at the same workplace, despite **the fact that** (➔ 549) some of them are not satisfied with their jobs. However, 49% said that it would be better to change jobs if they are not happy about their work. Furthermore, even 10% of the respondents said that they should change jobs if they can make better use of their ability in another workplace.

If we compare this to young people in the U.S., more Americans think that they should not change jobs often. **The fact is that** (➔ Further Expressions 73) the young people who are reluctant to change jobs in America **accounted for** (➔ 521) 40%, which is the highest among these countries.

In contrast, some European countries showed very different results. That means that more people there are likely to change jobs than in Japan or in the U.S. This trend is the most obvious in Germany, **followed by** (➔ 514) Sweden. The U.K. is another country in Europe, but **as opposed to** (➔ 535) the other European countries, young British people are **in a sense** (➔ 543) more similar to those in Japan.

このグラフは，いくつかの異なる国の若者 1000 人に，転職に対してどのように考えるかについて調査した結果に基づいている。

この調査によると，日本の若者の 28 パーセントは，職場に満足していない人もいるという事実にもかかわらず，同じ職場で働き続けるべきだと答えた。しかしながら，49 パーセントは仕事に不満があれば転職をするほうがよいと答えた。さらに，回答者の 10 パーセントは他の職場の方が自分の能力をもっと活かせるのであれば転職するべきだと答えている。

これをアメリカの若者と比較すると，より多くのアメリカ人は，頻繁に転職するべきではないと考えている。事実，アメリカの若者で転職に消極的な人は 40 パーセントの割合を占め，これはこれらの国の中で最も高い割合である。

対照的に，ヨーロッパのいくつかの国ではかなり異なる結果を見せた。それは日本やアメリカよりも多くの人が転職する可能性が高いということだ。この傾向はドイツで最も顕著であり，次いでスウェーデンに見られる。イギリスはもう 1 つのヨーロッパの国であるが，他のヨーロッパの国々とは反対に，イギリスの若者たちは，ある意味日本の若者たちの方により似ている。

» (3) ❶ **three quarters** (➔ 519) は 75 パーセントであり，転職するほうがよいとする 49 パーセントと 10 パーセントを足しても 59 パーセントであるので不適。❸ **more or less** (➔ 472) similar ideas で「ほぼ同じ意見」の意味になる。

(2) ❶ 可能であれば，転職はするべきではない。
❷ 不満があれば，転職をすることもやむをえない。
❸ 自分の能力をより活かせるのであれば，転職をするべきである。

(3) ❶ 4 分の 3 を超える日本の回答者は転職をしたがっている。
❷ 28 パーセントの日本の若者は同じ職場で働くことに満足している。
❸ イギリスと日本の若者はほぼ同じ意見を持っている。
❹ ヨーロッパの国々は皆似た結果を示した。

Stage 3 Review

Reading

次の英文を読み，設問に答えなさい。

When you go shopping for clothes, do you just buy clothes on impulse, or is style the most important factor? Or, (a)do you select a jacket not because it is fashionable but because it is your favorite color? Psychologists are now exploring the relationship between personality and how it is reflected in the colors people choose. For example, if you are a pessimistic person, you may avoid wearing vivid colors. （ A ）, lively people often prefer loud clothes in terms of colors.

We should also realize that the colors we wear might have an effect on people around us. Indeed, wearing bright red can send conflicting messages: red traditionally symbolizes passion, but it also suggests the wearer may be an aggressive person. These days many people believe that colors can be used as a form of therapy – and that choosing clothes of different colors can enable us to change our moods.

(1) 下線部 (a) の意味を日本語にしなさい。

____

(2)（ A ）に入る最も適切なものを次の中から選びなさい。

❶ Thus　❷ In conclusion　❸ Whereas

(3) 次の中から本文の内容に一致するものを２つ選びなさい。（　　）（　　）

❶ 楽観的な人は服の色にはあまりこだわらない。
❷ 服の色を変えることで気分を変えることができる。
❸ 服のスタイルによって相手に与える印象はかなり変わる。
❹ 服の色は周りの人に影響を与える可能性がある。

(1) not A but B (➔470)

解答 あるジャケットを，はやりであるからではなく，自分の好きな色だからということで選びますか。

(2) whereas (➔532)　解答 ③

» 前の文では「悲観的な人は鮮やかな色を着ることを避ける」という内容が書いてあるのに対し，次の文では「陽気な人は派手な服を好む」という内容が書かれているので，前に述べた内容との対比の意味を表す接続詞❸ Whereas を選ぶ。❶ Thus (➔527)「したがって」，In conclusion (➔Stage 2 413)「結論として」

(3) 解答 ②，④（順不同）

» ❷は最後の文 choosing clothes of different colors can enable us to change (➔546) our moods と一致。❹は第2パラグラフの最初の文に一致。❶は第1パラグラフの最後の文と一致しない。❸この文章は服のスタイルではなく色について書かれているので一致しない。

服を買いに行く時，あなたは衝動で買いますか，それともスタイルが一番重要な要素でしょうか。または，あるジャケットを，はやりだからではなく，自分の好きな色だからということで選びますか。心理学者たちは今，人の性格と，選ぶ服の色にそれ(性格)がどのように反映されるかという関係について探求している。たとえば，もしあなたが悲観的な人であれば，鮮やかな色を着ることを避けるかもしれません。一方で，陽気な人はしばしば色の点では派手な服を好みます。

私たちはまた，自分が身につける色が自分の周囲にいる人々に影響を与える可能性があると気づくべきです。実際，明るい赤い服を着ることは相反するメッセージを発信することにもなります。つまり赤は伝統的には情熱の象徴でありますが，それをまとっている人が攻撃的な人物であるかもしれないと示唆することにもなります。今日では多くの人が，色は治療法のひとつとして使うことができること — そして，違う色の服を選ぶことで自分の気分を変えることができるということを信じています。

Stage 3 文法リスト 3

	問題番号
時制	432，433，434，435，436，554
態	421，435，436，459，508，514，526
助動詞	419，422，423，425，428，461，483，503，560
不定詞	431，456，458，459，539，559
動名詞	484，557，566
分詞	513，565
比較	439，471，475，476，477，478，509，516，517，518，558
関係詞	452，453，454，455
仮定法	414，415，487，488，489，490，491，492，493，497，498，561，567，568
否定表現	422，423，424，425，456，460，461，462，463，464，465，466，467，468，469，470，471，473，474，479，482，483，503，553，555，556，560，564，566
分詞構文	451，494，495，514，552，553，554
前置詞	442，481，506，507，525，529，530，535，536，537，540，557，565
接続詞	440，457，466，493，532
動詞の語法	415，416，424，426，427，429，430，437，445，446，447，448，449，450，485，486，500，504，510，511，521，523，524，544，545，546，548
形容詞・副詞の語法	417，418，441，443，444，459，472，515，527，528，531，538
名詞・冠詞の語法	480，519，520，549，550，570
代名詞の語法	438，455，522，547
倒置・語順	419，497，555，556，567，568，569
強調	562，563

英語さくいん

・数字は問題番号を示しています。赤の数字は主項目として扱っている番号です。
・整は「ポイント整理」，F は「Further Expressions」，T は「4 技能 Tips」を表し，
それぞれに続く数字はそのコラム番号と，(p.000) はコラムの掲載ページです。

A

B

C

H

I

J

K

L

日本語さくいん

・数字は問題番号を示しています。赤の数字は主項目として扱っている番号です。
・整は「ポイント整理」，F は「Further Expressions」，T は「4 技能 Tips」を表し，それぞれに続く数字はそのコラム番号と，(p.000) はコラムの掲載ページです。

コラム一覧

4技能 Tips

Further Expressions

ポイント整理

●編集協力　小宮　徹
●英文校閲　Karl Matsumoto
●写真提供　Getty Images（カバー・表紙）

営業所のご案内
採用品のお問い合わせは下記営業所へお願いいたします。

札幌営業所
(03) 5302-7010
仙台営業所
(022) 358-3671
東京営業所
(03) 5302-7010
名古屋営業所
(06) 6368-8025
大阪営業所
(06) 6368-8025
広島営業所
(082) 567-2345
福岡営業所
(092) 923-2424

Future Globe[フューチャーグローブ]
表現のための英文法・語法問題

2021年 8 月 15 日　初　版第 1 刷発行

監修者　瓜生 豊
著　者　長田 哲文
Sue Fraser
発行人　門間 正哉
発行所　株式会社 桐原書店
〒160-0023 東京都新宿区西新宿 4-15-3
住友不動産西新宿ビル 3 号館
TEL：03-5302-7010（販売）
www.kirihara.co.jp
装　丁　塙 浩孝（ハナワアンドサンズ）
本文イラスト　小松聖二
本文レイアウト　川野 有佐
DTP　有限会社マーリンクレイン
印刷・製本　図書印刷株式会社

ISBN978-4-342-20657-3
Printed in Japan

桐原書店のアプリ